Guillaume Musso
Vierundzwanzig Stunden

GUILLAUME MUSSO

Vierundzwanzig Stunden

Aus dem Französischen
von Eliane Hagedorn und Bettina Runge,
Kollektiv Druck-Reif

PENDO
München Berlin Zürich

Von Guillaume Musso liegen außerdem vor:
Nachricht von dir
Sieben Jahre später
Ein Engel im Winter
Vielleicht morgen
Eine himmlische Begegnung
Nacht im Central Park
Wirst du da sein?
Weil ich dich liebe

Die Originalausgabe erschien 2015
unter dem Titel »L'instant présent«
bei XO Éditions, Paris.

ISBN 978-3-86612-401-1
1. Auflage 2016

Satz: Kösel Media GmbH, Krugzell
Gesetzt aus der Scala
Druck und Bindung: CPI books GmbH, Leck
Printed in Germany

Für meinen Sohn.

Für meinen Vater.

Die Liebe hat Zähne, sie beißen, die Wunden schließen sich nie.

Stephen King, *Frühling, Sommer, Herbst und Tod*

Die Geschichte unserer Ängste

Die Geschichte unseres Lebens
ist die Geschichte unserer Ängste.

Pablo de Santis, *Crímenes y jardines*

1971

»Hab keine Angst, Arthur. Spring! Ich fang dich auf.«

»Bist du … bist du sicher, Dad?«

Ich bin fünf Jahre alt. Mit baumelnden Beinen sitze ich auf der oberen Matratze des Stockbetts, das ich mir mit meinem Bruder teile. Die Arme weit geöffnet, sieht mein Vater mich wohlwollend an.

»Los, mein Großer!«

»Aber ich hab Angst …«

»Ich fang dich auf, das hab ich dir doch gesagt. Du vertraust doch deinem Dad, was, mein Großer?«

»Na klar …«

»Dann spring, Champion!«

Einen kurzen Moment zögere ich noch. Dann stürze ich mich mit einem breiten Lächeln ins Leere, bereit, meine Arme um den Hals des Mannes zu schlingen, den ich am meisten auf der Welt liebe.

Im letzten Augenblick weicht mein Vater, Frank Costello, bewusst einen Schritt zurück, und ich schlage der Länge nach auf dem Boden auf. Mein Kopf prallt schmerzhaft auf das Parkett. Benommen versuche ich, mich aufzurappeln. Alles dreht sich um mich herum, mein Kiefer tut höllisch weh. Bevor ich in Tränen ausbreche, erteilt mir mein Vater eine Lektion, die ich niemals vergessen werde.

»Im Leben darfst du niemandem vertrauen, verstehst du, Arthur?«

Ich starre ihn entsetzt an.

»Niemandem!«, wiederholt er, sein Ton ist eine Mischung aus Traurigkeit und Wut auf sich selbst. »Nicht einmal deinem eigenen Vater!«

Erster Teil

Der Leuchtturm der 24 Winde

Lighthouse

Ich frage mich, was das Schicksal für uns bereithält.

Françoise Sagan, *Les faux fuyants*

1\.
Boston
Frühjahr 1991

Am ersten Samstag im Juni kreuzte gegen zehn Uhr morgens mein Vater unerwartet bei mir auf. Er hatte Mandelkuchen und Zitronen-Cannoli mitgebracht, die seine Frau für mich gebacken hatte.

»Weißt du was, Arthur? Wir könnten den Tag zusammen verbringen«, schlug er vor und betätigte die Espressomaschine, als wäre er bei sich zu Hause.

Ich hatte ihn seit Weihnachten nicht mehr gesehen. Die Ellenbogen auf die Küchentheke gestützt, betrachtete ich mein Spiegelbild im glänzenden Chrom des Toasters. Mein Gesicht verschwand fast unter dem Bart, das Haar war struppig, der Blick umschattet von Schlafmangel und übermäßigem Konsum an Apple Martinis. Ich trug ein altes Blue-Öyster-Cult-T-Shirt, das ich noch als Schüler erstanden hatte, und eine verwaschene Bart-Simpson-Unterhose. Am Vorabend hatte ich, nach achtundvierzig Stunden Bereitschaftsdienst, ein paar Gläser zu viel in der Zanzi Bar gekippt, zusammen mit Veronika Jelenski, der aufreizendsten und willigsten Krankenschwester des Massachusetts General Hospital.

Die schöne Polin hatte einen Teil der Nacht mit mir verbracht, dann aber vor zwei Stunden die gute Idee gehabt, das Feld mitsamt ihrem Päckchen Gras und dem Zigarettenpapier zu räumen, was ihr eine Kollision mit meinem Vater ersparte – einem hohen Tier in der chirurgischen Station des Krankenhauses, in dem wir beide arbeiteten.

»Ein doppelter Espresso, die beste Energiespritze, um den Tag zu beginnen«, verkündete Frank Costello und stellte eine Tasse vor mich.

Er öffnete die Fenster, um frische Luft in das Zimmer zu lassen, in dem es noch immer unverkennbar nach Shit roch, verzichtete allerdings auf jeden Kommentar. Ich biss in ein Stück Mandelkuchen und beobachtete ihn dabei aus den Augenwinkeln. Er hatte vor zwei Monaten seinen fünfzigsten Geburtstag gefeiert, doch wegen seiner grauen Haare und der Falten in seinem Gesicht wirkte er leicht zehn bis fünfzehn Jahre älter. Trotz allem war er immer noch attraktiv mit seinen ebenmäßigen Zügen und blauen Augen à la Paul Newman. An diesem Morgen hatte er seinen Markenanzug und seine maßgefertigten Mokassins gegen eine alte kakifarbene Hose, einen abgetragenen Troyer und schwere Outdoorschuhe aus dickem Leder eingetauscht.

»Ruten und Köder sind im Pick-up«, erklärte er und trank seinen Espresso. »Wenn wir sofort aufbrechen, sind wir vor Mittag am Leuchtturm. Dort essen wir schnell einen Happen und haben dann den ganzen Nachmittag Zeit zum Angeln. Wenn die eine oder andere Dorade angebissen hat, fahren wir nach Hause und kochen uns den Fisch in Folie mit Tomaten, Knoblauch und Olivenöl.«

Er redete mit mir, als hätten wir uns erst am Vortag gesehen. Es klang ein wenig unecht, aber nicht unangenehm. Während ich mit kleinen Schlucken meinen Espresso trank, fragte ich mich, woher seine plötzliche Lust rührte, Zeit mit mir zu verbringen.

Während der letzten Jahre hatten wir kaum Kontakt gehabt. Ich war fast fünfundzwanzig Jahre alt und damit der Jüngste von drei Geschwistern – zwei Jungen und einem Mädchen. Mit dem wohlwollenden Einverständnis meines Vaters hatten mein Bruder und meine Schwester das von meinem Großvater gegründete Familienunternehmen – eine kleine Werbeagentur in Manhattan – übernommen und so erfolgreich geführt, dass sie hoffen konnten, es in den nächsten Wochen an einen großen Medienkonzern zu verkaufen.

Ich hatte mich immer aus ihren Geschäften herausgehalten. Ich gehörte zwar zur Familie, war aber sozusagen auf Abstand, ein bisschen wie ein Onkel, der ein Boheme-Leben irgendwo in einem exotischen Land führt und dem man gern mal zu Thanksgiving begegnet. Tatsächlich hatte ich die erstbeste Gelegenheit genutzt, um aus Boston zu verschwinden – ein medizinisches Vorbereitungssemester in Duke, North Carolina, vier Jahre Medizinstudium in Berkeley und ein Jahr Tätigkeit als Assistenzarzt in Chicago. Ich war erst vor wenigen Monaten nach Boston zurückgekommen, um hier das zweite Jahr meiner Ausbildung zum Facharzt für Notfallmedizin zu absolvieren. Ich arbeitete an die achtzig Stunden die Woche, aber ich liebte diesen Job und den damit verbundenen Stress. Ich liebte die Leute und die Konfrontation mit der brutalen Realität in der Notaufnahme. Die restliche Zeit trieb ich mich in den Bars von North End herum, rauchte Gras, schlief mit Mädchen, die ein bisschen verrückt und nicht sentimental waren, so wie zum Beispiel Veronika Jelenski.

Lange Zeit hatte mein Vater meinen Lebensstil missbilligt, aber ich hatte ihm kaum Angriffspunkte geliefert: Ich hatte mein Medizinstudium selbst finanziert, ohne ihn auch nur um einen Cent zu bitten. Mit achtzehn Jahren, nach dem Tod meiner Mutter, verließ ich das Elternhaus, ohne noch irgendetwas von ihm zu erwarten. Und dieser Abstand schien ihn nicht belastet zu haben. Später hatte er dann eine seiner Geliebten geheiratet, eine charmante und intelligente Frau, der das Verdienst zukam, ihn zu ertragen. Ich besuchte sie zwei- oder dreimal pro Jahr, und dieser Rhythmus schien allen zuzusagen.

Und so war die Überraschung an diesem Morgen

umso größer. Wie aus dem Nichts tauchte mein Vater erneut in meinem Leben auf, packte mich beim Arm, um mich auf den Weg einer Versöhnung zu führen, mit der ich nicht mehr gerechnet hatte.

»Nun, verlockt dich diese Angelpartie, ja oder nein?«, beharrte Frank Costello, außerstande, seine Verärgerung angesichts meines Schweigens zu verbergen.

»Okay, Dad. Lass mir nur ein wenig Zeit zum Duschen und Anziehen.«

Zufrieden zog er eine Schachtel Zigaretten aus der Tasche und zündete sich eine mit einem alten silbernen Sturmfeuerzeug an, das er immer bei sich gehabt hatte.

Ich äußerte mein Erstaunen: »Ich dachte, du hättest aufgehört nach deinem Kehlkopfkrebs …«

Sein stählerner Blick durchbohrte mich.

»Ich warte im Pick-up auf dich«, erwiderte er, erhob sich von seinem Stuhl und stieß dabei eine langgezogene blaue Rauchwolke aus.

2.

Der Weg von Boston bis zum Osten von Cap Cod dauerte eineinhalb Stunden. Es war ein schöner Spätfrühlingsmorgen, der Himmel erstrahlte in einem unglaublichen Blau, das Sonnenlicht überflutete die Windschutzscheibe und machte goldfarbene Partikel sichtbar, die über das Armaturenbrett tanzten. Getreu seiner Gewohnheit bemühte sich mein Vater gar nicht erst, mit mir ein Gespräch zu führen, doch das Schweigen war nicht bedrückend. Am Wochenende war er gern mit seinem Pick-up Marke Chevrolet unterwegs, wobei er immer dieselben Kassetten im Autoradio hörte: ein Best of Sinatra, ein Konzert von Dean Martin und ein seltsames Country-Album, aufgenommen von den Everly Brothers gegen Ende ihrer Karriere. An der Rückscheibe prangte ein Aufkleber, der für die Kandidatur von Ted Kennedy bei den Senatswahlen von 1970 warb. Von Zeit zu Zeit gefiel es meinem Vater, die Rolle des Bauerntölpels zu spielen. Dabei war er einer der angesehensten Chirurgen von Boston, und vor allem besaß er Anteile an einem Unternehmen, das zig Millionen Dollar wert war. Wenn es um Geschäfte ging, hatten alle, die sich von seiner vermeintlich hinterwäldlerischen Art einwickeln ließen, das Nachsehen.

Wir überquerten die Segamore Bridge, legten noch etwa vierzig Kilometer zurück, bis wir bei Sam's Seafood eine Pause machten, um Lobster Rolls, Pommes frites und ein Sixpack Bier zu kaufen.

Es war kurz nach Mittag, als der Pick-up in den Feldweg einbog, der zur nördlichen Spitze der Winchester Bay führte.

Ein wilder, von Meer und Klippen umgebener Ort, fast ständig dem Wind ausgesetzt. Und dort, von Felsen eingerahmt, ragte das *24 Winds Lighthouse* empor: der Leuchtturm der 24 Winde.

Das alte hölzerne Bauwerk war achteckig und etwa zwölf Meter hoch. Es erhob sich neben einem Gebäude, das mit weiß gestrichenen Latten verkleidet und einem spitzen Schieferdach versehen war. An schönen Sonnentagen war es ein angenehmes Ferienhaus, sobald sich der Himmel aber bewölkte oder die Nacht hereinbrach, wich die Postkartenidylle einem finsteren und traumähnlichen Gemälde wie von Albert Pinkham Ryder. Das Gebäude war seit drei Generationen im Familienbesitz. Mein Großvater, Sullivan Costello, hatte es 1954 von der Witwe eines Flugzeugingenieurs gekauft, der es wiederum im Jahr 1947 bei einer Versteigerung von der amerikanischen Regierung erworben hatte.

In jenem Jahr hatte sich der Bundesstaat aus Geldmangel mehrerer Hundert historischer Stätten entledigt, die nicht mehr von strategischem Interesse waren. Das galt auch für das *24 Winds Lighthouse*, das nach dem Bau eines viel moderneren Leuchtturms auf dem Hill of Langford, fünfzehn Kilometer weiter südlich, überflüssig geworden war.

Stolz auf seine Anschaffung, begann mein Großvater, Leuchtturm und Cottage in einen komfortablen Zweitwohnsitz zu verwandeln. Und während dieser Umbauarbeiten war er zu Herbstbeginn 1954 auf mysteriöse Weise verschwunden.

Man hatte seinen Wagen vor dem Haus geparkt vorgefunden. Das Verdeck des Chevrolet Bel Air Cabrio war geöffnet, der Schlüssel lag auf dem Armaturenbrett. Da Sullivan die Angewohnheit hatte, seinen Mittagsimbiss auf einem der Felsen einzunehmen, gelangte man rasch zu dem Schluss, dass er wahrscheinlich ertrunken war. Obwohl das Meer seine Leiche nie an Land gespült hatte, wurde mein Großvater für tot erklärt, ertrunken an den Küsten des Bundesstaats Maine.

Auch wenn ich ihn selbst nicht kennengelernt habe, so wurde doch oft von ihm erzählt – Anekdoten, in denen er mir stets als eine originelle, schillernde Persönlichkeit beschrieben wurde. Als meinen zweiten Vornamen hatte ich seinen Taufnamen geerbt, und da mein älterer Bruder sie verschmäht hatte, trug ich auch die Uhr von Sullivan, eine Tank Louis Cartier aus den frühen 1950er-Jahren mit rechteckigem Gehäuse und Zeigern aus bläulichem Stahl.

3.

»Nimm die Papiertüte mit und das Bier, wir wollen in der Sonne picknicken!«

Mein Vater schlug die Wagentür zu. Ich bemerkte, dass er eine alte lederne Aktentasche unter dem Arm trug, die meine Mutter ihm zu einem ihrer Hochzeitstage geschenkt hatte.

Ich stellte die Papiertüte auf den Holztisch neben den Steingrill, ein gutes Stück vom Hauseingang entfernt. Seit zwei Jahrzehnten trotzten dieses Möbel und die beiden dazugehörenden Adirondack-Stühle allen Unbilden der Witterung. Die Sonne stand schon hoch am Himmel, doch die Luft war noch frisch. Ich schloss den

Reißverschluss meines Blousons, bevor ich die Lobster Rolls auspackte. Mein Vater zog ein Schweizer Messer aus der Tasche, öffnete zwei Budweiser-Flaschen und nahm auf einem der Stühle aus rotem Zedernholz Platz.

»Prost!«, sagte er und reichte mir eine Flasche.

Ich griff danach und setzte mich zu ihm. Während ich den ersten Schluck genoss, bemerkte ich in seinen Augen einen Schimmer von Ängstlichkeit. Wir schwiegen uns lange an. Er nahm nur wenige Bissen von seinem Sandwich und zündete sich eilig die nächste Zigarette an. Die Spannung war fast greifbar, und mir wurde klar, dass er nicht mit mir hierhergefahren war, um einen ruhigen, vergnüglichen Nachmittag zu verbringen, und dass es weder eine Angelpartie noch wohlwollendes Schulterklopfen noch Dorade in Folie mit Tomaten, Knoblauch und Olivenöl geben würde.

»Ich habe dir etwas Wichtiges zu sagen«, begann er schließlich, öffnete seine Aktentasche und holte mehrere Dokumente in Kartonmappen hervor. Auf jeder erkannte ich das unauffällige Logo der Anwaltskanzlei Wexler & Delamico, die seit Jahrzehnten die Interessen der Familie vertrat.

Er zog einmal kräftig an seiner Zigarette, bevor er fortfuhr: »Ich habe beschlossen, meine Angelegenheiten zu regeln, bevor ich gehe.«

»Gehen? Wohin?«

Ein mokantes Lächeln umspielte seine Lippen. Ich hatte Lust, ihn zu provozieren.

»Du wolltest sagen, *bevor du stirbst*?«

»Genau. Doch freu dich nicht zu früh: Es wird nicht morgen sein, auch wenn das Ende zwangsläufig näher kommt.«

Er kniff die Augen zusammen und suchte meinen Blick, bevor er mit klarer Stimme verkündete: »Es tut mir leid, Arthur, aber du bekommst nicht einen Dollar aus dem Verkauf des Unternehmens. Auch keinen Dollar aus meinen Lebensversicherungen oder meinen Immobilien.«

Ich konnte meine Verblüffung nur schwer verbergen, doch in der Flut der Gefühle, die mich überschwemmte, siegte die Verblüffung über den Zorn.

»Um mir das zu sagen, hättest du mich nicht hierherschleppen müssen. Ich pfeife auf dein Geld, das solltest du wissen …«

Er neigte den Kopf, um auf die Dokumente auf dem Tisch zu deuten, so als hätte er keines meiner Worte gehört.

»Ich habe alle rechtlichen Vorkehrungen getroffen, damit mein gesamtes Vermögen an deinen Bruder und deine Schwester geht …«

Ich ballte die Hände zu Fäusten. Was sollte dieses perverse Spiel? Dass mein Vater mich enterbte, okay, doch wozu der ganze Aufwand, um mir das zu verkünden?

»Dein einziges Erbe …«

Er trat seine Kippe mit dem Absatz aus und ließ den Anfang des Satzes für einen Augenblick in der Schwebe, um eine Art von Spannung zu erzeugen, die ich äußerst fragwürdig fand.

»Dein einziges Erbe wird das *24 Winds Lighthouse* sein«, erklärte er mit einem Blick auf das Gebäude. »Dieses Grundstück, dieses Haus, dieser Leuchtturm …«

Der Wind wirbelte eine Staubwolke auf. Mittlerweile gänzlich verwirrt, brauchte ich mehrere Sekunden, bevor ich reagieren konnte.

»Und was, bitte schön, soll ich mit dieser Bruchbude anfangen?«

Er öffnete den Mund, um mir die Einzelheiten zu erläutern, bekam stattdessen jedoch einen beunruhigenden Hustenanfall. Ich beobachtete ihn dabei, wie er sich die Seele aus dem Leib hustete, und bereute, ihm hierher gefolgt zu sein.

»Mach, was du willst, Arthur«, erklärte er und rang nach Luft. »Und wenn du dieses Erbe annimmst, verpflichtest du dich, zwei Bedingungen zu akzeptieren. Zwei Bedingungen, die nicht verhandelbar sind.«

Ich machte Anstalten, aufzustehen, aber er fuhr fort:

»Zunächst einmal musst du dich verpflichten, Gebäude und Grundstück niemals zu verkaufen. Hörst du? Niemals. Der Leuchtturm muss in der Familie bleiben. Für immer.«

»Und die zweite Bedingung?«, fragte ich, zunehmend gereizt.

Er massierte lange seine Schläfen und stieß einen Seufzer aus.

»Komm mit«, sagte er und erhob sich von seinem Stuhl.

Widerwillig folgte ich ihm. Er führte mich in das

Häuschen des Leuchtturmwärters – ein kleines Cottage, in dem es muffig roch. Die Wände waren mit Fischernetzen, einem lackierten Holzruder und verschiedenen Landschaftsbildern lokaler Künstler geschmückt. Auf dem Kaminsims standen eine Petroleumlampe und ein Flaschenschiff.

Mein Vater öffnete die Tür zum Korridor – ein etwa zehn Meter langer Gang, der mit lackierten Latten verkleidet war und das Haus mit dem Leuchtturm verband. Doch statt zum Turm hinaufzusteigen, hob er die Falltür an, unter der sich die Treppe zum Keller verbarg.

»Komm!«, befahl er und zog eine Taschenlampe aus seiner Aktentasche.

Gebeugt folgte ich ihm die knarrenden Stufen in den unterirdischen Raum hinab.

Unten angekommen, betätigte er den Lichtschalter, und ich fand mich in einem rechteckigen Raum wieder mit niedriger Decke und Wänden aus rötlichen Ziegelsteinen. In einer Ecke waren mit Spinnweben bedeckte Fässer und Holzkisten gestapelt, seit Urzeiten im Staub erstarrt. Rostige Rohrleitungen verliefen oben entlang der Decke. Trotz seines ausdrücklichen Verbots hatten mein Bruder und ich, als wir noch klein waren, den Kellerraum erforscht. Damals bezogen wir von unserem Vater eine ordentliche Tracht Prügel, die uns davon abbrachte, jemals wieder einen Fuß hier hineinzusetzen.

»Was genau wird hier gespielt, Dad?«

Statt zu antworten, zog er ein weißes Kreidestück aus seiner Brusttasche und malte ein großes Kreuz auf die

Wand. Dann deutete er mit dem Finger auf das Symbol.

»An dieser Stelle befindet sich hinter den Ziegelsteinen eine Metalltür.«

»Eine Tür?«

»Ein Durchgang, den ich vor dreißig Jahren zugemauert habe.«

Ich runzelte die Stirn.

»Ein Durchgang wohin?«

Mein Vater wich der Frage mit einem erneuten Hustenanfall aus.

»Das ist die zweite Bedingung, Arthur«, sagte er, als er wieder zu Atem gekommen war. »Du darfst niemals versuchen, diese Tür zu öffnen.«

Einen Moment lang glaubte ich wirklich, er sei senil geworden. Ich wollte ihm weitere Fragen stellen, doch er schaltete eilig das Licht aus und verließ den Keller.

Das Erbe

Die Vergangenheit ist unvorhersehbar.

Jean Grosjean

1.

Die Seeluft stieg vom Meer auf, belebend und lähmend zugleich.

Wir saßen uns erneut am Holztisch im Garten gegenüber.

Mein Vater reichte mir einen alten Füllfederhalter aus satiniertem Edelstahl.

»Nun kennst du die beiden Bedingungen, die du zu respektieren hast, Arthur. Alles ist in diesem Dokument festgehalten. Es steht dir frei, das Erbe anzunehmen oder abzulehnen. Ich lasse dir fünf Minuten Bedenkzeit, um diese Papiere zu unterschreiben.«

Er hatte sich eine neue Bierflasche geöffnet und schien sich wieder gefangen zu haben.

Ich musterte ihn lange. Es war mir nie gelungen, ihn richtig einzuschätzen, ihn zu verstehen, zu wissen, was er wirklich von mir dachte. Und doch habe ich über Jahre hinweg versucht, ihn um jeden Preis zu lieben.

Frank Costello ist nicht mein leiblicher Vater. Auch wenn wir nie darüber gesprochen hatten, wussten wir es beide. Er sicher bereits vor meiner Geburt; ich seit Beginn meiner Jugend.

Am Tag nach meinem vierzehnten Geburtstag hatte mir meine Mutter gestanden, dass sie im Winter 1965 über mehrere Monate eine Affäre mit unserem damaligen Hausarzt gehabt hatte. Dieser Mann – ein gewisser Adrien Langlois – war kurz nach meiner Geburt nach Québec zurückgekehrt. Ich hatte diese Nachricht mit stoischer Ruhe aufgenommen. Wie viele Familiengeheimnisse hatte auch dieses alle Zeit der Welt gehabt, sich schleichend in mir auszubreiten. Andererseits hatte mich diese Enthüllung fast erleichtert: Durch sie erklärten sich gewisse kränkende Verhaltensweisen meines Vaters mir gegenüber.

Es mag befremdlich erscheinen, doch ich habe nie den Versuch unternommen, meinen Erzeuger kennenzulernen. Ich hatte diese Information in einem Winkel meines Gehirns abgelegt und sie dann langsam forttreiben lassen, bis ich sie fast vergessen hatte. Es sind nicht die Blutsbande, die eine Familie entstehen lassen, und im Grunde meines Herzens war ich ein Costello, kein Langlois.

»Nun, hast du dich entschieden, Arthur?«, schrie er fast. »Willst du diese Bruchbude, wie du sie nennst, oder nicht?«

Ich nickte. Dabei wünschte ich nur eines: dieser Farce ein Ende zu bereiten und so schnell wie möglich nach Boston zurückzukehren. Ich griff zu dem Füllfederhalter, doch ehe ich meine Unterschrift unter das Dokument setzte, versuchte ich ein letztes Mal, den Dialog wieder aufzunehmen.

»Du musst mir wirklich mehr dazu sagen, Dad.«

»Ich habe dir alles gesagt, was es zu sagen gibt!«, erwiderte er gereizt.

Ich bot ihm Paroli.

»Nein! Wenn du nicht den Verstand verloren hast, weißt du genau, dass das alles von vorn bis hinten nicht zusammenpasst.«

»Ich versuche, dich zu schützen!«

Die Worte waren herausgesprudelt. Rätselhaft, unerwartet und doch irgendwie ehrlich.

Und während ich verwundert die Augen aufriss, bemerkte ich, dass seine Hände zitterten.

»Mich beschützen? Wovor?«

Er zündete sich erneut eine Zigarette an, um sich zu beruhigen, und etwas schien sich in ihm zu lösen.

»Okay … ich muss dir etwas gestehen«, begann er in vertraulichem Ton. »Etwas, über das ich noch mit niemandem gesprochen habe.«

Schweigen breitete sich aus, das fast eine Minute andauerte. Ich nahm jetzt meinerseits eine Zigarette aus seinem Päckchen, um ihm Zeit zu lassen, seine Erinnerungen zu sammeln.

»Im Dezember 1958, viereinhalb Jahre nach seinem

Verschwinden, erhielt ich einen Anruf von meinem Vater.«

»Soll das ein Scherz sein?«

Er nahm einen letzten Zug von seiner Zigarette und schnippte die Kippe auf den Kies.

»Er sagte mir, er wäre in New York und wolle mich so schnell wie möglich sehen. Er bat mich, mit niemandem über seinen Anruf zu sprechen, und bestellte mich für den nächsten Tag in eine Bar des JFK-Airports.«

Nervös verschränkte er seine knotigen Finger. Während er weitersprach, sah ich, wie sich seine Nägel ins Fleisch bohrten.

»Ich nahm den Zug, um ihn am Flughafen zu treffen. Ich werde dieses Wiedersehen niemals vergessen. Es war der Samstag vor Weihnachten. Es schneite heftig. Viele Flüge waren verspätet oder annulliert. Mein Vater erwartete mich an einem der Tische, ein Glas Martini vor sich. Er schien erschöpft und war leichenblass. Wir umarmten einander fest, und ich sah ihn zum ersten Mal weinen.«

»Was ist dann passiert?«

»Zunächst sagte er mir, er müsste ein Flugzeug nehmen und hätte nur wenig Zeit. Dann erklärte er mir, er habe uns verlassen, weil er keine andere Möglichkeit gesehen hätte. Er vertraute mir an, in großen Schwierigkeiten zu stecken, ohne zu präzisieren, in welchen. Ich habe gefragt, wie ich ihm helfen könnte, doch er hat mir geantwortet, er hätte sich das eingebrockt und müsse nun auch selbst einen Weg aus der Klemme finden.«

Ich war völlig verdattert.

»Und dann?«

»Er hat mich mehrere Dinge schwören lassen: Niemandem zu verraten, dass er noch am Leben war, niemals das *24 Winds Lighthouse* zu verkaufen, niemals die Metalltür im Keller des Leuchtturms zu öffnen und sie unverzüglich zumauern zu lassen. Natürlich ist er all meinen Fragen ausgewichen. Ich wollte wissen, wann wir uns wiedersehen. Er hat mir die Hand auf die Schulter gelegt und gesagt: ›Vielleicht morgen, vielleicht nie.‹ Er hat mir verboten zu weinen und mir befohlen, stark zu sein und an seiner Stelle die Rolle des Familienoberhaupts zu übernehmen. Dann, nach etwa fünf Minuten, erhob er sich, nahm einen letzten Schluck Martini und sagte mir, ich solle gehen und seine Anweisungen befolgen. ›Es geht um Leben und Tod, Frank.‹ Das waren seine letzten Worte.«

Verwirrt durch sein spätes Geständnis, wollte ich wissen: »Und du, was hast du gemacht?«

»Ich habe mich strikt an seine Anweisungen gehalten. Ich bin nach Boston zurückgekehrt und noch am selben Abend zum Leuchtturm gefahren, wo ich dann die Türöffnung zugemauert habe.«

»Und du hast die Tür nie geöffnet?«

»Nie.«

Ich ließ ein paar Minuten verstreichen.

»Ich kann mir nicht vorstellen, dass du nicht versucht hast, mehr in Erfahrung zu bringen.«

Er hob die Hände, eine Geste der Machtlosigkeit.

»Ich hatte es versprochen, Arthur ... Und wenn du meine Meinung hören willst – es wartet nur Ärger hinter dieser Tür.«

»An was denkst du?«

»Ich würde alles geben, um es zu erfahren, aber ich halte mein Versprechen bis zu meinem Tod.«

Ich dachte einen Augenblick nach und sagte dann: »Moment, eines verstehe ich nicht. Im Herbst 1954, als Sullivan plötzlich verschwunden war, hat man den Leuchtturm doch sicher gründlich durchsucht, oder?«

»Von oben bis unten. Zunächst deine Großmutter, dann ich, dann der Sheriff des County sowie sein Stellvertreter.«

»Also habt ihr damals die Tür geöffnet?«

»Ja. Ich erinnere mich sehr gut an einen leeren Raum von knapp zehn Quadratmetern mit einem Boden aus gestampfter Erde.«

»Gab es keine Falltür oder einen Geheimgang?«

»Nein, daran würde ich mich erinnern.«

Ich kratzte mich am Kopf. All das ergab keinen Sinn.

»Seien wir realistisch«, sagte ich. »Was könnte sich *schlimmstenfalls* hinter der Tür befinden? Eine Leiche? Mehrere Leichen?«

»Daran habe ich natürlich gedacht ...«

»Wenn du die Türöffnung 1958 zugemauert hast, wäre ein Mordfall dann nicht längst verjährt?«

Frank ließ mehrere Sekunden verstreichen, bevor er erklärte: »Ich denke, das, was sich hinter dieser Tür befindet, ist sehr viel schrecklicher als eine Leiche.«

2.

Der Himmel war pechschwarz geworden. Donner grollte. Ein paar Tropfen fielen auf die Dokumente. Ich nahm den Füllfederhalter, zeichnete alle Blätter ab und setzte meine Unterschrift auf die letzte Seite.

»Ich glaube, aus der Angelpartie wird wohl nichts mehr«, meinte mein Vater und ging in Deckung vor dem Regen. »Soll ich dich nach Hause fahren?«

»Ich bin zu Hause«, erwiderte ich und reichte ihm die Kopie des unterzeichneten Vertrags.

Er stieß ein nervöses Lachen aus und schob die Papiere in seine Aktentasche. Ich begleitete ihn schweigend zu seinem Pick-up. Er setzte sich ans Steuer, steckte den Schlüssel ins Zündschloss, doch bevor er den Motor anließ, klopfte ich ans Seitenfenster.

»Warum hast du ausgerechnet *mich* dafür auserkoren? Ich bin nicht der Älteste der Familie. Ich bin auch nicht derjenige, mit dem du dich am besten verstehst. Warum also mich?«

Er zuckte die Achseln, außerstande zu antworten.

»Du willst die anderen schützen, stimmt's? Deine *echten* Kinder.«

»Sei nicht töricht!«, erwiderte er gereizt und seufzte geräuschvoll.

»Zuerst habe ich deine Mutter dafür gehasst, dass sie mich betrogen hatte«, gestand er ein. »Dann habe ich dich gehasst, ich gebe es zu, weil mir deine Existenz diesen Betrug jeden Tag vor Augen führte. Aber mit den Jahren begann ich, mich selbst zu hassen …«

Er deutete mit dem Kopf zum Leuchtturm und hob die Stimme, um das Donnergrollen zu übertönen.

»Die Wahrheit ist, dass mich dieses Geheimnis seit über dreißig Jahren nicht loslässt. Und ich glaube, dass du der Einzige bist, der es lüften kann.«

»Wie soll mir das gelingen, ohne diese Tür zu öffnen?«

»Das ist jetzt dein Problem!«, erklärte er und ließ den Motor an.

Er trat aufs Gaspedal, fuhr so unvermittelt an, dass der Kies unter seinen Reifen aufspritzte, und verschwand wie vom Gewitter verschlungen.

3.

Ich lief zum Haus zurück, um ins Trockene zu kommen.

In Wohnzimmer und Küche suchte ich vergebens nach einem Rest Whisky oder Wodka, doch es gab nicht den geringsten Tropfen Alkohol in diesem verfluchten Leuchtturm. In einem Schrank fand ich eine alte italienische Espressokanne und ein wenig gemahlenen Kaffee. Ich setzte Wasser auf und bereitete mir eine große Tasse von einem Gebräu, von dem ich hoffte, dass es mich beleben würde. Innerhalb weniger Minuten erfüllte ein angenehmer Duft den Raum. Der Espresso war bitter und ohne Schaum, doch er verhalf mir dazu, wieder einen klaren Kopf zu bekommen. Ich blieb in der Küche hinter der Theke aus weiß gekalktem Holz sitzen. Während es draußen immer heftiger regnete, verbrachte ich gut eine Stunde damit, aufmerksam alle Dokumente durchzulesen, die mein Vater mir zurückgelassen hatte. Die Fotokopien der verschiedenen Kaufverträge ermöglichten es mir, die Geschichte des Gebäudes zu rekonstruieren.

Der Leuchtturm war 1852 erbaut worden. Er bestand zunächst aus einem kleinen Steinhaus, über dem man eine Kuppel mit einer Laterne angebracht hatte. Zu Anfang waren das ein Dutzend Öllampen, die bald durch eine Fresnel-Linse ersetzt wurden. Gegen Ende des 19. Jahrhunderts zerstörten ein Erdrutsch und ein Feuer das Gebäude. Der heutige Bau – der Holzturm und das angrenzende Haus – waren 1899 errichtet worden, und zehn Jahre später wurde der Leuchtturm mit einer moderneren Kerosinlampe ausgestattet. Die Elektrifizierung erfolgte 1925.

1947 kam die amerikanische Regierung zu dem Schluss, dass der Leuchtturm nicht mehr von strategischer Bedeutung sei, und entledigte sich seiner anlässlich einer Versteigerung, bei der auch mehrere andere alte militärische Bauwerke unter den Hammer kamen.

Den Unterlagen zufolge hieß der erste Eigentümer Marko Horowitz, 1906 in Brooklyn geboren, 1949 gestorben. Seine Witwe Martha, geboren 1920, hatte dann den Leuchtturm im Jahr 1954 an meinen Großvater Sullivan Costello verkauft.

Ich rechnete nach: Diese Martha wäre heute einundsiebzig Jahre alt. Es war durchaus möglich, dass sie noch lebte. Ich griff zu einem Stift, der auf der Küchentheke lag, und unterstrich die Adresse, die sie damals angegeben hatte. 26 Preston Drive in Tallahassee, Florida. Ich griff zum Hörer des Wandtelefons und rief die Auskunft an. Es gab keine Martha Horowitz in Tallahassee, aber die Telefonistin fand eine Abigael Horowitz in derselben Stadt. Ich bat sie, mich mit dieser Nummer zu verbinden.

Abigael hob ab. Ich stellte mich vor und erklärte ihr den Grund meines Anrufs. Sie sagte mir, dass sie die Tochter von Marko und Martha Horowitz sei. Ihre Mutter lebe noch, habe aber nach 1954 noch zweimal geheiratet. Sie trüge jetzt den Familiennamen ihres derzeitigen Ehemanns und lebe in Kalifornien. Als ich Abigael fragte, ob sie sich ans *24 Winds Lighthouse* erinnere, sprudelte ihre Antwort nur so heraus.

»Natürlich, ich war zwölf Jahre alt, als mein Vater verschwand!«

Verschwand … Ich runzelte die Stirn, während ich meine Dokumente erneut durchlas.

»Nach dem mir vorliegenden Kaufvertrag ist Ihr Vater 1949 gestorben, oder etwa nicht?«

»Mein Vater wurde zu diesem Zeitpunkt für *tot erklärt*, aber er ist schon zwei Jahre früher verschwunden.«

»Wie das – verschwunden?«

»Das war Ende 1947, drei Monate nachdem er den Leuchtturm und das kleine Haus gekauft hatte. Mein Vater und meine Mutter liebten die Gegend und hatten die Absicht, sich dort ihr Ferienhaus einzurichten. Damals lebten wir in Albany. An einem Samstagmorgen rief der Sheriff des County Barnstable meinen Vater an, um ihm mitzuteilen, dass auf seinem Grundstück in der vergangenen Nacht durch einen Blitzeinschlag ein Baum auf eine elektrische Leitung gestürzt und durch das Gewitter auch das Schieferdach des Hauses beschädigt worden sei. Mein Vater nahm seinen Wagen und fuhr zum *24 Winds Lighthouse,* um das Ausmaß des Schadens in Augenschein zu nehmen. Er ist nie zurückgekehrt.«

»Was wollen Sie damit sagen?«

»Zwei Tage später hat man sein Oldsmobile vor dem Haus abgestellt gefunden, von Dad aber keine Spur. Die Polizisten durchsuchten den Leuchtturm und die nähere Umgebung, ohne den geringsten Anhaltspunkt für sein Verschwinden zu finden. Meine Mutter gab die Hoffnung nicht auf und wartete. Tage, Wochen, Monate ... Bis Anfang 1949 ein Richter meinen Vater offiziell für tot erklärte, damit wir seine Hinterlassenschaften regeln konnten.«

Eine Überraschung folgte auf die nächste. Noch nie hatte ich von dieser Geschichte gehört!

»Ihre Mutter hat fünf Jahre gewartet, bis sie den Leuchtturm zum Verkauf angeboten hat?«

»Meine Mutter wollte nichts mehr von diesem Haus wissen. Sie interessierte sich nicht im Geringsten dafür, bis sie in finanzielle Schwierigkeiten geriet. Sie vertraute den Verkauf einem New Yorker Immobilienmakler an und bat ihn, sich nicht an Leute aus der Gegend zu wenden, weil sie alle vom Verschwinden meines Vaters gehört hatten und der Meinung waren, der Leuchtturm bringe Unglück ...«

»Und seither haben Sie nie mehr von Ihrem Vater gehört?«

»Nie mehr«, bestätigte sie.

Nach einer kurzen Pause fügte sie hinzu: »Bis auf ein Mal.«

Ich schwieg, um sie fortfahren zu lassen.

»Im September 1954 kam es zu einem dramatischen Unfall in New York, das heißt zwischen den Bahnhöfen Richmond Hill und Jamaica. Es war ein grauenhaftes Gemetzel. Zur Rushhour stieß ein überfüllter Zug in voller Fahrt mit einem anderen zusammen, der gerade in den Bahnhof einfuhr. Mehr als neunzig Tote und an die vierhundert Verletzte waren zu beklagen. Es war eines der schlimmsten Zugunglücke ...«

»Ich habe davon gehört, aber was hat das mit Ihrem Vater zu tun?«

»In einem der Wagen befand sich einer seiner Kollegen. Er war verletzt, hat aber überlebt. Nach dem Drama hat dieser Mann mehrmals meine Mutter aufgesucht und behauptet, mein Vater hätte im selben Wagen wie er gesessen und sei bei dem Unglück gestorben.«

Während sie sprach, machte ich mir schnell Notizen. Die Parallelen mit dem, was meinem Großvater widerfahren war, waren offensichtlich.

»Natürlich wurde die Leiche meines Vaters in diesem Zug nie gefunden, aber ich war damals noch jung, und die Worte dieses Mannes verwirrten mich zutiefst. Er war felsenfest von dem überzeugt, was er behauptete.«

Nachdem Abigael ihren Bericht beendet hatte, dankte ich ihr für diese Informationen.

Ich legte auf und dachte an ihren Vater und meinen Großvater: zwei Männer, verschlungen von diesem Leuchtturm, im Abstand von wenigen Jahren getroffen von einem Fluch, der auf diesem Ort lastete.

Ein Ort, dessen alleiniger Eigentümer von nun an ich war.

Die 24 Winde

Die Sonne war da,
sie erstarb im Abgrund.

Victor Hugo, *Das Ende Satans*

1.

Das Blut schien in meinen Adern zu gefrieren.

Mit dem Ärmel meines Pullovers wischte ich den feuchten Beschlag ab, der sich auf den Fensterscheiben gebildet hatte. Es war erst vier Uhr nachmittags und fast schon dunkel. Der Regen, der unablässig vom düsteren Himmel fiel, trommelte gegen die Scheiben. Der Wind heulte, drückte Bäume und Sträucher nieder, rüttelte an Stromkabeln und Fensterrahmen. Die Metallkonstruktion der Schaukel quietschte, ächzte in schrill klagenden Tönen, die zornigem Kinderweinen glichen.

Ich musste mich unbedingt aufwärmen. Neben dem Kamin fand ich Kleinholz und größere Scheite. Ich machte Feuer und bereitete mir einen zweiten Kaffee zu. Diese immer neuen Enthüllungen hatten mich völlig durcheinandergebracht. Mein Großvater war allem

Anschein nach nicht an der Küste von Maine ertrunken. Er hatte Frau und Sohn verlassen, um sich aus dem Staub zu machen. Aber warum? Natürlich ist niemand davor gefeit, plötzlich der großen Liebe zu begegnen, aber dieses Verhalten war Meilen von dem entfernt, was ich über Sullivan Costellos Persönlichkeit gehört hatte.

Als Sohn eines irischen Emigranten hatte er sich mächtig ins Zeug gelegt und sich durch harte Arbeit seinen amerikanischen Traum verwirklicht. Warum hatte er sich dann von einem Tag zum anderen quasi in Luft aufgelöst und mit allem gebrochen, was er sich in seinem Leben aufgebaut hatte? Welche uneingestandenen und schrecklichen Geheimnisse verbarg er in den hintersten Winkeln seiner Seele? Was hatte er zwischen Herbst 1954 und Ende 1958 getan? Vor allem aber: Bestand die geringste Chance, dass er heute noch am Leben war?

Es erschien mir plötzlich offensichtlich, dass diese Fragen nicht unbeantwortet bleiben konnten.

2.

Ich trotzte dem Regen und lief zu dem Schuppen gleich neben dem Cottage. Als ich die Tür aufstieß, entdeckte ich unter den verschiedenen abgenutzten und verrosteten Werkzeugteilen einen nagelneuen Vorschlaghammer, der noch mit dem Etikett »Home Depot« der

Heimwerkerläden versehen war. Es war ein deutsches Modell mit einem Holzgriff und einem Metallteil, das aus einer besonderen Kupfer-Beryllium-Legierung bestand. Mein Vater musste ihn vor Kurzem gekauft haben. Vor sehr Kurzem sogar erst … mit Sicherheit für mich.

Ich spürte, wie die Falle zuschnappte.

Ohne nachzudenken, griff ich nach dem Vorschlaghammer und einer Brechstange. Ich verließ den Schuppen und trat in das Cottage, dann in den Gang. Die Falltür, die in den Keller führte, war offen geblieben. Mit meinem Werkzeug bewaffnet, stieg ich die Stufen hinab und betätigte den Schalter, um das Licht anzumachen.

Noch hatte ich die Möglichkeit, umzukehren. Ich konnte ein Taxi bestellen, um mich zum Bahnhof fahren zu lassen und mit dem Zug nach Boston zurückzukehren. Ich konnte einen Immobilienmakler beauftragen, einen Mieter für das *24 Winds Lighthouse* zu finden. Im Sommer ließen sich Häuser wie dieses in Neuengland für mehrere Tausend Dollar im Monat vermieten. So könnte ich mir ein regelmäßiges Einkommen sichern und mein Leben in aller Ruhe fortführen.

Aber welches Leben?

Meinen Beruf ausgenommen, war meine Existenz ohne jeden Sinn. Ohne Bindungen. Ohne einen Menschen, den ich liebte.

Ich blinzelte. Ein Bild aus der Vergangenheit tauchte vor meinem geistigen Auge auf: Ich bin fünf Jahre alt.

Ich hebe den Kopf zu meinem Vater, der mich eben auf das Parkett des Kinderzimmers hat fallen lassen. Ich bin wie versteinert.

»Im Leben darfst du niemandem vertrauen, verstehst du, Arthur? Niemandem! Nicht einmal deinem eigenen Vater.«

Dieses Erbe war ein vergiftetes Geschenk, ein Hinterhalt, in den mich Frank gelockt hatte. Mein Vater hatte nicht den Mut gehabt, die Tür selbst zu öffnen. Nicht den Mut, ein altes Versprechen zu brechen. Aber vor seinem Tod wollte er, dass jemand es an seiner Stelle tat.

Und dieser Jemand war ich.

3.

Ich tupfte mir die Schweißperlen von der Stirn. In diesem Teil des Gebäudes herrschte drückende Hitze. Die Luft war so dünn und stickig wie im Maschinenraum eines Schiffes.

Ich schob meine Ärmel hoch, hob den Vorschlaghammer mit beiden Händen über den Kopf, um möglichst viel Schwung zu haben. Dann zielte ich auf die Mitte des Kreuzes.

Die Augen zusammengekniffen, um sie vor Splitter und Staub zu schützen, setzte ich zum zweiten und dritten Hieb an.

Beim vierten Mal flog der Hammer noch höher. Ein

großer Fehler, denn ich zerschlug zwei Rohre, die an der Decke entlangführten. Ein Schwall eiskalten Wassers ergoss sich über mich, bis mir der rettende Gedanke kam, den Haupthahn abzudrehen und somit die Sintflut zu stoppen.

Mist!

Ich war von Kopf bis Fuß durchnässt. Das Wasser war nicht nur eisig, sondern auch gelblich und verströmte einen moderigen Geruch. Ich zog sofort Hemd und Hose aus. Der gesunde Menschenverstand befahl mir, nach oben zu gehen und mich umzuziehen, doch die Hitze in dem Raum und die Neugier, zu erfahren, was sich hinter der Tür verbarg, veranlassten mich, einfach weiterzumachen.

Mit nacktem Oberkörper und in rosa gepunkteter Unterhose setzte ich mein Werk mit frischer Energie fort und schlug mit aller Kraft auf die Backsteine ein. Ein Satz meines Vaters kam mir in den Sinn. *Ich denke, was sich hinter dieser Tür befindet, ist sehr viel schrecklicher als eine Leiche.*

Nach etwa einem guten Dutzend Schlägen traf mein Hammer auf das Metall hinter den Steinen. Eine Viertelstunde später hatte ich das gesamte Türblatt freigelegt: eine niedrige, schmale Tür aus Schmiedeeisen, von Rost zerfressen. Mit meinem Unterarm wischte ich den Schweiß von meinem Oberkörper und trat näher. Auf einer Kupferplatte, die auf die Tür geschraubt war, erkannte ich eine Windrose, die in das Metall geritzt war.

Ich hatte dieses Diagramm schon einmal gesehen: Es gab ein identisches, das in die Steinmauer, die rund um den Leuchtturm führte, eingelassen war. Es zeigte die Aufzählung aller Winde, die seit der Antike bekannt waren.

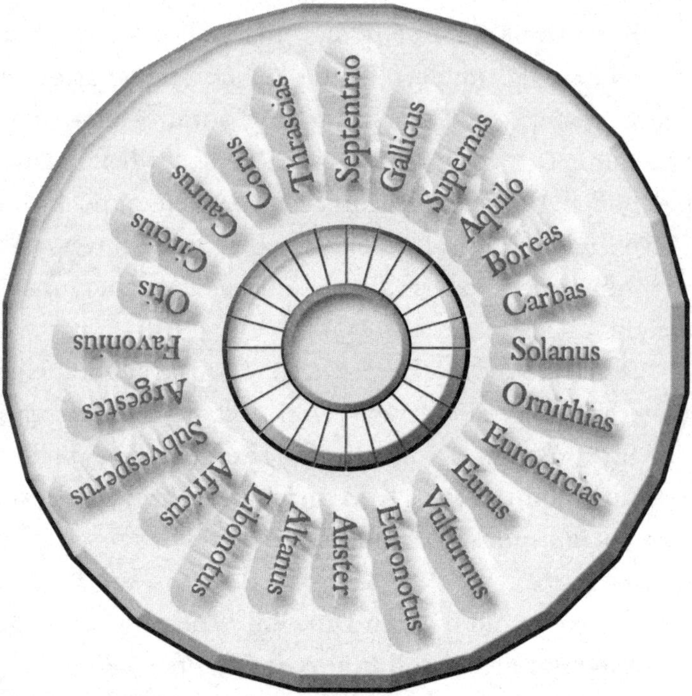

Darunter stand eine lateinische Inschrift, die warnte:

Postquam viginti quattuor venti flaverint,
nihil jam erit.
Nach dem Hauch der 24 Winde bleibt nichts übrig.

Ganz offensichtlich – aber ich wusste nicht, warum – verdankte der Leuchtturm dieser Windrose seinen Namen. Aufs Höchste erregt, versuchte ich, die Tür zu öffnen, doch der Griff war eingerostet. Wie sehr ich mich auch bemühte, er wollte nicht nachgeben. Ich dachte an das Werkzeug, das ich mitgenommen hatte, und griff zu dem Brecheisen. Ich drückte das abgeflachte Ende mit aller Kraft in den Falz, um die Hebelkraft zu nutzen, bis ich ein trockenes Knacken vernahm. Das Schloss brach auf.

4.

Ich schaltete meine Taschenlampe ein. Mit klopfendem Herzen stieß ich die Metalltür auf, die geräuschvoll über den Boden schabte. Ich richtete den Strahl der Lampe ins Innere und fand einen Raum vor, so wie mein Vater ihn mir beschrieben hatte: knapp zehn Quadratmeter groß, Lehmboden, umrahmt von groben Mauersteinen. Das Blut pulsierte in meinen Schläfen. Vorsichtig trat ich ein und leuchtete in alle Ecken. Auf den ersten Blick war der Raum leer. Der Lehmboden war weich. Ich hatte den Eindruck, im Schlamm zu waten. Ich inspizierte aufmerksam die Wände. Sie waren ohne jede Inschrift.

Viel Wind um nichts?

Hatte Frank mir vielleicht dummes Zeug erzählt? Hatte diese Begegnung mit Sullivan, seinem Vater, am

Kennedy Airport wirklich stattgefunden, oder hatte er sie nur geträumt? Warum hatte er rund um diesen Leuchtturm einen Mythos aufgebaut, der womöglich nur in seinen Wahnvorstellungen existierte?

Während mir all diese Fragen durch den Kopf gingen, fegte ein unglaublich heftiger und eisiger Luftzug durch den Raum. Erstaunt ließ ich meine Taschenlampe fallen. Als ich mich nach ihr bückte, sah ich plötzlich, wie die Tür zufiel.

In totaler Dunkelheit richtete ich mich auf und streckte die Hand aus, um die Tür wieder zu öffnen, doch mein Körper erstarrte, wie in eine Eissäule verwandelt. Das Blut hämmerte in meinem Kopf.

Ich stieß einen Schrei aus. Dann schien ein zischendes Geräusch mein Trommelfell zu zerreißen, und mir wurde schwindlig, während ich spürte, wie der Boden unter meinen Füßen nachgab.

Zweiter Teil

An ungewissen Orten

1992
Die Lichter der Stadt

> *Der Weg zur Hölle ist mit unverwüstlichen Steinen gepflastert.*
>
> Barbara Vine, *Aus der Welt*

0.

Ein starker Duft nach Myrrhe und lackiertem Holz.

Ein kampferhaltiger Geruch nach Weihrauch und Kerzenwachs.

Ein Presslufthammer, der pausenlos im Inneren meines Schädels hämmert.

Ich versuche, die Augen zu öffnen, doch meine Lider sind wie zugenäht. Ich liege auf einem harten, kalten Boden. Meine Wange ist gegen den Stein gedrückt. Ich fühle mich fiebrig, habe Schüttelfrost. Ich schluchze. Ein stechender Schmerz brennt in meiner Brust und hindert mich daran, normal zu atmen. Meine Kehle ist ausgetrocknet, und ich habe den Geschmack von Zement im Mund. Ich bleibe noch eine Weile liegen, unfähig, mich zu bewegen.

1.

Nach und nach wich die Stille um mich herum dem Gemurmel einer ungestümen Menschenmenge. Wut stieg in mir hoch.

Aber wogegen?

In einer übermenschlichen Anstrengung richtete ich mich auf und öffnete meine Lider. Meine Augen brannten, mein Blick war getrübt. Ich bemühte mich, die Umgebung um mich herum zu erkennen.

Diffuses Licht, ein Kruzifix, Kandelaber mit Kerzen, ein bronzener Baldachin, ein Marmoraltar. Schwankend machte ich einige Schritte. Augenscheinlich befand ich mich mitten im Chor einer Kirche. Oder sogar einer Kathedrale? Ein rund hundert Meter langes Kirchenschiff öffnete sich vor mir, flankiert von zwei gewaltigen Reihen geschnitzter Holzbänke. Ich hob den Blick: Einige Dutzend bunter Glasfenster filterten ein schimmerndes Licht. Die gotischen Gewölbe, die mehr als dreißig Meter hoch aufragten, bereiteten mir ein Schwindelgefühl.

Auf der anderen Seite des Chors erhob sich eine monumentale Orgel mit ihren zahlreichen Pfeifen unter dem zyklopischen Auge einer Glasrosette, die in unendlich vielen Blautönen funkelte.

»Rufen Sie die Polizei!«

Der Ruf erklang aus der Menge. Dutzende entsetzter Augenpaare waren auf mich gerichtet: von Touristen, knienden Gläubigen im Gebet, von Priestern, die sich bei den Beichtstühlen aufhielten. Plötzlich verstand ich ihr missbilligendes Raunen, denn ich bemerkte, dass ich beinahe nackt war und nichts weiter trug als meine rosa gepunktete Unterhose und ein schmutziges Paar Turnschuhe.

Was, zum Teufel, mache ich hier?

An meinem Handgelenk trug ich die Armbanduhr meines Großvaters. Ich warf einen raschen Blick darauf – 17:12 Uhr –, dann begann sich alles um mich herum zu drehen. Ich erinnerte mich an das Gespräch mit meinem Vater, an meine Nachforschungen über den Leuchtturm, an den zugemauerten Raum im Keller, in dem eine tropische Hitze herrschte, und an die Metalltür, die plötzlich hinter mir zuschlug.

Aber was war danach geschehen?

Meine Beine fühlten sich an wie Pudding. Um nicht zusammenzubrechen, stützte ich mich auf das Pult, auf dem eine schwere gebundene Bibel lag. Ich wischte mir den kalten Schweiß ab, der mir über den Nacken lief. Ich musste hier raus. Und zwar möglichst schnell.

Zu spät!

»Polizei! Keine Bewegung! Hände über den Kopf!«

Zwei uniformierte Polizisten hatten die Kirche betreten und kamen im Laufschritt durch den Mittelgang des Hauptschiffs auf mich zu.

Ich durfte mich nicht festnehmen lassen, bevor ich nicht verstand, was hier mit mir geschah. Ich nahm all meine Kräfte zusammen und stürzte die Marmorstufen vom Chor zum Kirchenschiff hinunter. Die ersten Schritte waren überaus schmerzhaft. Meine Knochen schienen so empfindlich zu sein wie Kristall, und ich hatte bei jedem Schritt den Eindruck, meine Beine würden gleich brechen. Die Zähne zusammengebissen, lief ich an den Seitenkapellen entlang, ich rempelte Leute an, stieß ein Blumenarrangement, einen schmiedeeisernen Kerzenständer und Stapel von Gesangbüchern um.

»Hey, Sie da! Stehen bleiben!«

Ohne mich umzudrehen, rannte ich über den rutschigen Boden. Noch zehn Meter, dann stieß ich die erste Tür auf, die ich vor mir hatte. Geschafft, ich war draußen!

Ich hastete eine Steintreppe hinunter, stolperte auf den Vorplatz der Kirche und …

2.

… ein Hupkonzert und Sirenengeheul zerrissen mir beinahe das Trommelfell. Weiße Rauchsäulen stiegen von der öligen Asphaltdecke auf, bevor sie sich in einem schmutzig grauen Himmel auflösten, an dem ein Hubschrauber dröhnte. Die Luft schien elektrisch aufgeladen, feucht, erstickend wie in einem Dampfkessel.

Völlig orientierungslos versuchte ich zu fliehen, doch bevor ich wieder losrennen konnte, warf sich einer der Polizisten auf mich und packte mich bei der Kehle. Sein Griff entriss mir einen Schrei. Trotz der Umklammerung gelang es mir, mich umzudrehen und meinen Angreifer mit einem heftigen Fußtritt abzuwehren, der ihn mitten ins Gesicht traf.

Wieder frei, setzte ich zu einem Sprint an, verfolgt von seiner Kollegin – einer kleinen, eher rundlichen Frau –, was mich zu der Annahme führte, ich würde sie schnell abhängen können. Aber ich hatte meine Kräfte überschätzt. Meine Beine drohten, mich im Stich zu lassen, und ich hatte Mühe, wieder zu Atem zu kommen. Ich versuchte, trotz des Verkehrs die Straße zu überqueren, doch plötzlich stellte mir die Polizistin ein Bein und drückte mich mit ihrem ganzen Körpergewicht zu Boden. Bevor ich mich wehren konnte, spürte ich, wie sich die stählernen Handschellen auf meinem Rücken schlossen und tief in das Fleisch meiner Handgelenke schnitten.

Ein Kaleidoskop vibrierender Bilder zog an meinen Augen vorbei: gelbe Taxis, die sich durch eine Schlucht aus Glas und Beton schlängelten, *Stars and Stripes*, die im Wind flatterten, die Umrisse einer alten Kirche mitten in einem Wald aus Wolkenkratzern, die Bronzestatue eines athletischen Atlas, der das Himmelsgewölbe trägt …

Den Kopf auf den Bürgersteig gedrückt, war ich vor Angst wie gelähmt. In meinen Eingeweiden brannte es wie Feuer, und ich bekam fürchterliches Sodbrennen. Und während man meinen schwitzenden, fast nackten Körper über den Asphalt schleifte, fragte ich mich, wie es sein konnte, dass ich in der New Yorker St. Patrick's

Cathedral an der Fifth Avenue wieder zu mir gekommen war.

3.
20 Uhr
Im Gefängnis

Das Gesicht zwischen den Händen, massierte ich mir die Schläfen, während ich von drei Aspirin und einer entzündungshemmenden Infusion träumte.

Nach meiner Festnahme hatte ein Polizeiwagen mich in das 17. Revier gebracht, eine Festung aus braunem Backstein an der Kreuzung Lexington und 52nd Street. Sofort nach meiner Ankunft im Kommissariat hatte man mich in eine Sammelzelle mit einem gemischten Völkchen aus Obdachlosen, Asozialen und Drogendealern gesperrt.

Sie lag im Untergeschoss des Gebäudes und war der reinste Backofen. Keine Klimaanlage, kein Fenster, nicht der geringste Lufthauch. Im Winter fror man hier sicher erbärmlich, im Sommer schwitzte man dafür wie in einer Sauna. Auf einer an der Wand befestigten Bank sitzend, wartete ich nun bereits seit drei Stunden, ohne dass sich jemand die Mühe gemacht hätte, mir etwas zum Anziehen zu bringen. Mit nacktem Oberkörper und nur mit der rosa gepunkteten Unterhose bekleidet, musste ich mir seitens meiner Zellengenossen allen möglichen Spott anhören.

Wann hört dieser Albtraum endlich auf?

»Das erregt dich wohl, nackt rumzulaufen, du kleine Schwuchtel?«

Seit einer Stunde fiel mir der Penner, der neben mir saß, nun schon auf die Nerven. Er war mager wie ein räudiger Hund, ein menschliches Wrack, dessen gerötetes Gesicht von Schorf verkrustet war. Da ihm offenbar der Alkohol fehlte, verbrachte er seine Zeit damit, eine Litanei obszöner Äußerungen von sich zu geben und sich bis aufs Blut seinen dichten, gelblichen Bart zu kratzen. In Boston, in der Notaufnahme, in der ich arbeitete, brachte man uns jeden Tag mehrere Exemplare dieser Art: vom Leben auf der Straße gebrochene Menschen, empfindlich und aggressiv, die jeglichen Bezug zur Realität verloren hatten. Wir holten sie aus einem Alkoholkoma, einer Unterkühlung oder einer psychischen Ausnahmesituation wieder zurück ins Leben.

»Schön praktisch diese Kleidung, um dir einen runterzuholen, stimmt's, du Tunte?«

Er tat mir leid, machte mir aber auch Angst. Ich wandte den Kopf ab und tat, als würde ich ihn ignorieren, doch plötzlich stand er auf und packte mich am Arm.

»Sag mal, du hast nicht zufällig ein Bier in deinem Höschen versteckt? Einen Kaffee mit Schuss in deinem großen Zapfhahn ...«

Ich stieß ihn vorsichtig zurück. Trotz der Hitze war er in einen dicken Wollmantel gehüllt, der vor Dreck starrte. Als er auf die Bank zurücksank, bemerkte ich eine zusammengefaltete Zeitung, die aus seiner Tasche schaute. Der Betrunkene streckte sich aus, das Gesicht zur Wand gedreht. Während sein unaufhaltsamer Redefluss langsam verebbte, stibitzte ich die Tageszeitung und faltete sie hektisch auseinander. Es war eine Ausgabe der *New York Times* mit einer fetten Schlagzeile:

Im Wettlauf um die Präsidentschaft
geben die Demokraten Bill Clinton ihre Zustimmung.
Eine neue Stimme für ein neues Amerika.

Unter dieser Überschrift zeigte ein großes Foto den Kandidaten, der sich, am Arm seiner Frau Hillary und mit seiner Tochter Chelsea, einen Weg durch eine dichte Menge bahnte. Die Zeitung war vom 16. Juli 1992.

Wieder vergrub ich den Kopf zwischen meinen Händen.

Das ist doch nicht möglich ...

Ich konnte mir noch so sehr das Gehirn zermartern, da war nichts zu machen: Meine letzte Erinnerung stammte von Anfang Juni 1991. Ich war völlig am Ende. In mir tat sich ein Abgrund auf. Um mich zu beruhigen, versuchte ich, kontrolliert zu atmen und an meinen Verstand zu appellieren. Wie war meine Gedächtnisstörung zu erklären? Eine Verletzung des Gehirns? Ein traumatisches Ereignis? Drogen?

Ich war Arzt. Auch wenn die Neurologie nicht mein Fachgebiet war, hatte ich doch genügend Praktika in verschiedenen Krankenhäusern absolviert, um zu wissen, dass eine Amnesie häufig rätselhaft bleibt.

Ich litt offensichtlich unter einer anterograden Amnesie: Ich hatte keinerlei Erinnerung mehr an die Ereignisse, die eingetreten waren, nachdem ich das »verbotene« Zimmer des Leuchtturms betreten hatte. Seit diesem Tag war in meinem Gehirn allem Anschein nach etwas blockiert. Ich war über ein Jahr lang aus meinem Leben verschwunden!

Aber warum?

Ich dachte angestrengt nach. Ich hatte bereits Patienten gesehen, die nach einem unerträglichen traumatischen Erlebnis keine neuen Erinnerungen mehr speichern konnten: eine Abwehrreaktion, um nicht verrückt zu werden. In der Regel kehrten ihre Erinnerungen jedoch nach einigen Tagen zurück; in meinem Fall handelte es sich nun aber bereits um einen Zeitraum von über einem Jahr …

Mist …

»Arthur Costello?«

Ein uniformierter Beamter rief vor der Zelle laut meinen Namen.

»Hier«, sagte ich und stand auf.

Er sperrte die Gittertür auf und zog mich am Arm hinaus. Wir liefen durch ein Gewirr von Gängen, bis wir in einen Vernehmungsraum kamen: zwanzig Quadratmeter, ein großer Spiegel, ein am Boden befestigter Metalltisch, um den drei unterschiedliche Stühle standen.

Ich erkannte den ersten Polizisten, der versucht hatte,

mich festzunehmen, und den ich mit einem Fußtritt zurückgestoßen hatte. Er trug ein Pflaster über der Augenbraue und warf mir einen vernichtenden Blick zu, der »blödes Arschloch« sagen sollte. Ohne ihn provozieren zu wollen, zwinkerte ich ihm zu, was »Nichts für ungut, Alter« bedeuten sollte. Er war in Begleitung einer weiteren Beamtin, einer Latina mit kohlrabenschwarzem Haar, das sie zu einem Knoten zusammengesteckt trug. Mit spöttischem Blick reichte sie mir eine abgewetzte Drillichhose und ein graues, grobes Baumwollshirt. Während ich meine neuen Sachen anzog, stellte sie sich als diensthabende Polizistin vor, die für meinen Fall zuständig sei, und riet mir, ihr nicht dumm zu kommen.

Auf ihre Aufforderung hin gab ich meinen Namen, mein Alter, meine Adresse und meinen Beruf an. Nachdem sie mich über die Tatbestände informiert hatte, die mir zur Last gelegt wurden – Exhibitionismus in einem Gotteshaus, Widerstand gegen eine vorläufige Festnahme, Tritte gegen einen Polizeibeamten –, fragte sie mich, ob ich die Vorwürfe bestreiten wolle. Als ich schwieg, wollte sie wissen, ob ich psychische Vorerkrankungen hätte. Ich berief mich auf mein Recht der Aussageverweigerung und verlangte einen Anwalt.

»Haben Sie die nötigen Mittel, einen Anwalt zu bezahlen, oder wünschen Sie einen Pflichtverteidiger?«

»Ich möchte von der Kanzlei von Rechtsanwalt Jeffrey Wexler in Boston verteidigt werden.«

Die Polizistin insistierte nicht weiter; sie ließ mich

meine Aussage unterschreiben, teilte mir mit, ich würde am nächsten Vormittag dem Richter vorgeführt, dann rief sie einen ihrer Kollegen, der mich in den *mugshot room*, den Raum zur erkennungsdienstlichen Behandlung, brachte, wo man meine Fingerabdrücke nahm und mich fotografierte. Bevor sie Anweisung gab, mich in die Zelle zurückzubringen, erlaubte die Beamtin mir, einen Anruf zu tätigen.

4.

Widerwillig entschied ich mich, meinen Vater zu kontaktieren, Frank Costello. Ich fürchtete seine Reaktion, wusste aber auch, dass er der Einzige war, der mich schnell aus der misslichen Lage befreien konnte, in der ich mich befand. Ich rief also Pauline an, seine treue Sekretärin im Krankenhaus, die eine Zeit lang seine Geliebte gewesen war. Überrascht, mich am Apparat zu haben, verkündete sie mir, Frank sei derzeit mit seiner Frau am Comer See in Italien im Urlaub.

»Was ist denn das für eine Geschichte, Pauline? Mein Vater macht nie Urlaub und schon gar nicht sechstausend Kilometer von zu Hause entfernt!«

»Tja, offensichtlich ändert sich alles irgendwann einmal«, antwortete sie etwas unbehaglich.

»Hören Sie, ich habe keine Zeit, Ihnen die Gründe für meinen Anruf zu erklären, aber ich muss Frank unbedingt sofort sprechen.«

Sie seufzte, legte mich in die Warteschleife, und nach weniger als einer Minute hörte ich die raue und heisere Stimme meines Vaters.

»Verdammt, bist du es wirklich, Arthur?«

»Hallo, Dad.«

»Warum hast du ein Jahr lang nichts von dir hören lassen? Wir haben uns die größten Sorgen gemacht!«

In drei Sätzen schilderte ich ihm meine Lage.

»Aber wo, in Gottes Namen, hast du die ganze Zeit gesteckt?«

Ich hörte, dass er am anderen Ende der Leitung vor Zorn fast keine Luft bekam.

»Stell dir vor, ich habe nicht die leiseste Ahnung! Meine letzte Erinnerung betrifft den Tag, an dem du mich die Papiere über das Erbe des Leuchtturms hast unterschreiben lassen.«

»Bleiben wir gleich beim Leuchtturm! Wie ich gesehen habe, hast du die Ziegelwand aufgebrochen! Ich hatte dir das doch strikt verboten!«

Bei seiner Antwort geriet ich außer mir vor Wut.

»Du hast doch nur darauf gewartet! Du hattest mir sogar alle erforderlichen Werkzeuge dafür gekauft…«

Er widersprach mir nicht. Im Gegenteil, hinter seinem gespielten Zorn spürte ich, dass er vor Neugier brannte. Die Fortsetzung des Gesprächs bestätigte meine Vermutung.

»Also … was hast du hinter der Tür gefunden?«

»Einen Haufen Probleme«, sagte ich, um seiner Frage auszuweichen.

»Was hast du gefunden?«, wiederholte er mit zunehmend drohend klingender Stimme.

»Um das zu erfahren, muss mich dein Anwalt aus dem Gefängnis holen.«

Erst nach einem langen Hustenanfall versprach er es mir schließlich.

»Ich rufe Jeffrey sofort an. Er wird die Sache klären.«

»Danke. Sag mal, Dad, bist du ganz sicher, mir *alles* gesagt zu haben, was du über den Leuchtturm weißt?«

»Natürlich! Warum sollte ich dir irgendetwas verheimlichen? Aber wahrscheinlich hätte ich besser den Mund gehalten, da du nicht auf mich gehört hast.«

Damit wollte ich mich nicht begnügen.

»Ich denke da besonders an die Geschichte meines Großvaters.«

»Deines Großvaters? Glaube mir, ich habe dir alles gesagt. Das schwöre ich dir bei meinen Kindern …«

Ich lachte nervös auf. Sein Leben lang hatte er meiner Mutter geschworen, sie nicht zu betrügen. Hatte es bei seinen Kindern geschworen …

»Frank, sag mir die Wahrheit, verdammt noch mal!«

Ich hörte, wie er sich am anderen Ende der Leitung die Seele aus dem Leib hustete. Plötzlich verstand ich. So flink, wie Pauline ihn erreicht hatte, konnte er nicht in Italien sein, vielmehr befand er sich wohl in einem Krankenhaus, um ein Rezidiv seiner Krebserkrankung behandeln zu lassen. Offenbar versuchte er, seinen Rückfall geheim zu halten, da er von einer erneuten Heilung überzeugt war.

»Also gut«, gab er schließlich zu, »da ist noch etwas, von dem ich dir nichts gesagt habe und das du vielleicht wissen solltest.«

Ich rechnete mit allem ... und mit nichts.

»Dein Großvater ist nicht tot.«

Ungläubig fragte ich meinen Vater, ob er sich über mich lustig mache.

»Leider nein.«

»Warum leider?«

Ich hörte einen tiefen Seufzer, dann sagte er: »Sullivan ist in New York. Er lebt in einer geschlossenen psychiatrischen Anstalt auf Roosevelt Island.«

Während ich diese Enthüllung verdaute, klopfte mir jemand auf den Rücken: Die Latina-Polizistin wollte mir zu verstehen geben, dass mein Telefonat nicht ewig weitergehen könne. Mit einem Handzeichen bat ich um eine weitere Minute.

»Seit wann weißt du, dass er noch lebt?«

»Seit dreizehn Jahren.«

»Dreizehn Jahre!«

Erneut hörte ich verdrießliches Seufzen.

»1979 erhielt ich eines Abends einen Anruf von dem Leiter eines Vereins in Manhattan, der sich um Obdachlose kümmert. Seine Jungs hatten Sullivan aufgegriffen, als er in der Grand Central Station umherirrte. Er war aggressiv, völlig desorientiert, wusste weder, wo er sich befand, noch in welchem Jahr.«

»Und du, sein eigener Sohn, hast ihn wegsperren lassen?«

»Glaub ja nicht, dass ich es freudigen Herzens getan habe!«, rief Frank wütend. »Er war seit über vierundzwanzig Jahren verschwunden. Er war krank, gewalttätig, unkontrollierbar ... und erzählte allen möglichen Unsinn! Er beschuldigte sich selbst, eine Frau ermordet zu haben. Außerdem habe ich diese Entscheidung nicht allein getroffen. Es gab mehrere psychiatrische Gutachten, die alle eindeutig ausfielen: Verfolgungswahn, Psychose, Altersdemenz ...«

»Aber wie konntest du dieses Geheimnis für dich behalten? Ich hatte ein Recht darauf, es zu erfahren! Du hast mir meinen Großvater weggenommen. Ich hätte ihn besuchen können, ich hätte ...«

»Unsinn! Dir hätte nicht gefallen, was aus ihm geworden war. Was hättest du davon gehabt, jemanden zu besuchen, der vor sich hin vegetiert? Außer dass es dir wehgetan hätte!«

Ich weigerte mich, seiner Argumentation zu folgen.

»Wer wusste Bescheid? Mama? Meine Schwester? Mein Bruder?«

»Nur deine Mutter war eingeweiht. Was glaubst du denn? Ich habe alles getan, um die Angelegenheit geheim zu halten. Ich wollte unsere Familie schützen, die Firma ...«

»Den Schein wahren, wie immer ... das war für dich stets das Wichtigste, oder?«

»Du gehst mir auf die Nerven, Arthur!«

Ich wollte antworten, aber er hatte schon aufgelegt.

5.
9 Uhr morgens am nächsten Tag

»Du kennst den Ausspruch, junger Mann: Man hat nur eine Chance, einen guten Eindruck zu hinterlassen.«

Während wir in den Gängen des Gerichts warteten, half mir Jeffrey Wexler, meinen Krawattenknoten zu richten; seine Assistentin versuchte, mit einem Kosmetikpinsel bewaffnet, meine Augenringe und meine Leichenblässe mit Make-up zu kaschieren. Bevor ich dem Richter vorgeführt würde, blieben uns nur wenige Minuten, um zu entscheiden, welche Strategie wir verfolgen wollten. Aber getreu der Philosophie meines Vaters, war auch für Jeffrey der äußere Schein wichtiger als der Inhalt der Akte.

»Es ist ungerecht, aber so ist es nun einmal«, fuhr der alte Anwalt fort. »Wenn es dir gelingt, vor Gericht einen guten Eindruck zu hinterlassen, ist das bereits die halbe Miete. Den Rest überlässt du dann mir.«

Ich kannte ihn von klein auf, und ohne wirklich zu wissen, warum, mochte ich ihn. Und es muss auch gesagt werden, dass der Jurist alles richtig gemacht hatte. Er hatte mir nicht nur einen Anzug besorgt, sondern auch daran gedacht, meine Brieftasche, meine Kreditkarte und alle meine Papiere mitzubringen – Ausweis, Führerschein, Reisepass –, um meine Identität vor Gericht zweifelsfrei dokumentieren zu können. Gott weiß wie, hatte er es sogar fertiggebracht, dass mein Fall sofort in der Früh aufgerufen wurde.

Die Anhörung dauerte keine zehn Minuten. Mit gelangweilter Routine verlas ein noch nicht ganz wacher Richter, was man mir zur Last legte, und erteilte anschließend das Wort zunächst der Anklage, dann der Verteidigung. Jeffrey begann also damit, sein Märchen aufzutischen: In überzeugendem Ton brachte er einige Scheinargumente vor, versuchte darzulegen, dass alles nur auf einem kleinen Missverständnis beruhe, und beantragte, die Anklage in allen Punkten abzuweisen. Ohne sich lange bitten zu lassen, akzeptierte der Staatsanwalt, die Hauptanklage wegen Exhibitionismus fallen zu lassen. Nach einem letzten Schlagabtausch mit Jeffrey weigerte er sich jedoch, auf die Anklage wegen Körperverletzung eines Staatsbeamten zu verzichten. Jeffrey verkündete daraufhin, unter diesen Umständen würden wir auf nicht schuldig plädieren. Der Staatsanwalt verlangte eine Kaution von zwanzigtausend Dollar, die Jeffrey auf fünftausend Dollar herunterhandeln konnte. Dann erklärte der Richter, ich würde demnächst zum Prozess vorgeladen, und schlug ein Mal mit seinem Hammer.

Nächster Fall!

6.

Kaum war die Verhandlung zu Ende, begriff ich, dass Jeffrey den Auftrag hatte, mich nach Boston zu bringen. Er drängte mich, ihn zu begleiten, aber ich wollte meine Bewegungsfreiheit nicht aufgeben.

»Frank wird nicht zufrieden sein«, murrte er.

»Wenn es jemanden gibt, der ihm die Stirn bieten kann, dann bist du es, oder?«

Schließlich kapitulierte er und schob mir sogar vier Fünfzig-Dollar-Scheine in die Tasche.

Endlich frei!

Ich verließ das Gericht und ging einige Häuserblocks zu Fuß. Es war bereits zehn Uhr vormittags, aber die Luft in der Stadt war noch frisch. Die Geräuschkulisse wirkte beruhigend. Ich hatte in der Nacht kein Auge zugetan, fühlte mich jedoch von einer Last befreit und hatte auch zu einer gewissen körperlichen Form zurückgefunden. Meine Gelenke waren nicht mehr steif, ich konnte gut atmen, die Migräne war verschwunden. Nur mein Bauch tat weh und knurrte. Ich legte eine Pause in einem Dunkin' Donuts ein, genehmigte mir einen großen Becher Kaffee und einen Donut, bevor ich weiterging. Park Avenue, Madison Avenue, Fifth Avenue. Bei meinem letzten New-York-Besuch hatten wir den Junggesellenabschied eines meiner Arztkollegen gefeiert. Anschließend hatten wir eine Spritztour nach Atlantic City unternommen. Ich erinnerte mich, dass wir an einem Schalter der Hertz-Autovermietung in der Lobby des Marriott Marquis Hotels – berühmt für seine drehbare Dachterrasse, die einen Rundumblick über Manhattan bietet – einen Wagen gemietet hatten.

Als ich den Times Square erreichte, empfand ich dieselbe Übelkeit wie jedes Mal an diesem Ort. Während nachts die Flut der Neonbeleuchtungen das Krebsgeschwür tarnte, von dem es zerfressen wurde, konnte das Viertel bei Tageslicht seine schmutzige und erbärmliche Seite nicht verbergen: Die Werbetafeln der Peepshows und die Auslagen der Pornokinos wurden belagert von Obdachlosen, müden Prostituierten und Drogenabhängigen mit zombieähnlichen Gesichtern. Einige Touristen stöberten in den zwielichtigen Souvenirläden. Ein zahnloser Typ bettelte, ein Schild um den Hals, das die Aufschrift »HIV-positiv« trug. Das Armenhaus an einem der berühmtesten Plätze der Welt.

Ich überquerte den Broadway und betrat eilig die Unterführung, die zur Hotelhalle führte. Problemlos fand ich den Schalter der Autovermietung. Der Angestellte schaute in seinen Computer und stellte fest, dass meine Daten noch gespeichert waren. Um keine Zeit zu verlieren, akzeptierte ich den erstbesten Wagen, den man mir anbot: einen dreitürigen Mazda Navajo in Kastenform. Beim Bezahlen stellte ich überrascht, aber erleichtert fest, dass meine Kreditkarte noch funktionierte. Ich setzte mich ans Steuer und verließ Manhattan auf dem FDR Drive in Richtung Norden.

Um mein Gedächtnis zu reaktivieren, musste ich zu

dem anfänglichen Trauma zurückkehren. Dorthin, wo alles begonnen hatte: in den Keller des *24 Winds Lighthouse*, des Leuchtturms der 24 Winde.

Während der vierstündigen Fahrt bis Cap Cod schaltete ich von einem Radiosender zum nächsten, wechselte zwischen Nachrichten und Musiksendungen hin und her. Vier Stunden Schnellkurs, um eine »Abwesenheit« von über einem Jahr aufzuholen. Ich erfasste die Beliebtheit von Bill Clinton, von dessen Existenz ich vor einem Jahr noch nichts gewusst hatte, aber auch von einer alternativen Rockband, Nirvana, deren satter Gitarrensound den Äther überschwemmte. Ich erfuhr, dass es in Los Angeles nach dem Freispruch der vier Polizisten, die Rodney King brutal zusammengeschlagen hatten, zu bürgerkriegsähnlichen Zuständen gekommen war. Der Abmoderation des Songs *Living On My Own* konnte ich entnehmen, dass Freddie Mercury vor Kurzem gestorben war. Auf einem Sender, der sich ganz dem Kino widmete, diskutierten Hörer über Filme, von denen ich noch nie etwas gehört hatte: *Basic Instinct, The Commitments, My Own Private Idaho* …

7.

Es war nach vierzehn Uhr, als ich auf den Kiesweg einbog, der zum *24 Winds Lighthouse* führte. Standhaft erhob sich die gedrungene Silhouette des Leuchtturms inmitten der Felsen und bot seine bemalten Holzflanken der Sommersonne dar, die hoch am Himmel stand. Beim Aussteigen hielt ich die Hand über meine Augen, um mich vor dem Staub zu schützen, den ein lebhafter Wind von den Klippen herüberwehte.

Ich stieg die Steinstufen zum Cottage hinauf. Die Tür des kleinen, an den Leuchtturm angebauten Hauses war abgeschlossen, doch ein kräftiger Schulterstoß reichte, um sie zu öffnen.

In den dreizehn Monaten hatte sich nichts verändert. Dasselbe rustikale Mobiliar, dasselbe altmodische Dekor. Im Spülbecken der Küche fand ich die Espressokanne und die Tasse, aus der ich mehr als ein Jahr zuvor meinen Kaffee getrunken hatte. Im Kamin lag noch immer die Asche.

Ich öffnete die Tür zu dem holzvertäfelten Korridor, der das Häuschen mit dem Leuchtturm verband. Am Ende des Gangs hob ich die Falltür an, durch die man den Keller erreichte, und stieg die knarrenden Stufen hinab.

Ich betätigte den Lichtschalter. Der rechteckige Raum war so, wie ich ihn ein Jahr zuvor verlassen hatte. Nur dass dieses Mal die feuchte Hitze trockener, frischer Luft gewichen war. Neben den Fässern und Holzkisten fand ich mein Werkzeug wieder: den großen Vorschlaghammer, den Meißel und das Brecheisen, alles von Spinnweben bedeckt.

Hinter der aufgebrochenen Ziegelwand befand sich die kleine Metalltür. Ich hatte vergessen, die Luke oben an der Treppe zu schließen. Durch einen Luftzug bewegte sich die Tür knarrend in ihren rostigen Scharnieren. Ich näherte mich ohne Angst und hoffte, die Erinnerungen würden zurückkehren und ich würde endlich klarer sehen. Verstehen. Ich bemühte mich, dieselben Gesten auszuführen, und wischte mit der Hand den Staub von der Kupferplatte mit ihrer lateinischen Inschrift, die mich zu verspotten schien:

> Postquam viginti quattuor venti flaverint,
> nihil jam erit.

Es wurde immer kälter. Der Ort war entschieden nicht sehr einladend, aber ich ließ in meiner Entschlossenheit nicht nach. Ich versuchte, nicht zu zittern, und drang in den Raum ein, der einem Gefängnis glich. Dieses Mal hatte ich keine Taschenlampe dabei. Die Zelle lag in völliger Dunkelheit. Ich atmete tief durch, um mir Mut zu machen und die Tür zu schließen. Während ich die Hand zur Klinke ausstreckte, kam mir ein Windstoß zuvor und ließ die Tür ins Schloss fallen. Ich zuckte zusammen, dann verharrte ich angespannt, bereit, mich zu stellen.

Aber … nichts geschah. Kein Krampf, kein Zähneklappern, kein Rauschen des Bluts in den Ohren.

8.

Ich verließ den Leuchtturm beruhigt und dennoch frustriert, da ich davon überzeugt war, etwas übersehen zu haben.

Ich brauchte Antworten, aber die musste ich wohl andernorts finden. Vielleicht in der Praxis eines Psychiaters oder bei einem Neurologen.

Am Steuer meines SUV nahm ich Kurs auf Boston, um nach Hause zurückzukehren. Die eineinhalbstündige Fahrt erschien mir endlos. Ich schlief beinahe hinter dem Steuer ein. Ich fühlte mich schmutzig und erschöpft. Ich musste duschen, mich zwölf Stunden ausruhen, um Schlaf nachzuholen. Vor allem hatte ich wahnsinnigen Hunger. Mein Magen war leer und zog sich zusammen.

Ich parkte auf dem ersten freien Platz an der Hanover Street und wollte zu Fuß zu dem Wohnblock im North End gehen, in dem ich wohnte. In welchem Zustand mochte meine Wohnung wohl sein? Wer hatte während meiner Abwesenheit meine Katze gefüttert?

Unterwegs ging ich bei Joe's Food vorbei, um mich mit Lebensmitteln einzudecken: Nudeln, Pesto, Joghurt, Geschirrspülmittel, Whiskasdosen … Beim Verlassen des Ladens trug ich zwei große feste Papiertüten. Ich nahm die von Glyzinen gesäumte Treppe, die von der Hanover Street zu dem Hügel führte, auf dem mein Haus stand. Ich wartete, meine beiden Tüten im Arm, auf den Lift, betrat die kleine Kabine, in der es nach Orangenblüten roch, und verrenkte mich, um den Knopf für die oberste Etage zu drücken.

Während sich die Eisentür schloss und ich an das dachte, was mein Vater mir erzählt hatte, fiel mein Blick auf das Zifferblatt meiner Armbanduhr. Es war siebzehn Uhr. Gestern um diese Zeit war ich halbnackt in der St. Patrick's Cathedral aufgewacht.

Vor vierundzwanzig Stunden …

Die Zahl vierundzwanzig hallte sonderbar in mir nach. Erst der Leuchtturm der vierundzwanzig Winde, dann Sullivans Verschwinden, das … vierundzwanzig Jahre gedauert hatte.

Diese Koinzidenz erschien mir seltsam, aber ich hatte keine Zeit, länger bei diesem Gedanken zu verweilen. Mein Blick trübte sich plötzlich. Ich spürte ein Kribbeln in meinen Fingerspitzen und Übelkeit. Ich zitterte am ganzen Leib. Mein Körper versteifte sich, als würde ich die Kontrolle über ihn verlieren. Als würde er kurzgeschlossen. Als würden mehrere Tausend Volt durch mein Gehirn schießen.

Ich ließ meine Einkaufstüten fallen.

Dann entriss mich eine Explosion der Zeit.

1993
Sullivan

Was das Glauben angeht,
so kann ich alles glauben, vorausgesetzt,
dass es unwahrscheinlich genug ist.

Oscar Wilde, *Das Bildnis des Dorian Gray*

0.

Ein heißer Platzregen prasselt auf mich nieder.

Er ist so stark, dass ich den Eindruck habe, Nägel würden sich in meinen Kopf bohren. Die Luft ist von einem äquatorialen Dunst erfüllt, der mich benommen macht und mich zwingt, die Augen geschlossen zu halten. Meine Nase ist verstopft, sodass ich befürchte, ersticken zu müssen. Ich halte mich mühsam und fast gegen meinen Willen auf den Beinen und fühle mich sozusagen in einem Zustand der Hypnose. Meine Knie zittern und werden gleich nachgeben. Plötzlich zerreißt ein furchtbarer Schrei mein Trommelfell.

Ich öffne die Augen und schrecke zusammen. Ich … ich befinde mich in einer Duschkabine unter einem starken Wasserstrahl!

1.

Neben mir schrie eine nackte junge Frau, Haar und Körper von Schaum bedeckt, aus Leibeskräften. Ihre Züge waren vor Schreck und Entsetzen verzerrt. Mit einer beruhigenden Geste legte ich ihr die Hand auf die Schulter, doch bevor ich irgendeine Erklärung abgeben konnte, versetzte sie mir einen heftigen Hieb auf die Nase. Schwankend hob ich die Hände vors Gesicht, um mich zu schützen. Während ich noch nach Atem rang, traf mich ein zweiter Schlag mitten auf die Brust, sodass ich nach hinten taumelte. Ich versuchte, mich am Vorhang festzuhalten, doch ich rutschte auf dem glitschigen Boden aus und schlug mit dem Kopf auf den Rand der Duschwanne.

In Panik stürmte die junge Frau aus der Dusche, griff nach einem Handtuch und rannte aus dem Badezimmer.

Ich lag am Boden und hörte vage, dass sie offenbar die Nachbarschaft alarmierte. Wortfetzen drangen an mein Ohr, doch ich vernahm deutlich »Vergewaltiger« … »in meinem Badezimmer« … »rufen Sie die Polizei« …

Noch immer völlig benommen und unfähig, aufzustehen, versuchte ich, das Wasser von meinen Lidern zu wischen. Meine Nase blutete, und ich war außer Atem, so als wäre ich gerade einen Marathon gelaufen.

Mein Gehirn befahl mir, aufzustehen, doch meine

Glieder blieben wie gelähmt. Dabei wusste ich, dass ich mich in großer Gefahr befand. Ich hatte mir die Lektion aus der St. Patrick's Cathedral gemerkt. Ich durfte auf keinen Fall wieder im Gefängnis landen. Unter Aufbietung aller Kräfte gelang es mir, mich aufzurappeln. Ich sah mich um und entdeckte ein Schiebefenster. Als ich es öffnete, blickte ich auf einen kleinen, zwischen zwei Wohnblocks eingezwängten Innenhof. Ich beugte mich vor und erkannte dahinter eine große vierspurige Straße, die geradeaus, aber abschüssig verlief.

Gelbe Taxis, Fassaden aus braunem Ziegelstein, Wasserspeicher auf den Dächern: Es gab keinen Zweifel, ich war wieder in New York.

Aber wo?

Und vor allem ... wann?

Als in der Wohnung Stimmen laut wurden, kletterte ich auf die Fensterbank und klammerte mich an der eisernen Feuerleiter fest. Mühsam kletterte ich die Metallsprossen bis zur Straße hinab, drehte mich um und rannte los, so schnell es meine schmerzenden Muskeln erlaubten. Mein Blick fiel auf die grünweißen Richtungsschilder an der Kreuzung Amsterdam Avenue und 109th Street. Ich befand mich also im Nordosten von Manhattan, im Studentenviertel Morningside Heights. Ich hörte eine Polizeisirene, die sich näherte. In Panik wandte ich mich nach links, um von der Avenue in eine von Büschen gesäumte Seitenallee zu fliehen.

Zwischen zwei Wohnblocks presste ich mich in eine

Mauernische, um mich zu verstecken und wieder zu Kräften zu kommen. Mit dem Hemdsärmel wischte ich mir das Blut von der Nase. Mein Anzug war durchnässt. Offenbar trug ich noch immer die Kleidung, die mir Jeffrey Wexler mitgebracht hatte. Automatisch blickte ich auf mein Handgelenk. Ich sah die Uhr meines Großvaters, die sehr schicke Tank, die kurz nach neun Uhr morgens anzeigte.

Aber welcher Tag war heute?

Ich versuchte, mich zu konzentrieren. Meine letzte Erinnerung war die Aufzugkabine auf dem Weg zu meiner Wohnung, die Einkaufstüten auf dem Boden und die heftigen Krämpfe, die mich schüttelten – genau wie beim ersten Mal im Keller des Leuchtturms …

Ich musste niesen. Die Luft war mild, der Himmel blau. Die Sonne schien warm. Trotzdem fror ich.

Ich brauche neue Kleidung.

Ich hob den Blick: An den Fenstern hing Wäsche zum Trocknen. Natürlich nicht meine Traumklamotten, aber wählerisch zu sein, das konnte ich mir in meiner Lage nicht leisten. Ich kletterte auf eine Mülltonne und dann an der Fassade hoch, bis ich die Wäschestücke greifen konnte. Ich nahm die erstbesten. Eine Tuchhose, ein geringeltes Trikot der Yankees und eine Jeansjacke. Nichts passte mir richtig. Die Hose war zu lang und schlug Falten, die Jacke war zu eng – aber zumindest war alles trocken. Ich nahm die Geldscheine und Münzen aus dem Anzug und warf dann das nasse Zeug in die Mülltonne.

Anschließend kehrte ich auf die Avenue zurück und mischte mich unter die Menge. Erneut wurde mir schwindlig und so übel, dass ich Kopfschmerzen bekam. Wenn ich nachdenken wollte, musste ich erst mal etwas essen. Auf der anderen Straßenseite entdeckte ich einen *Diner*. Bevor ich eintrat, schob ich zwei Münzen in einen Zeitungsautomaten. Ängstlich blickte ich auf das Datum auf der Titelseite.

Es war Dienstag, der 14. September 1993 …

2.

»Bitte sehr, Spiegeleier mit Toast und ein Kaffee für den Herrn.«

Die Bedienung stellte einen Teller und eine Tasse vor mich auf den Resopaltisch und bedachte mich mit einem Lächeln, ehe sie wieder hinter ihre Theke zurückkehrte. Während ich mein Frühstück verschlang, las ich aufmerksam die Schlagzeile der *New York Times*.

> Yitzhak Rabin und Jassir Arafat schließen neuen
> Friedensvertrag ab.
> Präsident Clinton begrüßt
> den »mutigen Schritt«.

Der Artikel war mit einer ebenso eindrucksvollen wie überraschenden Fotografie illustriert: Vor dem Weißen Haus stand Bill Clinton lächelnd und mit weit geöffneten Armen und schien sich zu dem Händedruck des israelischen Premierministers zu seiner Rechten und des Führers der palästinensischen Befreiungsorganisation zu seiner Linken zu beglückwünschen.

Diese symbolische Geste und die Erklärungen der Beteiligten weckten die Hoffnung auf einen bevorstehenden Frieden zwischen den verfeindeten Völkern. Aber befand ich mich in der Realität oder in einer vierten Dimension?

Ich zog Bilanz. Diesmal waren vierzehn Monate seit dem letzten Augenblick, an den ich mich erinnerte, vergangen. Ein neuer unerklärlicher und brutaler Zeitsprung. Ein übertrieben langes Intermezzo.

Was, zum Teufel, ist mit mir los?

Ich spürte, dass meine Hände und Arme zitterten. Ich hatte Angst. Ich war entsetzt wie ein Kind, das davon überzeugt ist, dass sich ein Monster unter seinem Bett versteckt. Ich wusste, dass ich etwas Schlimmes durchmachte und mein Leben aus der Bahn geraten war.

Um mich zu beruhigen, atmete ich tief durch, so wie ich es manchmal meinen Patienten geraten hatte. Ich musste der Situation ins Auge sehen, durfte mich nicht einschüchtern lassen. Aber an wen konnte ich mich wenden? Wen um Hilfe bitten?

Die Antwort ließ nicht lange auf sich warten: Auf keinen Fall meinen Vater, der mich ohnehin immer belog. Jemand anders kam mir in den Sinn: Der einzige Mensch, der noch am Leben war und vermutlich dasselbe durchgemacht hatte wie ich – mein Großvater, Sullivan Costello.

Die Bedienung ging zwischen den Tischen umher, um Kaffee nachzuschenken. Als sie an mir vorbeikam, nutzte ich die Gelegenheit und bat sie, nachdem ich ihr ein großzügiges Trinkgeld in Aussicht gestellt hatte, um einen Stadtplan.

Ich trank einige Schlucke Kaffee, solange er noch heiß war, und erinnerte mich an das, was mein Vater mir gesagt hatte: *Dein Großvater ist nicht tot. Sullivan ist in New York. Er lebt in einer geschlossenen psychiatrischen Anstalt auf Roosevelt Island.*

Auf der Karte, die die Bedienung mir brachte, entdeckte ich den schmalen Streifen mitten im East River: Roosevelt Island war eine Insel zwischen Manhattan und Queens von etwa drei Kilometer Länge und zweihundert Meter Breite, auf der ich noch nie gewesen war. Ich erinnerte mich, in einem alten Krimi von einem Gefängnis auf der Insel gelesen zu haben, aber das war inzwischen sicher längst geschlossen. Oder vielleicht auch nicht. Als Assistenzarzt wusste ich, dass es zwei oder drei Krankenhäuser auf der Insel gab, eines davon war ein psychiatrisches und von trauriger Berühmtheit. Das Blackwell Hospital, das wegen seiner Architektur mit den fünf Fassaden allgemein der *Pentagon* genannt wurde. Dort war Sullivan eingesperrt.

Die Aussicht, meinen Großvater zu treffen, gab mir nicht nur ein Ziel, sondern auch neuen Mut. Genau dorthin musste ich mich jetzt gleich begeben. Aber würde man mich hineinlassen? Vermutlich schon, wenn ich beweisen konnte, dass ich ein direkter Verwandter war.

Plötzlich kamen mir Zweifel.

Als ich vorhin meine Taschen geleert hatte, hatte ich zwar das Bargeld an mich genommen, nicht aber meine Brieftasche mit meinen Papieren.

In Panik bezahlte ich und kehrte im Laufschritt in die Seitenallee zurück. Die Mülltonne stand noch immer unverändert da. Ich fand den Anzug und durchsuchte methodisch alle Taschen.

Nichts ...

Verdammt!

Wenn die verrückte Situation, die ich durchlebte, die geringste Spur von Logik gehabt hätte, hätte sich meine Brieftasche in dem Anzug befinden müssen. Ich konnte nicht glauben, dass man sie mir gestohlen hatte, denn in diesem Fall hätte der Dieb das Geld genommen.

Ich muss sie verloren haben ...

Ich ging ein paar Schritte in Richtung Amsterdam Avenue. Angestrengt dachte ich nach.

Wenn ich sie verloren habe, dann in diesem Badezimmer.

Ich kehrte zurück zu dem Wohnblock, aus dem ich einige Stunden zuvor geflohen war. Alles war ruhig, fast ausgestorben. Keine Spur von Polizei oder irgendwelcher Aufregung. Entschlossen, mein Glück zu versuchen, lief ich um das Haus herum. Die Feuertreppe war hochgeklappt, doch es gelang mir, auf ein Mäuerchen zu klettern und sie von dort zu erreichen. Ich stieg bis zum dritten Stock hinauf. Die Glassplitter waren entfernt, und die zerbrochene Scheibe war mit einem Stück Pappe und Klebeband verschlossen worden. Ich entfernte sie und schob das Fenster auf, um ins Badezimmer zu gelangen.

Totenstille. Kein Empfangskomitee. Das Mädchen hatte das Bad gewischt, um die Blut- und Wasserspuren zu entfernen. Ich schlich über die Fliesen. Auf den ersten Blick entdeckte ich keine Spur von meiner Brieftasche. Frustriert hockte ich mich hin und sah unter einer wackligen Kommode und einem weißen Holzregal nach, das mit Medikamenten, Kosmetikartikeln und einem Haarfön vollgestopft war. Und dort im Staub entdeckte ich die Brieftasche aus schwarzem Krokoleder, die aus meiner Tasche gefallen sein musste.

Ich nahm sie an mich, überzeugte mich davon, dass sie meine Papiere enthielt, und stieß zum ersten Mal seit langer Zeit einen Seufzer der Erleichterung aus. Es wäre logisch und klug gewesen, die Wohnung sofort zu verlassen, doch berauscht durch den kleinen Erfolg und beruhigt durch die Stille, wagte ich mich aus dem Badezimmer.

3.

Die Wohnung war menschenleer.

Klein und unordentlich, war sie doch geschmackvoll eingerichtet. Auf der Theke der winzigen Küche standen ein angebrochenes Paket Müsli und eine Flasche Trinkjoghurt, die die Bewohnerin wohl bei ihrem offenbar überstürzten Aufbruch vergessen hatte wegzuräumen.

Ich naschte ein paar Puffreiskörner und stellte dann das Paket auf das Regal und die Flasche in den Kühlschrank. Etwas hielt mich hier zurück – der Wunsch, zu verstehen, warum ich ausgerechnet in dieser Wohnung wieder zu mir gekommen war.

Ich inspizierte das Wohnzimmer. Zwei mit Büchern vollgestopfte Regale. Neben dem Videorekorder ein Stapel VHS-Kassetten: einige Folgen von *Seinfeld*, *Twin Peaks* und Autorenfilme wie *Paris, Texas* von Wim Wenders, *Sex, Lügen und Video* von Steven Soderbergh, *Hexenkessel* von Martin Scorsese, *Ein besonderer Tag* von Ettore Scola, *Fahrstuhl zum Schafott* von Louis Malle, *Kleiner Laden voller Schrecken* von Roger Corman sowie ein guter Teil des filmischen Werks von Meryl Streep: *Sophies Entscheidung, Out of Africa, Die Geliebte des französischen Leutnants* …

An den Wänden hingen Reproduktionen berühmter Werke von Andy Warhol, Keith Haring und Jean-Michel Basquiat.

Auf dem Couchtisch lag eine Schachtel Mentholzigaretten und ein Feuerzeug mit der Aufschrift: I LOVE NY. Ich setzte mich auf das Sofa und zündete mir eine Zigarette an. Als ich den ersten Zug nahm, erinnerte ich mich an das Gesicht der jungen, schreienden Frau unter der Dusche. Das Entsetzen, das ich auf ihren

Zügen gesehen hatte, ließ keinen Zweifel zu: Sie hatte Angst, weil sie überrascht worden war. Ganz offensichtlich kannten wir uns nicht. Ich war anscheinend einfach unter der Dusche aufgetaucht wie Doctor Who.

Ich hörte ein Miauen und drehte mich um. Eine rot getigerte Katze mit großen Augen sprang auf die Sofalehne. Ich kniff die Augen leicht zusammen, um den Namen auf der Plakette an dem Halsband zu entziffern. »Remington«.

»Hallo, du.«

Als ich ihn zu streicheln versuchte, machte er einen Satz und verschwand ebenso schnell, wie er aufgetaucht war.

Ich erhob mich, um den letzten Raum in Augenschein zu nehmen. Ein Schlafzimmer mit Holzparkett und zusammengewürfelter Einrichtung. Ein altes Eisenbett, ein moderner, schwarz lackierter Schreibtisch, ein antiker Kristalllüster. Neben dem Bett auf einem Nachtkästchen lagen verschiedene *Playbill*-Magazine neuerer Musicals: *Das Phantom der Oper, Cats, A Chorus Line*... sowie mehrere zerlesene Romane, *Owen Meany* von John Irving, *Menschenkind* von Toni Morrisson, *Die wir am meisten lieben* von Nicholas Evans.

An den Wänden hingen Fotos, die meine Unbekannte in diversen, sehr verschiedenen Outfits zeigten – vom Abendkleid bis zu gewagter Unterwäsche; in Schwarz-Weiß und Farbe mit den unterschiedlichsten Frisuren: offenes Haar, geflochtener Knoten, Pferdeschwanz, Pagenkopf, lockige Mähne, die auf die nackten Schultern fiel. Ich hatte nicht den Eindruck, dass sie ein professionelles Mannequin war, aber sie hatte anscheinend ein Modelbook machen lassen, um sich bei Agenturen zu bewerben.

Über dem Schreibtisch war mit Heftzwecken ein Stundenplan der Juilliard School, der bekannten New Yorker Schauspielschule, befestigt. Daneben ein Immatrikulationsbogen auf den Namen Elizabeth Ames. Sie war zwanzig Jahre alt und im ersten Studienjahr.

Ich öffnete die Schubladen und sah mir ungeniert sämtliche Dokumente an, die mir in die Hände fielen: Entwürfe für Liebesbriefe, die an einen gewissen David gerichtet waren, Polaroidfotos der vollständig nackten Elizabeth – Selbstporträts, die vielleicht für besagten David bestimmt und nicht abgeschickt worden waren –, ein weiterer Stundenplan für einen Job als Bedienung im *Frantic*, einer Bar an der East Side. An ein Korkbrett waren Kontoauszüge gepinnt, so wie mehrere Mahnungen wegen der unbezahlten Wohnungsmiete.

Ich verweilte noch kurz im Schlafzimmer und betrachtete die Fotografien. Vor allem ein Bild zog mich magisch an. Es zeigte Elizabeth im Central Park, wie sie an einem verschneiten Tag neben einer Laterne auf der Lehne einer Bank hockte. Sie trug eine Wollmütze, einen Mantel, der ihr zu groß war, und Lammfellstiefel. Dieses Foto war zwar nicht so sexy wie die anderen, aber es war das einzige, auf dem sie lächelte.

Und ebendieses nahm ich ab und schob es in meine Tasche, bevor ich die Wohnung verließ.

4.
Zwei Stunden später

»Ich lasse Sie mit ihm allein«, sagte der Krankenpfleger. »Im Prinzip gibt es keinen Grund, warum er aggressiv werden sollte, aber Sie sind ja Arzt, Sie wissen besser als ich, dass es bei solchen Pathologien keine Regeln gibt.«

Ich befand mich im siebten Stock des Blackwell Hospitals, dem besagten *Pentagon,* vor der Zimmertür meines Großvaters. Nachdem ich die Wohnung von Elizabeth Ames verlassen hatte, war ich mit dem Taxi bis zur Kreuzung 2nd Avenue und 60th Street gefahren. Von dort aus hatte ich mich für den Preis eines Subwaytickets mit einer Seilbahn über den East River bis zur Tramway Plaza im Zentrum von Roosevelt Island bringen lassen und war dann zu Fuß weiter bis zum *Pentagon* am Ende der Insel gelaufen. Das Krankenhaus hatte immer schon einen schlechten Ruf gehabt. Im 19. Jahrhundert erbaut, hatte es zunächst Pockenkranke aufgenommen, die von der Stadt unter Quarantäne gestellt worden waren. Später war es dann in eine Psychiatrische Anstalt umgewandelt worden, die mit allen für solche Art Einrichtungen typischen Problemen zu kämpfen hatte: Überlastung, entwürdigende Behandlung der Kranken, psychiatrische Versuche am Rande der Legalität. In den 1960er-Jahren waren diese Praktiken in einem Zeitungsartikel angeprangert und gegen einen Teil des Personals Anklage erhoben worden. Im Laufe der Jahre hatte sich die Lage zwar verbessert, doch das Blackwell Hospital hatte sich nie wirklich von seinem negativen Image befreien können. Seit ich mein Medizinstudium begonnen hatte, war kein Jahr vergangen, in dem man nicht seine bevorstehende Schließung bekannt gegeben hätte. Doch ganz offensichtlich gab es das *Pentagon* noch immer, und nun hoffte ich, in diesen Mauern Erklärungen zu finden.

»Ich muss Ihnen noch sagen, dass die Klingel in diesem Zimmer nicht funktioniert«, erklärte der Pfleger.

Es fiel mir schwer, ihn anzusehen, denn wie bei der Comicfigur Two-Face war seine eine Gesichtshälfte vollständig verbrannt.

»Wenn es also irgendein Problem gibt, schreien Sie ganz einfach. Da wir personalmäßig unterbesetzt sind, ist es zwar nicht sicher, dass jemand Sie hört, aber das ist auf alle Fälle das effektivste Mittel, den verwirrten Alten Angst einzujagen.«

»Sie sprechen von meinem Großvater!«

»Wenn man nicht mal mehr einen Scherz machen kann«, murrte er achselzuckend.

Two-Face öffnete mir die Zimmertür, bedeutete mir, einzutreten, und schloss dann hinter mir ab. Es war ein winziger Raum, eine Art spartanische Zelle mit einem Eisenbett, einem wackligen Plastikstuhl und einem am Boden festgeschraubten Tisch. Auf der Matratze lag ein Mann, an die Kissen gelehnt. Ein sonderbarer Alter mit silbergrauem Bart und glattem weißen Haar, das bis auf seine Schultern reichte. Sein Blick war glasig und starr, und er schien völlig abwesend – wie eine Statue, die in einem entfernten Traum lebte. Eine Art Gandalf unter Psychopharmaka.

»Guten Tag, Sullivan«, sagte ich und trat schüchtern auf ihn zu. »Ich heiße Arthur Costello. Wir sind uns zwar nie begegnet, doch ich bin der Sohn Ihres Sohnes Frank. Sie sind also mein Großvater.«

Nicht eben ein gelungener Einstieg ...

Sullivan zeigte keine Regung, er schien mich nicht einmal wahrzunehmen.

»Bis vor Kurzem wusste ich nichts von Ihrer Existenz«, erklärte ich und setzte mich neben das Bett. »Ich wusste nicht, dass Sie noch am Leben sind und hier behandelt werden. Sonst hätte ich Sie schon früher einmal besucht.«

Anhand der Informationen, die ich von meinem Vater bekommen hatte, rechnete ich sein Alter nach: Sullivan musste siebzig Jahre alt sein. Trotz der Falten und des Bartes, der einen guten Teil seines Gesichts verdeckte, sah man, dass seine Züge ebenmäßig, die Stirn hoch, die Nase zwar recht groß, aber gut proportioniert und das Kinn energisch waren. Die Ähnlichkeit mit den dreißig Jahre alten Fotos, die ich kannte, war eindeutig. Sie zeigten einen flotten Unternehmenschef im Maßanzug, mit gestärktem Hemd, Manschettenknöpfen und Fedora-Hut. Eines war mir besonders in Erinnerung geblieben: Darauf war er mit einer Zigarre im Mund, die Füße auf dem Schreibtisch hochgelegt, in seinem Büro an der Madison Street zu sehen. Eine andere Zeit, ein anderer Mann …

Ich zog den Stuhl näher ans Bett und versuchte, seinem Blick zu begegnen.

»Ich bin heute hier, um Sie um Hilfe zu bitten.«

Nichts, nicht mal ein Wimpernzucken.

»Ich habe Ihren Leuchtturm *24 Winds Lighthouse* geerbt und …«

Ich beendete den Satz nicht, sondern musterte ihn, auf der Suche nach einer Reaktion, die nicht kam.

Ich seufzte. Es war sicher ein Fehler gewesen, ihn zu besuchen. Zum einen, weil wir einander völlig fremd waren, und vor allem, weil Sullivan in einem tiefen Schweigen verharrte und es nicht wirklich die Hoffnung gab, dass er es irgendwann brechen würde.

Ich erhob mich und trat ans Fenster, um durch die Gitterstäbe die flockigen weißen Wolken zu betrachten, die Richtung Astoria zogen. Trotz der Jahreszeit war es in dem Zimmer eiskalt. Ich hörte zwar das Gluckern des Wassers in dem alten Heizkörper, doch er strahlte keine Wärme ab.

Ich setzte mich wieder und unternahm einen letzten Versuch.

»Frank hat mir erzählt, dass Sie ihn vier Jahre nach Ihrem Verschwinden angerufen haben, um ihm zu sagen, er solle die Metalltür im Keller des Leuchtturms zumauern lassen.«

Der Alte rührte sich noch immer nicht, die Hände lagen gefaltet auf der Brust wie bei einer Totenstatue.

Ich fuhr fort: »Ich bin in den Keller gegangen, habe die Ziegelmauer niedergerissen und …«

Mit katzenhafter Schnelligkeit schoss Sullivans Hand vor und umklammerte meinen Hals.

Ich hatte mich hereinlegen lassen wie ein Anfänger. Angesichts seiner Lethargie hatte meine Aufmerksamkeit nachgelassen, und jetzt drückte er mir mit eisernem Griff die Kehle zu. Nach Luft ringend, starrte ich ihn an. Die Erwähnung der Tür hatte die Wirkung eines Elektroschocks gehabt. Bei dieser Enthüllung hatten seine Augen einen erschrockenen Ausdruck angenommen.

»Warum hast du das getan, du armer Idiot?«, zischte er.

Ich versuchte, mich zu befreien, doch er verstärkte seinen Griff. Wie konnte er eine solche Kraft haben? Seine Nägel bohrten sich in mein Fleisch und drückten mir die Luft ab. Dieser Irre würde mich erwürgen.

»Hast du die Metalltür geöffnet? Hast du das Zimmer betreten?«

Ich nickte. Meine Antwort schien ihn zu schockieren. Plötzlich ließ er mich los, und ich wurde von einem heftigen Hustenanfall geschüttelt.

»Sie sind ja verrückt!«, schrie ich und sprang auf.

»Mag sein, aber du, mein Junge, steckst wirklich in der Scheiße.«

Es folgte eine lange Weile des Schweigens, während der wir einander skeptisch musterten. Sullivan war völlig verändert. Sein Gesichtsausdruck war ernst und konzentriert, und er schien aus einem bösen Traum zu erwachen. So, als käme er von einer langen Reise zurück. Sein Blick war aufmerksam.

»Wie heißt du gleich wieder?«

»Arthur. Arthur Sullivan Costello.«

Als er meinen zweiten Vornamen hörte, huschte ein kleines Lächeln über sein Gesicht.

»Und warum hast du mir meine Uhr geklaut, Arthur Sullivan Costello?«, fragte er und deutete auf die Tank an meinem Handgelenk.

»Wollen Sie sie zurückhaben?«

Er legte mir die Hand auf die Schulter.

»Nein, mein Junge. Du wirst sie nötiger brauchen als ich, das kannst du mir glauben.«

Er erhob sich, ließ seine Gelenke knacken, so als wäre sein Körper zu eng für ihn.

»Du hast also die Tür geöffnet und verstehst jetzt nicht, was mit dir geschieht ...«

»Ja, ich habe Ihnen so viele Fragen zu stellen. Sie müssen ...«

Er hob die Hand, um mich zu unterbrechen.

»Welches Jahr haben wir jetzt?«

»Wollen Sie sich über mich lustig machen?«

»Genau! Heute ist der vierzehnte September 1993.«

Ich sah, dass er überlegte, bevor er fortfuhr: »Was tust du im Leben?«

»Ich bin Arzt, warum?«

»Nur so. Arbeitest du in einem Krankenhaus?«

Als ich nickte, schien sein Gehirn auf Hochtouren zu

arbeiten, und in seinen Augen funkelte ein Schimmer, der schwer zu deuten war.

»Hast du eine Zigarette für mich?«

»Ich glaube nicht, dass man hier rauchen darf«, sagte ich und zeigte auf den Rauchmelder.

»Hast du es denn immer noch nicht kapiert? In diesem Knast funktioniert nichts.«

Ich kramte seufzend in meinen Taschen und reichte ihm das Feuerzeug und die Schachtel mit Mentholzigaretten, die ich bei Elizabeth Ames mitgenommen hatte.

Er verzog das Gesicht und meinte: »Was ist das denn für ein Mist? Hältst du mich für ein Waschweib? Hast du keine Lucky Strike?«

Ohne eine Antwort abzuwarten, stieß er einen Fluch aus, zündete sich aber dennoch eine Zigarette an und nahm einen tiefen Zug.

»Wann hast du die Tür geöffnet?«, fragte er plötzlich ernst.

»Im Juni 1991.«

»Dann ist das also deine zweite Reise ... Wann bist du zum letzten Mal aufgewacht?«

»Heute Morgen um neun Uhr. Was genau bezeichnen Sie als *Reise*?«

»Du bekommst alle Antworten von mir, mein Kleiner. Aber zuerst musst du mir einen Gefallen tun.«

»Welche Art von Gefallen?«

»Hilf mir, aus diesem Rattenloch zu fliehen. Heute.«

Ich schüttelte den Kopf.

»Soll das ein Scherz sein? Das ist weder möglich

noch wünschenswert, Sullivan«, erklärte ich in dem energischen Tonfall des Arztes, den ich früher sooft angeschlagen hatte. »In Ihrem Zustand wäre es nicht ratsam …«

Er lachte spöttisch und tippte mir mit dem Zeigefinger auf die Brust.

»Das wirst du nicht für mich tun, mein Kleiner, sondern für dich. Also hör mir gut zu, denn wir haben nicht viel Zeit.«

Er beugte sich vor und raunte mir eine Reihe von Anweisungen zu. Jedes Mal, wenn ich etwas sagen wollte, brachte er mich zum Schweigen, indem er die Stimme hob. Kaum hatte er ausgeredet, schaltete sich der Alarm des Rauchmelders ein.

Kurz darauf kam Two-Face ins Zimmer gestürzt.

Als er die Kippe und die Schachtel Zigaretten auf dem Tisch sah, wurde er wütend.

»Das reicht jetzt, Sie müssen gehen.«

5.

Die Seilbahn brachte mich zurück nach Manhattan.

Ich war aufgewühlt und verwirrt. Und noch immer erstaunt, wie schnell Sullivan einen Plan entwickelt hatte, doch ich fühlte mich außerstande, ihm bei der Flucht zu helfen. Zumindest nicht allein. An einem Bankautomaten wollte ich Geld ziehen, doch diesmal wurde meine Karte zurückgewiesen. Wahrscheinlich, weil ich sie in den letzten zwei Jahren nicht mehr oft benutzt hatte. Ich zählte meine mageren Geldreserven. Es blieben mir fünfundsiebzig Dollar. Gerade genug, um mir ein Zugticket nach Boston zu kaufen. Ich sah auf meine Uhr, es war schon fast ein Uhr.

Im Laufschritt begab ich mich zur Penn Station und erstand eine Fahrkarte. Dann warf ich einen Blick auf die Anzeigentafel: Alle zwei Stunden fuhr ein Schnellzug, der nächste ging um 13:03 Uhr. Ich rannte auf den Bahnsteig und erwischte den Zug gerade noch.

Die ganze Fahrt über beschäftigten mich mehrere Fragen. Die erste und wichtigste Frage: Wie konnte ich diesem Fluch entkommen und wieder mein normales Leben führen? Es gab offenbar nur eine Lösung – Sullivan. Unter diesen Umständen erwies sich die zweite Frage als Gewissenskonflikt: Hatte ich das Recht, einem Patienten bei der Flucht aus dem psychiatrischen Krankenhaus zu helfen? Jemandem, über dessen geistigen Zustand ich im Grunde nichts wusste. Jemandem, der gezeigt hatte, dass er gewalttätig werden konnte. Einem Menschen, der außer Kontrolle geriet und Unschuldige angriff, wenn nicht gar Schlimmeres.

Die Antwort war klar: Nein.

Die dritte Frage lautete: Habe ich eine andere Wahl?

Und wieder war die Antwort mehr als klar …

6.

Boston South Station

16:40 Uhr

Sobald ich aus dem Zug gestiegen war, rannte ich, so schnell ich konnte, ins Finanzviertel. Ich hatte nur wenig Zeit, denn um siebzehn Uhr schlossen sämtliche Banken des Stadtzentrums. Meine Zweigstelle befand sich im Erdgeschoss eines Blocks neben der Faneuil Hall. Doch der Wachmann hatte soeben die gläserne Eingangstür abgeschlossen. Ich klopfte dreimal an die Scheibe, er drehte sich um und warf mir einen verärgerten Blick zu. Ich deutete auf das Zifferblatt meiner Uhr, um ihm zu zeigen, dass es eine Minute vor siebzehn Uhr war. Er schüttelte den Kopf und wies mit einer Kopfbewegung auf die digitale Wanduhr, die 17:01 Uhr anzeigte.

Ich seufzte und versetzte der Glastür einen wütenden Fausthieb. Der Wachmann zögerte kurz und überlegte, ob er selbst eingreifen sollte, entschloss sich dann aber vorsichtshalber, einen der Angestellten zu verständigen. Zum Glück war es Peter Länge, der Banker, der sich um sämtliche Konten unserer Familie kümmerte. Er erkannte mich und öffnete mir.

»Arthur, Sie habe ich ja schon ewig nicht mehr gesehen!«

»Ich war auf Reisen in Europa«, log ich. »Mir ist bewusst, dass es schon etwas spät ist, aber ich brauche unbedingt Ihre Hilfe.«

»Dann kommen Sie doch bitte herein.«

Ich bedankte mich, ohne mir große Illusionen zu machen. Wenn er sich so verbindlich und höflich gab, dann vor allem, weil er auch das Vermögen meines Vaters verwaltete. Ich folgte Länge in sein Büro, erklärte ihm, meine Kreditkarte sei gesperrt, und bat ihn um meinen Kontostand. Er tippte etwas auf seiner Tastatur, um einen aktuellen Kontoauszug auszudrucken. Während meiner zweijährigen »Abwesenheit« waren die finanziellen Bewegungen weitergegangen. Leider in die falsche Richtung. Miete, Versicherungen und die Rückzahlung meines Studentenkredits waren regelmäßig abgebucht worden. Und da das Krankenhaus meinen dürftigen Lohn nicht mehr überwies, hatte sich die Bank an meinem Sparkonto bedient, um den Zahlungen nachzukommen. Dieses Notpolster hatte mir meine Mutter bei ihrem Tod hinterlassen, doch von den fünfzigtausend Dollar waren mittlerweile nur noch neuntausend übrig.

»Ich möchte die gesamte Summe abheben.«

»Das ist möglich«, meinte Länger und verzog das Gesicht, »doch dazu müssen Sie morgen wiederkommen, und es müssen mindestens tausend Dollar auf dem Konto bleiben.«

Ich wiederholte meine Bitte mit Nachdruck und erzählte ihm, ich müsse Boston noch heute Abend verlassen und bräuchte unbedingt das Geld, das mir meine Mutter vererbt hatte. Ich hatte nicht gehofft, ihn überreden zu können, doch er glaubte mir und versuchte, die Sache zu arrangieren. Eine halbe Stunde später schickte ich mich an, die Bank mit achttausend Dollar in bar zu verlassen. Als wir uns verabschiedeten, bedachte mich dieser Idiot sogar noch mit einem »mein Beileid«, so als wäre meine Mutter erst gestern gestorben.

Ich setzte eine betrübte Miene auf und ging, ohne noch etwas hinzuzufügen. Draußen winkte ich ein Taxi heran und fuhr nach South Dorchester.

7.

Im Massachusetts General Hospital müssen die Assistenzärzte der Notaufnahme dreimal pro Monat an einem etwas speziellen Einsatz teilnehmen: Eine Ambulanz fährt durch die Armenviertel von Boston, um der Bevölkerung kostenlose medizinische Versorgung anzubieten. Theoretisch eine gute Idee. In der Praxis erweist sie sich jedoch oft als Albtraum. In den wenigen Monaten, die ich an diesem Abenteuer teilgenommen hatte, wurde unser Wagen regelmäßig von irgendwelchen Gangmitgliedern mit Steinen beworfen, weil sie der Ansicht waren, unsere Anwesenheit störe ihre Geschäfte. Immer wieder wurden wir angegriffen, überfallen, ausgeraubt, sodass schließlich mehrere Krankenwagenfahrer ihre Gewerkschaft verständigten, um ihr Recht geltend zu machen, die Arbeit zu verweigern. Doch die Stadtverwaltung hielt an diesem Projekt fest und setzte es auf freiwilliger Basis fort. So hatte ich mehrmals selbst den Krankenwagen fahren müssen, den ich vorher in einer Garage im Außenbezirk der Stadt abholte, die eher einem Abstellplatz für abgeschleppte Autos glich.

An diese Zeit, die so fern und doch so nah war, erinnerte ich mich, als ich zu *Fitzpatrick's Auto Repair* kam, einer der größten Werkstätten der Stadt, die auf die Wartung von Leichen- und Krankenwagen sowie Schulbussen spezialisiert war.

Ein starker Geruch nach Öl, Diesel und Reifengummi erfüllte die Halle. Sobald ich eintrat, empfing mich ein weißer, aggressiver Bullterrier mit lautem Gebell.

Hunde haben mir schon immer Angst eingejagt. Dieser ließ mich vor Schreck erstarren, und das spürte das Tier. Ich versuchte, ihn zu ignorieren, und ging zum Werkstattleiter.

»Hi, Dany.«

»Hi, mein Kleiner. Das ist ja schon ewig her. Ich hoffe, du fürchtest dich nicht vor meiner Zoria, sie ist ein liebes Mädchen, weißt du?«

Dany Fitzpatrick, ein Fettkloß von einem Meter neunzig, eingezwängt in ein Holzfällerhemd und eine schmutzige Latzhose, war noch furchterregender als sein Hund. Hinter seinem Rücken nannten ihn alle Jabba, der Hutte, doch niemand wagte es, ihm das ins Gesicht zu sagen.

»Conrad schickt mich, ich soll einen Krankenwagen für heute Abend holen«, erklärte ich Dany, ganz so, als hätten wir uns erst gestern gesehen.

»Wovon redest du? Ich habe keine Anfrage bekommen.«

»Die faxt Conrad dir«, erwiderte ich schlagfertig. »Du weißt ja, wie das ist, alles in letzter Minute geplant. Heute Nacht geht es ins Sozialzentrum von Mattapan und Roxbury. Es kann sein, dass wir ein oder zwei Patienten überführen müssen, aber wir brauchen nur einen leichten Wagen. Eine kleine mobile Ambulanzeinheit, hast du so was im Angebot?«

»Ich habe einen Ford E-Serie«, meinte er und deutete mit einer Kopfbewegung auf einen Krankenwagen, »aber …«

Ich ging zu dem umgebauten Van.

»Der ist perfekt! Und mach dir keine Sorgen wegen dem Fax. Du kannst es in meinem Namen unterschreiben, wenn du es bekommst. Das hast du ja schon öfter gemacht.«

In diesem Augenblick schob Dany seinen massigen Körper zwischen mich und den Wagen.

»Moment mal, Kleiner. Es würde mich wundern, wenn Conrad mir irgendetwas faxt.«

»Warum?«

»Weil er seit sechs Monaten nicht mehr im Krankenhaus arbeitet.«

Ich verzog empört das Gesicht und setzte alles auf eine Karte.

»Hör zu, Dany, glaubst du etwa, mir macht diese verdammte Tour Spaß? Zwei Jahre lang haben sie mich damit in Ruhe gelassen. Ich sage dir doch, dass du ein

Fax vom Krankenhaus bekommst. Was sollte ich wohl sonst mit einer Ambulanz anfangen? Du wirst mir zustimmen, dass es nicht gerade das beste Fahrzeug zum Aufreißen ist!«

Dany Fitzpatrick kratzte sich am Kopf. Ich musste schnell reagieren, damit ihm nicht zu viel Zeit zum Nachdenken blieb. Musste ihm irgendwas versprechen. Plötzlich fiel mir eine Information ein, die ich in der Zeitung gelesen hatte.

»Samstag spielen die Red Sox gegen die Yankees. Du kannst dir das Spiel bei mir zu Hause ansehen. Ich weiß, dass du ein Faible für Veronika hast. Sie kommt auch mit ihren beiden Freundinnen Olivia und Patricia, du weißt schon, die kleine Rothaarige aus der Chirurgie. Wenn die Mädels ein paar Gläser getrunken haben, sind sie nicht gerade zimperlich, wenn du verstehst, was ich meine.«

Sofort entschuldigte ich mich im Geist bei Veronika und sagte mir, dass ich so etwas schließlich nicht aus Spaß behauptete, sondern weil mir nichts anderes übrig blieb …

»Na gut, Samstag geht okay«, erklärte Dany und reichte mir die Schlüssel. »Wo wohnst du?«

Fünf Minuten später verließ ich, ein Lächeln auf den Lippen, am Steuer eines Krankenwagens die Werkstatt.

Ich fuhr durch Dorchester, um mich auf den Weg nach New York zu machen. Kilometerlang zogen kleine Häuser aus rotem Stein, industrielles Brachland und mit Graffitis besprühte Holzzäune an mir vorüber. Dieses große, abgelegene Viertel war das Boston, das ich liebte – ein Schmelztiegel vieler Nationen, eingezäunte Basketballplätze, kleine Geschäfte.

Als ich an einer roten Ampel anhalten musste, schaltete ich das Radio ein und erwischte einen Hit von R.E.M., den ich noch nie gehört hatte, doch dessen Refrain ich auf der Stelle mitpfiff. Auch wenn noch vieles zu tun war, nahm mein Plan doch allmählich Gestalt an. Ein neuer Hit begann, und die Ampel zeigte noch immer Rot. Um mir die Zeit zu vertreiben, sah ich mich um: Zu meiner Linken waren mit roter Farbe drei große Z auf einen Wegweiser – den zum Friedhof Forest Hills – gesprüht worden, so als wollten sie ihn mit einem Bann belegen. Ich kannte ihn, dort waren meine Mutter und meine Großmutter väterlicherseits begraben.

Die Ampel sprang auf Grün um, doch ich blieb trotz der hinter mir hupenden Autos stehen. »Herzliches Beileid.« Plötzlich wurde mir alles klar. Die Bemerkung des Bankers betraf nicht den Tod meiner Mutter.

Sondern den meines Vaters.

8.

Der Friedhof erstreckte sich auf über hundert Hektar und glich eher einem englischen Garten als einer Begräbnisstätte. Ich stellte den Ambulanzwagen auf dem Parkplatz ab und lief über einen der Wege, die durch grünes, hügliges Gelände führten, bisweilen vorbei an

Marmorbrunnen, kleinen Kapellen und anmutigen Statuen.

Seit der Beerdigung meiner Mutter an einem grauen, regnerischen Tag im Sommer 1984 war ich nicht mehr hier gewesen. Alles hatte sich sehr verändert. Doch auf der anderen Seite des kleinen Hügels angekommen, erkannte ich den See, der von einem Felsen überragt wurde.

Ich folgte dem Pfad, der von kleinen Steinmauern gesäumt war. Es war achtzehn Uhr. Die untergehende Sonne tauchte die Landschaft in ein schönes Licht. Einige Besucher verweilten in dieser üppigen Vegetation. Ursprünglich waren sie gekommen, um die Gräber ihrer Angehörigen zu besuchen, doch jetzt genossen sie das schöne Wetter und die leichte Brise.

Im Schatten der hundertjährigen Bäume lief ich durch eine kiesbedeckte Allee an Gräbern und Familiengruften vorbei, bis ich einen Grabstein entdeckte, auf den der Name meines Vaters graviert war.

FRANK COSTELLO
*2. JANUAR 1942
† 6. SEPTEMBER 1993
Ich war, was Ihr seid,
und Ihr werdet zu dem, was ich bin.

Mein Vater war letzte Woche gestorben. Seine Beerdigung lag also erst drei, vier Tage zurück.

Das schmerzte mich. Nicht so sehr für ihn, sondern

eher wegen all der Augenblicke, die wir nicht geteilt hatten. Dennoch suchte ich nach einer glücklichen Erinnerung, fand jedoch keine, und das machte mich noch trauriger. Bis zum Ende hatte ich auf seine Liebe gehofft. Ich sah ihn vor mir, wie er an besagtem Samstagmorgen bei mir aufgekreuzt war und mich einzuwickeln versucht hatte: das Versprechen, zum Angeln zu gehen und einen vertraulichen Nachmittag mit seinem Sohn zu verbringen. Um mich in eine Falle zu locken und zum Leuchtturm zu bringen, hatte er es auf die sentimentale Tour versucht. Und ich war blöd genug gewesen, darauf hereinzufallen.

Vor einem Jahr hatten wir zum letzten Mal miteinander telefoniert. Seine letzten Worte waren gewesen: »Du gehst mir auf die Nerven, Arthur!«

Du gehst mir auf die Nerven, Arthur!

Ein gutes Resümee unserer Beziehung.

Während ich mir eine Träne von der Wange wischte, drängte sich mir die Frage auf, ob ich wohl eines Tages ein Kind haben würde. Angesichts meiner prekären Situation schien das ziemlich unwahrscheinlich. Dennoch versuchte ich mir vorzustellen, wie ich mit meinem Sohn Baseball spielen oder ihn von der Schule abholen würde. Doch in meinem Kopf wollte sich kein klares Bild abzeichnen, da er voller trauriger Gedanken war. Und vermutlich hatte ich auch nicht genug Liebe zu geben.

Ich trat an die Marmorplatte und konnte nicht umhin, zu lächeln, als ich die Grabinschrift las.

Nein, Frank, ich hoffe vor allem, dass ich nie so werde wie du. Nun sieh dir doch einmal an, in welch beschissene Lage du mich gebracht hast …

Es schien mir, als würde der Wind sein Lachen herübertragen. »Ich habe es dir doch gesagt, Arthur. Du darfst nie jemandem vertrauen. Nicht einmal deinem eigenen Vater …«

Das Schlimmste war, dass er nicht unrecht hatte. Dieser Mistkerl hatte mich gewarnt, aber ich hatte mich für schlauer gehalten und die verdammte Tür geöffnet! Ich war so wütend, dass ich anfing, laut vor mich hin zu reden.

»Ich bin immer ohne dich klargekommen, Frank. Und auch diesmal werde ich es allein schaffen.«

Ich breitete die Arme aus, bot mein Gesicht den Sonnenstrahlen dar und rief meinem Vater herausfordernd eine letzte Provokation zu.

»Siehst du, ich *lebe,* und du bist tot. Du kannst mir jetzt nichts mehr anhaben.«

Doch wie immer hatte er das letzte Wort.

»Bist du dir da sicher, Arthur?«

9.
23:58 Uhr

Es war fast Mitternacht, als ich New York erreichte. Unterwegs hatte ich angehalten, um mir in einer Gap-Boutique in der Babylon Street Kleidung zu kaufen, die mir passte: eine Chinohose, ein weißes Hemd und einen Stoffblouson. Diese Entscheidung hatte ich nicht wirklich aus übertriebener Koketterie getroffen, sondern weil ich präsentabel aussehen musste, um meinen Plan ausführen zu können.

Ich parkte den Wagen in einer Allee im East Village, zwischen der 3rd Street und der 2nd Avenue, und lief dann zum St. Mark's Place.

Um diese Zeit war das nicht gerade der ruhigste Ort in Manhattan. Die Luft schien ungesund zu vibrieren. Auf den Bürgersteigen lag Müll, die verfallenen Häuser waren von Obdachlosen okkupiert und auf den baufälligen *Brownstone*-Treppen hockten zusammengesunkene Gestalten mit geschlossenen Augen.

Unter den Bäumen, die die Straßen säumten, lagen gebrauchte Einmalspritzen und Präservative. Obszöne Graffiti bedeckten die Schaufenster der Plattengeschäfte und Tattoostudios. Und überall Drogen. Die Dealer, die durch das Viertel zogen, verkauften ungeniert Crack, Heroin und Tabletten. Ein zusammengewürfeltes Völkchen – alte Punks, Yuppies, Junkies, die schon mit einem Fuß im Grab standen – kaufte hier ein, bevor sie nach Hause gingen, um sich zuzudröhnen oder in den umliegenden Clubs zu feiern. An Orten wie diesem war New York mehr denn je eine Stadt, in der alles passieren konnte.

Vor allem das Schlimmste.

0:16 Uhr

An der Ecke St. Mark's Place und Avenue A blieb ich vor dem *Frantic* stehen, jenem Club, in dem ich hoffte, Elizabeth Ames anzutreffen.

Das Lokal, in dem brütende Hitze herrschte, war überfüllt. Ein Gitarrenduo verhunzte einen Song von Van Morrison. Der Alkohol floss in Strömen. Auf der Tanzfläche stießen die Schultern aneinander. Die Haare klebten schweißnass an den Gesichtern. Doch das eigentliche Schauspiel fand hinter der Bar statt. Knappe Jeans-Shorts und ausgeschnittene Tops, Stetson-Hüte auf den Köpfen: Die Bedienungen legten eine perfekte Show hin, wenn sie gekonnt mit den Flaschen jonglierten, um die Gäste zum Trinken zu animieren. Sie stiegen sogar auf die Theke, um eine gewagte Choreografie darzubieten. Es gab keinen Zweifel: Um im *Frantic* arbeiten zu können, war Körbchengröße 75C sinnvoller als das Wissen, wie man eine Margarita oder einen Daiquiri mixt.

Ich schaffte mir mit den Ellenbogen Platz, um mich an die Bar zu drängen, und bestellte bei einer Rothaarigen, deren bunte Tattoos bis zum Brustansatz reichten, einen Jack Daniels. Sie war die älteste und fülligste der Bardamen. Ihr auf dem Kopf zu einem Knoten zusammengefasstes Haar erinnerte mich an ein Gemälde von Henri de Toulouse-Lautrec: *La Goulue kommt ins Moulin-Rouge.*

»Guten Abend, wissen Sie zufällig, ob Elizabeth heute Abend da ist?«

»Am anderen Ende der Bar, Honey. Aber du siehst eigentlich zu brav aus, um Glück bei Lisa zu haben ...«

»Danke für den Rat.«

Ich kniff die Augen leicht zusammen und entdeckte diejenige, die ich suchte.

»Lisa!«

Ich winkte ihr zu, als wären wir alte Freunde. Ich war mir so gut wie sicher, dass sie mich nicht erkennen würde. Zumindest hoffte ich es. Unser flüchtiges Treffen am Morgen hatte nur wenige Sekunden gedauert. Elizabeth hatte mir einen Fausthieb versetzt, und ich hatte sofort die Hände vors Gesicht geschlagen, um mich zu schützen.

Sie runzelte die Stirn und näherte sich. Vielleicht erinnerte sie sich doch an mich ... Besorgt versuchte ich, ihr zuvorzukommen.

»Guten Abend, studieren Sie nicht an der Juilliard School?«

Die Erwähnung ihrer Schule schien ihr zu gefallen. Plötzlich war sie nicht nur eine Bedienung, die in einer zwielichtigen Kneipe arbeitete, sondern Studentin an einer renommierten Schauspielschule.

»Kennen wir uns?«

Ich schüttelte den Kopf und setzte ein zuvorkommendes Lächeln auf.

»Nein, aber jemand hat mir geraten, Sie aufzusuchen.«

»Wer denn? David?«

Ich erinnerte mich, dass dies der Vorname des Mannes war, dem sie Liebesbriefe schrieb. Nach kurzem Zögern beschloss ich, die Gelegenheit zu nutzen.

»Ja, David hat mir gesagt, Sie wären eine sehr begabte Schauspielerin. Und das trifft sich gut, weil ich eine Rolle für Sie habe.«

Sie zuckte die Achseln.

»Hören Sie auf mit dem Quatsch ...«

Ich spürte, dass sie zwischen Neugier und Misstrauen schwankte. Das war ihr sicher schon öfter passiert ...

»Warten Sie, das ist ernst gemeint!«

»Es sind viele Gäste da, ich muss zurück an die Arbeit.«

Damit sie sich nicht entfernte, fügte ich eilig hinzu:

»Ich habe wirklich eine Rolle für Sie.«

Sie verdrehte die Augen.

»Welcher Art?«

»Eine etwas spezielle Rolle«, gab ich zu.

»Vergessen Sie's, ich mache keine Pornos.« Sie seufzte.

»Da liegen Sie völlig falsch! Es ist eine sehr ›angezogene‹ Rolle. Die einer Krankenschwester.«

»Eine Krankenschwester, die mit ihren Patientinnen schläft?«

Die Musik war laut. Wir mussten fast schreien, um uns verständigen zu können.

»Nein!«

»Dann also mit dem Arzt?«

»Nein, sie schläft mit niemandem. Sie sind ja regelrecht besessen von dem Thema.«

»Nein, ihr!«

»Wer, ich?«

»Ihr Männer.«

Ich schüttelte den Kopf und sah sie empört an. Sie konnte ein Lächeln nicht unterdrücken.

»Tut mir leid, ich habe einen schlechten Tag. Heute Morgen ist ein Verrückter in meine Wohnung eingedrungen und hat versucht, mich anzugreifen, als ich unter der Dusche stand … Aber trotzdem einen schönen Abend«, sagte sie und wandte sich ab.

Ich versuchte, sie zurückzuhalten, doch schon war sie am anderen Ende der Bar verschwunden und schenkte irgendwelchen Wall-Street-Typen, die sich an der East Side amüsieren wollten, eine neue Runde Tequila ein.

Die *La Goulue* näherte sich und bot mir einen weiteren Whisky an.

»Ich hab's dir doch gesagt, mein Junge. Lisa ist kein Mädchen für dich.«

»Ich wollte sie ja nicht anbaggern.«

»Mir kannst du nichts vormachen, mein Kleiner! Alle wollen Lisa anbaggern.«

Ich zog eine Zigarette heraus, und sie riss ein Streichholz an, um mir Feuer zu geben.

»Danke. Wer ist David? Ihr Macker?«

»Ja, ein Maler.«

Skeptisch und leicht angewidert verzog sie das Gesicht und fügte hinzu: »Wenn man so etwas als Malerei bezeichnen kann … Auf alle Fälle ist sie ihm wirklich hörig. Und dieser Idiot ist dem Heroin hörig …«

Plötzlich erinnerte ich mich an ihr überzogenes Konto.

»Er nimmt Kohle von ihr, stimmt's?«

»Woher weißt du das?«

Ich wich der Frage aus und stieß den Rauch aus. Dann versuchte ich, um die Bar herumzugehen und erneut Lisas Aufmerksamkeit zu erregen, doch immer mehr Menschen drängten an die Theke.

Die *La Goulue* war schon damit beschäftigt, andere Gläser zu füllen. Ehe sie sich ganz von mir abwandte, gab sie mir einen Tipp.

»Die Kleine muss noch eine Stunde arbeiten. Wenn du in Ruhe mit ihr reden willst, warte bei *Damato* auf sie.«

»*Damato*?«

»Das ist eine Pizzeria an der Ecke 10th und Stuyvesant Street, die die ganze Nacht über geöffnet hat.«

»Und Sie sind sicher, dass sie kommen wird?«

Sie machte eine auffordernde Handbewegung.

»Warte dort einfach auf sie.«

1:36 Uhr

Seit 1931 hat sich die Welt verändert,
aber unsere Pizzen sind gleich geblieben.

Diese Devise des Hauses *Damato*, die eingerahmt über der Registrierkasse hing, wies auf das Alter und die Authentizität des italienischen Lokals hin – eines der letzten der Stadt, das noch auf Holzfeuer buk.

Es war ein kleines Restaurant mit antiquierter Einrichtung – rotweiß karierte Tischdecken, wackelige Stühle, Lampen mit kaputten Schirmen –, aber die Atmosphäre war herzlich. Der Duft nach Tomate und Basilikum, der einem entgegenschlug, sobald man die Tür öffnete, regte den Appetit an. Ich saß seit einer Stunde an einem Tisch und hatte reichlich Zeit gehabt, eine knusprige Pizza zu verzehren und mehrere Gläser Valpolicella zu trinken. Da das Lokal klein war, drängte die nicht besonders liebenswürdige Wirtin die Gäste, nicht zu lange zu verweilen, nachdem ihre Teller leer waren. Um meinen Tisch zu behalten, musste ich noch ein Bier bestellen. Als man es mir servierte, betrat Lisa das Lokal. Ganz offensichtlich war sie hier Stammgast. Sie begrüßte die Wirtin und die beiden Pizzabäcker mit Vornamen.

»Was treiben Sie denn hier?«, rief sie, als sie mich entdeckte. »Verfolgen Sie mich etwa?«

»Wenn ich mir die Bemerkung erlauben darf, dann

sind eher Sie diejenige, die mir folgt. Ich bin schon seit einer Stunde hier«, versuchte ich, sie zu beruhigen.

»Und Sie halten sich wohl für clever, was?«, erwiderte sie und nahm mir gegenüber Platz.

Sie hatte sich umgezogen und trug jetzt eine Strumpfhose, Jeans-Shorts, einen kleinen Spenzer mit unzähligen Totenkopf-Broschen sowie mit Nieten verzierte Stiefeletten. Ihre Hände steckten in weißen, fingerlosen Spitzenhandschuhen, um das Handgelenk ein Dutzend feiner Armbänder aus Gummi und um den Hals einen Rosenkranz. Eine hübsche Kopie im Stil der französischen Designerin Maripole oder von Madonna in ihren frühen Jahren.

Sie bestellte sich ein *root beer* und Pizzabrot. Ich überließ es ihr, das Gespräch zu beginnen.

»Ich weiß nicht einmal, wie Sie heißen.«

»Arthur Costello. Ich bin Notarzt in Boston.«

»Dieses Rollenangebot, das war doch Blödsinn, oder?«

»Nein, im Gegenteil, es war sehr ernst gemeint. Aber ich brauche sofort eine Antwort.«

»Ist es Film oder Theater?«

»Ein Theaterstück. Das nur ein Mal aufgeführt wird.«

»Wer hat es geschrieben?«

»Niemand. Sie müssen improvisieren, sich der Situation anpassen.«

»Soll das ein Witz sein?«

»Ich vermute doch, dass Sie in Ihrer Schauspielschule auch lernen zu improvisieren.«

Sie schüttelte den Kopf.

»Was mir gefällt, sind schöne Texte, gut geschriebene Dialoge, Autorenarbeit ... Wenn ein Schauspieler improvisiert, geht das oft daneben.«

»Manchmal, aber nicht immer. Viele der schönsten Filmszenen sind improvisiert: der Monolog, den Robert de Niro in *Taxi Driver* vor dem Spiegel hält, die rührende Eiscreme-Szene in *Kramer gegen Kramer*. Sie wissen schon, als Dustin Hoffmann seinen Sohn warnt: ›Billy, wenn du diesen Löffel Eis isst ...‹«

»›... bekommst du ernsthafte Probleme.‹ Ich kenne den Film auswendig. Diese Szene ist nicht improvisiert.«

Während sie mir antwortete, sah sie mir fest in die Augen, und die Intensität ihres Blickes ließ mich nicht gleichgültig.

»Ich bin sicher, dass sie es doch ist«, sagte ich schließlich.

»Meinetwegen«, erklärte sie achselzuckend. »Und wo wird Ihr Stück aufgeführt?«

»Im Theater des Lebens. ›Die ganze Welt ist eine Bühne und‹ ...«

»›... und alle Männer und Frauen bloße Spieler.‹ Ich weiß. Auch ich habe mein Repertoire gelernt. Also, nun kommen Sie zur Sache, was ist das für ein Plan?«

»Sie haben recht, ich will ehrlich sein. Die Wahrheit ist, dass ich versuchen will, meinen Großvater aus einem psychiatrischen Krankenhaus zu befreien.«

Sie verdrehte die Augen, versuchte aber nicht, mich zu unterbrechen.

»Sie wollten den Plan hören, also, hier ist er: Morgen früh um Punkt sieben Uhr fahren Sie mit mir, als Krankenschwester verkleidet, zum Blackwell Hospital. Mein Großvater täuscht einen Herzinfarkt vor. Wir legen ihn auf eine Bahre, bringen ihn in den Krankenwagen und verschwinden so schnell wie möglich. Eine halbe Stunde später sind Sie wieder zu Hause. Sie bekommen die Kohle und hören nie wieder etwas von mir.«

Sie schwieg eine Weile, trank einen Schluck Bier und lachte dann laut auf.

»Ich weiß ja nicht, was Sie für ein Zeug schlucken.«

Ich sah sie vollkommen ernst an.

»Das ist absolut kein Scherz, und ich bin völlig clean.«

Sie hörte auf zu lachen und fasste ihr blondes Haar, das ihr ins Gesicht fiel, mit einem Gummi im Nacken zusammen.

»Gibt es diesen Großvater wirklich?«

Ich nickte.

»Er heißt Sullivan Costello.«

»Und warum wollen Sie ihm zur Flucht verhelfen?«

»Aus dem einzigen wirklich triftigen Grund.«

»Sie glauben, dass er nicht verrückt ist?«, mutmaßte sie.

»Ganz genau.«

»Aber warum gerade ich? Wir kennen uns doch gar nicht. Können Sie nicht eine Ihrer Freundinnen fragen?«

»Ich brauche einen Profi. Außerdem habe ich keine Freunde. Zumindest keine dieser Art.«

»Der Art, die man um drei Uhr nachts anrufen kann, um eine Leiche verschwinden zu lassen?«

Diesmal musste ich lächeln.

»Tut mir leid, aber bei diesem Wahnsinn kann ich Ihnen nicht helfen«, sagte sie und biss in ein Stück Pizzabrot.

Ich reichte ihr einen Umschlag, der die achttausend Dollar enthielt.

»Das ist alles, was ich habe«, erklärte ich in dem Bewusstsein, meinen letzten Trumpf auszuspielen.

Sie öffnete das Kuvert und starrte lange auf das Bündel Fünfzig-Dollar-Noten. Ihre Augen funkelten, aber nicht aus Habgier. Ich wusste, dass dieses Geld für sie eine Art Rettungsanker war: Sie würde ihre Miete bezahlen und ihr überzogenes Konto ausgleichen können. Und nicht mehr so oft als Kellnerin in Kneipen wie dem *Frantic* arbeiten müssen, wo die angetrunkene Klientel sie anstarrte, als sei sie ein Go-go-Girl. Sie hätte mehr Zeit, zu Hause zu bleiben und gemütlich auf ihrem Sofa, Kater Remington auf den Knien, eine Tasse Tee in der Hand, Theaterstücke von Sam Shepard oder Romane von John Irving zu lesen.

Sie zögerte lange, sah mich aus ihren vor Müdigkeit glänzenden Augen an, fragte sich sicher, wer ich wirklich war und ob sich hinter meiner seriösen Miene nicht ein Teufel verbarg. Sie war zwanzig Jahre alt, etwas eingebildet, ein wenig stolz, ein wenig verloren. Kurz tauchte in meinem Kopf das flüchtige Bild einer anderen Elizabeth auf, älter und selbstsicherer und mit weniger Problemen konfrontiert. Doch diese Vision löste sich schnell wieder auf.

»Die ganze Sache ist viel zu gefährlich«, entschied sie dann und schob den Umschlag zu mir zurück.

»Ich bitte Sie schließlich nicht, eine Bank auszurauben.«

»Ich sage Ihnen doch, es ist zu gefährlich.«

»Nicht gefährlicher, als sein Leben mit einem Drogensüchtigen zu teilen.«

Dieser Satz war mir brutal und unbedacht entschlüpft. Elizabeth sah mich durchdringend an.

»Für wen halten Sie sich, dass Sie über andere richten?«

»Es ist nicht eben clever, sich zu verschulden, um den Stoff für den Freund zu bezahlen.«

»Das können Sie nicht verstehen, David braucht das, um zu malen. Er …«

»Eine gute Entschuldigung. Ich bin Arzt, und ich kann Ihnen versichern, dass ein Entzug das Beste für Ihren Künstler wäre. Ernsthaft, warum klammern Sie sich so an ihn?«

»Weil ich ihn liebe«, erklärte sie mit größtmöglicher Verachtung.

Sie war den Tränen nahe. Ihr Kinn bebte, und sie konnte ihre Wut kaum unterdrücken.

»Verpiss dich, du Idiot!«, schrie sie plötzlich und schüttete mir ihr Bier ins Gesicht.

Dann sprang sie so heftig auf, dass ihr Stuhl umfiel, und verließ das Restaurant.

Man kann eben nicht immer gewinnen.

2:21 Uhr

Als ich zurück zu meinem Ambulanzwagen kam, waren die beiden Außenspiegel abgebrochen. Offenbar hatte ein Junkie versucht, das Schloss zu knacken, weil er Spritzen oder Medikamente klauen wollte, aber anscheinend war er nicht klar genug gewesen, um sein Ziel zu erreichen. Aus Wut hatte er sich dann an den Außenspiegeln gerächt. Ein gängiges Spiel in diesem Viertel …

Am Steuer meiner »Rakete« verließ ich das East Village in Richtung Gramercy, Murray Hill und Midtown. Wollte man Roosevelt Island mit dem Wagen erreichen, so musste man einen weiten Umweg über Queens machen und dann zurück zur Roosevelt Island Bridge, dem einzigen Zugang für Motorfahrzeuge, fahren. Um drei Uhr morgens gelangte ich zu der Brücke.

Ich überquerte die Meerenge und parkte die Ambulanz auf einem eingezäunten Parkplatz gegenüber der Skyline in der Nähe des Krankenhauses. Im Radio wurden alte Jazz-Standards gespielt. Ich öffnete das Fenster. Von Stan Getz' wehmütigen Saxophonklängen umgeben, rauchte ich eine Zigarette und betrachtete die Wolkenkratzer am anderen Ufer. Ich befand mich noch in Manhattan und doch weit weg. Nur wenige Dutzend Meter trennten mich von der angespannten Atmosphäre, der Geräuschkulisse und den Lichtern, die jedoch außer Reichweite schienen.

So nah und doch so fern …

Dieser Anblick war für mich ein verwirrendes Echo meiner eigenen Situation: Ich war einerseits in meinem Leben und zugleich auch außerhalb. Sowohl ich selbst, als auch neben mir stehend.

Ich warf die Kippe auf den Asphalt, lehnte mich zurück, schloss die Augen und fiel für einige Stunden in einen unruhigen Schlaf.

10.

Ich schreckte auf. Die ersten Sonnenstrahlen blendeten mich. Dann sah ich das Gesicht von Elizabeth Ames, die an die Scheibe trommelte.

Erschrocken blickte ich auf meine Uhr.

Verdammt! 6:55 Uhr.

Ich öffnete die Tür.

»Was hat Sie dazu bewogen, doch zu kommen?«

»Die Kohle, was sonst!«, antwortete sie, während ich mit quietschenden Reifen anfuhr. »Übrigens, die Bezahlung muss vorher stattfinden.«

Ich griff in die Innentasche meiner Jacke und reichte ihr den Umschlag, während ich mich innerlich verfluchte, weil ich eingeschlafen war.

»Tut mir leid, aber wir haben keine Zeit mehr, um zu proben«, erklärte ich und schaltete das Blaulicht ein.

»Für einen Freund des Improvisationstheaters ist das doch kein Problem. Übrigens, liefern Sie das Kostüm?«

»Hinten sind ein paar Sachen. Könnten Sie mir auch einen Kittel und ein Stethoskop reichen?«

Trotz der vielen Schlaglöcher beschleunigte ich und hoffte, dass sich im siebten Stock des Blackwell Hospitals alles abspielte wie geplant. Wenn Sullivan sich an unsere Abmachung hielt, simulierte er gerade einen Herzinfarkt. Ich stellte mir vor, wie die Krankenschwester, die ihre morgendliche Runde machte, meinen Großvater fand, beide Hände auf die linke Brustseite gepresst, so als leide er unter einem stechenden Schmerz. Ich hatte den Eindruck, ihn vor mir zu sehen, wie er sich einige Minuten zuvor das Gesicht mit Wasser besprengte, um Schweißperlen vorzutäuschen, und dann eine Anzahl von Liegestützen absolvierte, um die Körpertemperatur zu erhöhen. Wenn der Alte noch im Vollbesitz seiner geistigen Kräfte war, könnte die Sache klappen. Die Schwester hatte vermutlich telefonisch eine Ambulanz angefordert, als sie ihn in diesem Zustand vorfand.

»Die Rettungskräfte sind da«, rief ich, während ich mit heulender Sirene auf den Parkplatz fuhr.

Ich hielt vor dem Krankenhauseingang und klappte die Räder der Bahre aus. In Begleitung meiner »Assistentin« stürmte ich in die Halle.

»Rettungsteam für den Patienten im siebten Stock!«, rief ich und rannte zu den Aufzügen.

Einer davon war gerade im Erdgeschoss angekommen. Wir schoben die Bahre hinein, und Elizabeth drückte auf den Etagenknopf. Während die Kabine nach oben fuhr, überprüfte ich mein Material – Arzttasche, Defibrillator, Notfallkoffer – und atmete tief durch, um meine Nervosität zu vertreiben. Dann sagte ich, darum bemüht, die Stimmung zu entspannen: »Dieser kleine Kittel steht Ihnen sehr gut ... sehr sexy.«

Die einzige Antwort war ein hochgereckter Mittelfinger.

Die Türen öffneten sich quietschend.

»Am Ende des Ganges!«

Als ich in das Zimmer trat, entdeckte ich Sullivan auf dem Bett ausgestreckt und eine Krankenschwester, die neben ihm saß. Sein Gesicht war nass und verkrampft, die rechte Hand krallte sich in die linke Brustseite.

»Wir kümmern uns um ihn«, sagte ich zu der Frau und stellte meine Sachen auf einem Rollwagen ab.

»Aber wer sind Sie ...«, stammelte sie.

Noch ehe ich antworten konnte, ergriff Elizabeth das Wort: »Doktor Hayes, Doktor Addison.«

Ich begann mit der Notfalluntersuchung des »Kranken«: rasches Abhören, Puls fühlen, Blutdruck messen, Anlegen der Elektroden.

Elizabeth betrachtete den Apparat und erklärte in recht überzeugendem Ton: »Sehen Sie nicht, dass es sich um einen Infarkt handelt? Wir bringen ihn in die Notaufnahme des Mount Sinai!«

Wir betteten Sullivan auf die Rollbahre. Als wir auf dem Gang waren, legte ich ihm eine Sauerstoffmaske aufs Gesicht. Die Krankenschwester trat mit uns in die Aufzugkabine, was Elizabeth Gelegenheit gab, ihre Rolle auszuarbeiten. Sie rief mir zu: »Addison, legen Sie einen intravenösen Zugang und injizieren Sie Aspirin!«

Die Türen öffneten sich. Im Laufschritt durchquerten wir die Halle bis zu dem Ambulanzwagen.

Das Schwierigste hatten wir überstanden!

Ich schob Sullivan in den Wagen. Ich sah, dass er unter der Maske lachte. Er hob den Daumen in meine Richtung, so als wollte er sagen: »Gut gemacht, mein Kleiner.«

Auch ich lächelte, drehte mich um und …

11.

Der erste heftige Hieb, den der Wachmann mir mit dem Schlagstock versetzte, traf mich in den Bauch und verschlug mir den Atem. Der zweite warf mich zu Boden.

Ich landete mit dem Kopf im Schlamm, der Krankenwagen tanzte verschwommen vor meinen Augen. Offenbar hatte das Emblem des Massachusetts Hospitals von Boston den Verdacht des Wachmanns erregt.

Die Stimme von Two-Face, dem Krankenpfleger mit dem verbrannten Gesicht, ertönte in meinem Rücken.

»Vorsicht, Greg, er ist nicht allein!«

Als er losrannte, um den Wagen aufzuhalten, fuhr dieser mit einem Satz an. Die beiden Pfleger versuchten, ihn zu stoppen, hatten aber keine Chance.

Enttäuscht kehrten sie zu mir zurück, und ich spürte, dass sie ihren Zorn an mir auslassen würden.

»Als ich dich zum ersten Mal gesehen habe, wusste ich gleich, dass mit dir was nicht stimmt«, rief Two-Face, bevor er mir einen Fußtritt in die Rippen versetzte.

»Ganz ruhig, wir sperren ihn in die Isolierzelle, bis die Polizei kommt.«

Sie rissen mir den Kittel vom Leib und schleiften mich ins Innere des Krankenhauses. Und wieder stand ich in der Aufzugkabine, aber dieses Mal unter Bewachung und in Richtung Untergeschoss. Am Ende des Ganges entdeckte ich das, was sie als »Isolierzelle« bezeichneten: ein winziges Zimmer mit gepolsterten Wänden, in das mich die beiden Männer ohne jede Rücksicht hineinstießen.

Die Tür schloss sich, und ich war allein, gefangen in diesem Sarkophag, und kämpfte gegen meine Platzangst an.

Und jetzt?

Mein einziger Trost war, dass Sullivan frei war. Ich hatte gut daran getan, hartnäckig zu bleiben. Ich hatte meinen Plan ausgeführt, und er war geglückt.

Bis auf eine Kleinigkeit.

Nach einer Viertelstunde drangen Gesprächsfetzen an mein Ohr. Dann die durchdringende Stimme des Wachmanns: »Er ist da drin, Lieutenant.«

»Okay, Greg, ich nehme ihn mit.«

Während die Tür aufgesperrt wurde, breitete sich ein schwerer, süßlicher Geruch nach Orangenblüten in der Zelle aus, mein Herz raste, und ich bekam eine furchtbare Migräne. Ich rang nach Luft, meine Augen brannten, und ich hatte das inzwischen fast vertraute Gefühl, dass sich der Boden unter mir auftat und ich ins Leere stürzte.

Ich hörte, wie sich die Tür quietschend öffnete, aber ich war nicht mehr da.

Dann der letzte Ausruf von Two-Face: »Verdammt noch mal, wo ist dieser Idiot denn hin?«

1994
Elizabeth

Lieben ist ein Abenteuer ohne Karte
und ohne Kompass,
in der allein die Vorsicht in die Irre führt.

Romain Gary, *Ach, Liebster, das macht doch nichts*

0.

Entferntes Gemurmel eines Radios oder Fernsehers. Ein Vorhang, klebrig wie Melasse. Dichter, schwärzlicher Nebel. Ein unangenehmes Gefühl, das mir inzwischen vertraut ist: geschwollene, bleischwere Lider. Atemnot. Lähmende Müdigkeit.

Ich öffne die Augen. Ich liege auf einem Holzboden. Die Dielen riechen noch nach Wachs. Es ist finster. Es ist heiß, so als hätte man die Heizung über Stunden auf Hochtouren laufen lassen. Ich rappele mich vorsichtig auf. Meine Gelenke knacken so laut, dass ich den Eindruck habe, meine Knochen würden nachgeben. Ich reibe meine Lider, sehe mich um.

Ich bin … in einer Wohnung, die in Halbdunkel getaucht

ist. Ein Loft, das einem Künstleratelier ähnelt, mit Staffeleien und abstrakten Bildern, Sprühdosen und Farbtöpfen überall am Boden und Pizzaresten auf einem niedrigen gemauerten Tisch.

1.

Ein Digitalwecker in einem Regal zeigte drei Uhr morgens an. Ich trat an die Glasfassade, die sich über die gesamte Länge des Raums erstreckte. Ich sah hinaus und kam zu dem Schluss, dass ich mich im dritten oder vierten Stock befinden musste. Die Straße war gut erleuchtet. Die meisten Ziegelbauten waren mit kunstvoll verzierten *Cast Iron*-Fassaden und den berühmten eisernen Feuertreppen im Stil der Vorkriegszeit versehen. Ich kniff die Augen leicht zusammen und erkannte mehrere Kunstgalerien, die direkt an der Straße lagen. An einer prangte ein Leuchtschild: 18, Mercer Street. Ich befand mich also in SoHo.

Im Wohnraum des Ateliers lief im Fernsehen CNN. Auf dem Sofa entdeckte ich eine Fernbedienung. Nachdem ich mich vergewissert hatte, dass niemand im Raum war, stellte ich den Ton lauter und näherte mich dem Bildschirm, auf dem die *Breaking news* eingeblendet waren. Man sah Nelson Mandela, der soeben zum Präsidenten der Südafrikanischen Republik gewählt worden war und in Pretoria vor einer gewaltigen Menschenmenge seine Einführungsrede hielt.

»Die Zeit für die Heilung der Wunden ist gekommen. Der Augenblick ist gekommen, die Kluft, die uns trennt, zu überbrücken. Die Zeit des Aufbaus ist da.«

Das Datum war unten auf dem Bildschirm vermerkt: der 10. Mai 1994. Meine letzte Erinnerung ging auf September 1993 zurück, ich hatte diesmal also einen Zeitsprung von knapp acht Monaten absolviert.

Als ich den Fernseher ausschaltete, vernahm ich ein regelmäßiges Rauschen. Ich horchte genauer hin und meinte, ein leichtes Plätschern zu hören, wie von einem Wasserstrahl. Ich trat auf den dunklen Flur, der wohl zu Schlaf- und Badezimmer führte. An der ersten Tür verkündete ein altmodisches Emailleschild: *Bath*. Ich stieß die angelehnte Tür auf und mich empfing …

2.

… das Grauen.

Warmes flackerndes Licht erfüllte den Raum. Es stammte von zwanzig unterschiedlich großen Kerzen, die überall im Bad verteilt waren. Auf dem schwarzweiß gefliesten Boden wiesen dunkle Blutstropfen den Weg zur Retro-Badewanne mit Klauenfüßen in Altmessing.

Mit zitternden Beinen näherte ich mich der Wanne, die fast überlief. Der nackte Körper einer jungen Frau schwamm in rötlichem Wasser. Reglos, die Augen geschlossen, den Kopf auf den gusseisernen Rand gelegt, die Pulsadern aufgeschnitten. Das Haar fiel ihr übers Gesicht, das Wasser reichte bis zu der Nase, und ganz offenbar war sie kurz vor dem Ertrinken.

Verdammter Mist!

Ich nahm meine dürftigen Kräfte zusammen und zog sie aus der Wanne, ließ sie auf den Boden sinken und trocknete sie notdürftig ab. Dann legte ich die Fingerspitzen auf ihre Halsschlagader und fühlte ihren Puls. Er war sehr schwach, was von einem starken Blutverlust zeugte.

Beruhige dich, Arthur.

Mein Herz hämmerte. Ich kniete mich neben sie und versuchte, mit den vertrauten Gesten, die ich täglich in der Notaufnahme praktiziert hatte, rasch ihren Bewusstseinszustand zu prüfen. Ich sprach mit ihr, erhielt aber keine verständliche Antwort. Sie reagierte nur mit einem Stöhnen auf ihre Schmerzen, doch was auch immer ich versuchte, sie schlug die Augen nicht auf. Acht oder neun Punkte auf der Glasgow-Koma-Skala, was eine schwere Bewusstseinsstörung anzeigte.

Denk nach!

Ich sah mich um. Am Boden eine Flasche Jim Beam und eine andere Four Roses. In der Nähe des Abfalleimers entdeckte ich zwei Schachteln mit Medikamenten. Ich kniff die Augen zusammen, um die Namen der Medikamente entziffern zu können. Lunesta: ein Schlafmittel, und Lorazepam: ein Angstlöser.

Um Himmels willen …

Beide Packungen waren leer, was bedeutete, dass die

aufgenommene Dosis enorm hoch war. Das Mädchen hatte es wirklich ernst gemeint. In Kombination mit großen Alkoholmengen war die Wirkung dieser Substanzen tödlich.

Ich lagerte die Arme der jungen Frau hoch, um den Blutfluss zu reduzieren. Ihr Atem ging sehr langsam, der Blutdruck war niedrig, ihre Pupillen waren erweitert, die Extremitäten bläulich verfärbt. Ich nahm mir die Zeit, Bilanz zu ziehen. Blutung, Schlafmittel, Beruhigungsmittel, Alkohol: ein verheerender Cocktail, der ihren Zustand sehr instabil machte. Sie stand kurz vor einer schweren Atemdepression und einem Kreislaufkollaps.

Ich erhob mich und eilte in den Wohnraum auf der Suche nach einem Telefon. Ich wählte die 911, um einen Krankenwagen zu bestellen. In einem Küchenschrank fand ich zwei saubere Geschirrtücher und in der Ankleide zwei Seidenschals, mit denen ich an den Handgelenken der jungen Frau einen provisorischen Druckverband anlegte.

Erst nachdem ich den Stoff verknotet hatte, strich ich ihr die Haare aus dem Gesicht und betrachtete die Frau ein erstes Mal.

Es war Elizabeth Ames.

3.

Die Sanitäter gingen streng nach der klassischen Methode bei Selbstmordversuchen dieser Art vor. Anlegen eines Venenzugangs in beiden Ellenbeugen, Intubation mit künstlicher Beatmung, Herz-Kreislauf-Monitoring, EKG, Injektion von Flumazenil.

Ich konnte jeden ihrer Schritte voraussehen, jede ihrer Entscheidungen erahnen. Ich brannte darauf, ihnen zu helfen, war aber nicht dazu berechtigt. Außerdem konnten diese Burschen ihren Job so gut wie ich. Im Schlafzimmer fand ich ein Kleid, Pumps und eine Handtasche aus Kunstleder mit Elizabeths Papieren, einen Wohnungsschlüssel, zwei Zwanzig-Dollar-Noten und eine Bankkarte. Ich nahm den Schlüssel und das Bargeld an mich und übergab einem der Sanitäter die Handtasche, damit das Krankenhauspersonal wusste, wer sie war.

»Wir müssen uns beeilen!«, rief dieser. »Die Blutung ist sehr stark.«

Sie legten Lisa auf eine Trage. Ich begleitete sie bis unten auf die Straße.

»Wohin bringen Sie sie?«

»Ins Bellevue Hospital«, erwiderte der Sanitäter und schlug die Wagentür zu.

Ich sah, wie sich die Ambulanz entfernte. An meiner Seite stand die Flurnachbarin, eine alte Dame, die durch den Lärm im Treppenhaus aufmerksam geworden und auf den Gang getreten war.

»Wem gehört diese Wohnung?«, fragte ich, auch wenn ich die Antwort schon zu kennen glaubte.

»Sie war an den Maler David Fawlkes vermietet, doch der ist vor wenigen Tagen an einer Überdosis gestorben. Die arme Kleine …«

Ich wühlte in meinen Taschen und fand eine letzte Mentholzigarette und das Feuerzeug I LOVE NY.

»Kennen Sie Lisa gut?«, wollte ich wissen und zündete mir die Zigarette an.

»Wir sind uns oft begegnet, nachdem sie ja ständig bei ihm war. Sie war so nett, immer ein freundliches Wort auf den Lippen … Wenn Sie meine Meinung wissen wollen: Er war es nicht wert, dass sie für ihn sterben wollte.«

Die alte Dame entfernte sich und murmelte vor sich hin:

»Armes Mädchen. Ist es nicht traurig, schon in ihrem Alter gehen zu wollen!«

Ich winkte das nächstbeste Taxi heran. Als der Wagen auf meiner Höhe anhielt, schaute ich kurz zu der alten Dame, die sich fröstelnd in ihren Morgenmantel wickelte.

»Ich würde alles geben für ein paar zusätzliche Lebensjahre …«

4.
Fünf Uhr morgens

Sobald ich die Tür zu Lisas Wohnung öffnete, empfing mich Remington, der getigerte Kater, wie einen Retter. Kaum hatte ich den Fuß in den Flur gesetzt, rieb er sich schon an meinem Bein und stieß ein verzweifeltes Miauen aus.

»Na, wie geht's dir denn?«, fragte ich und kraulte ihn am Kopf.

Im Küchenschrank fand ich eine Tüte Trockenfutter. Ich stellte ihm eine volle Schale hin und eine Untertasse mit frischem Wasser. Ich hatte große Lust auf einen Kaffee, doch die Metalldose war leer und die Milch im Kühlschrank sauer.

Auf der Theke lagen alte Zeitungen. Ausgaben von *USA Today* der vorangegangenen Tage. Ich hatte anderes zu tun, konnte aber der Neugier nicht widerstehen. Die letzten Wochen waren mörderisch gewesen: am 5. April der Selbstmord von Kurt Cobain; am 1. Mai der tödliche Unfall von Ayrton Senna. Daneben lag eine Nummer der *Newsweek*. Auf der Titelseite ein Schwarz-Weiß-Foto des Sängers der Gruppe Nirvana mit dem Untertitel:

Suicide: why do people kill themselves?

Ich legte das Magazin beiseite und machte mich auf die Suche nach dem, was ich finden wollte. Die Antwort auf die Frage, wo sich Sullivan aufhielt. Ich lief durch die beiden Räume, in der Hoffnung, ein Indiz zu entdecken. Was war vor acht Monaten passiert, als Elizabeth meinem Großvater zur Flucht verholfen hatte? Wohin hatte sie ihn gebracht? Waren sie in Kontakt geblieben? Das bezweifelte ich. Sullivan hatte weder Geld noch ein Dach über dem Kopf oder Ausweispapiere bei sich und, soweit ich wusste, auch keinen Freund, an den er sich hätte wenden können. Objektiv betrachtet war die Wahrscheinlichkeit groß, dass er erneut in Blackwell interniert war. Vielleicht war er in der Zwischenzeit sogar verstorben. Eilig verscheuchte ich diesen Gedanken, zog es vor, mich an das letzte Bild zu klammern, das ich von ihm hatte: das von einem Mann mit durchtriebenem Blick und ausreichend Verstand, um einen perfekten Fluchtplan auszuhecken.

Ich ging von einem Raum zum nächsten, ohne den geringsten Hinweis auf meinen Großvater zu entdecken. Ich wollte schon aufbrechen, als sich Remington zwischen meinen Beinen hindurchschob, um ins Schlafzimmer seines Frauchens zu huschen. Um nicht auf ihn zu treten, wich ich aus, stolperte über den Teppich und fand mich der Länge nach auf dem Parkett wieder.

Tollpatsch …

Ich zog mich an der Kommode hoch, und in diesem Augenblick bemerkte ich die Kamee, die an einer Silberkette am Schwenkarm einer alten Bürolampe hing. Das

Schmuckstück war bei meinem letzten Besuch nicht da gewesen. Ich nahm das Medaillon in die Hand, betrachtete fasziniert die feine Reliefstruktur, die das ebenmäßige Gesicht einer jungen Frau darstellte, das perlmuttschimmernde Profil auf blauem Grund aus Achat. Ich drehte den Anhänger um. Eine Inschrift war in zierlichen Buchstaben eingraviert:

Für Yvonne
Vergiss nicht, dass man zwei Leben hat
Connor, 12. Januar 1901

Mein Herz schlug höher: Connor und Yvonne waren die Vornamen meiner Urgroßeltern. Wie war Elizabeth an dieses Schmuckstück gekommen? Die Antwort lag auf der Hand:

Weil Sullivan es ihr geschenkt hatte.

Aufgeregt öffnete ich alle Schubladen, alle Schränke. Ich wusste jetzt, was ich suchte: die Handtasche von Elizabeth. Im Loft des Malers hatte ich nur ein schmales Täschchen gefunden, so wie man es zu einer Soirée bei sich trägt. Nicht den guten großen Shopper, in dem manche Frauen täglich ihren halben Besitz mit sich herumschleppen. Es dauerte nicht lange, da hatte ich ihn gefunden: Er enthielt eine Puderdose, ein Schminktäschchen, einen Schlüsselbund, eine Haarbürste, eine Brille, ein Päckchen Kaugummi, einen Kugelschreiber, ein Röhrchen Aspirin, einen Terminkalender und … ein Adressbüchlein.

Mit klopfendem Herzen blätterte ich es durch. Unter dem Buchstaben C war nichts vermerkt, wohl aber unter S, der Vorname »Sullivan« in Schönschrift, gefolgt von einer Nummer, die mit 212 begann, also ein New Yorker Stadtteil.

Mit dem Kugelschreiber notierte ich die Zahlenfolge auf meinen Unterarm. Ich ging in die Küche, hob den Hörer des Wandtelefons ab und wählte. Amtszeichen, dann zwölfmaliges Läuten, das unbeantwortet blieb und mir nicht mal ermöglichte, eine Nachricht auf einem Anrufbeantworter zu hinterlassen.

Verdammter Mist!

In der dämmrigen Stille starrte ich auf die grünlichen Ziffern der Mikrowelle, die 5:34 Uhr anzeigten.

Das plötzliche Klingeln des Telefons ließ mich zusammenzucken.

»Hallo?«, rief ich, nachdem ich abgehoben hatte.

»Also, diese automatische Rückruffunktion ist doch wirklich praktisch.«

»Sind Sie das etwa, Sullivan?«

»Bist du schon zurück, Kleiner? Das ist ja eine großartige Neuigkeit. Ich habe dich nicht vor dem Sommer erwartet!«

»Wo sind Sie, verdammt?«

»Ja, wo soll ich wohl sein? Bei mir zu Hause natürlich!«

5.

Das Taxi setzte mich an der Adresse ab, die mein Großvater mir genannt hatte – eine gepflasterte Sackgasse hinter dem Washington Square. An dem Portal der Zufahrt wies ein Schild darauf hin, dass die MacDougal Alley einst die Stallungen und Nebengebäude der bürgerlichen Villen am Rande des Parks beherbergt hatte.

Der Tag brach an. Nebelschwaden glitten über das Straßenpflaster und wickelten sich um den Fuß der alten Laternen. Ich öffnete das Gartentor und lief zu dem kleinen zweistöckigen Haus mit der ocker- und rostfarbenen Fassade. Ich betätigte den Türklopfer aus Messing in der Form eines Löwenmauls.

»Hallo, Kleiner«, empfing mich Sullivan und steckte den Kopf durch den Türspalt.

Als die Tür ganz geöffnet war, musterte ich ihn von oben bis unten. Seine äußere Erscheinung hatte sich auf spektakuläre Weise verändert. Ordentlicher Haarschnitt, seitlich kürzer, oben länger und nach hinten gekämmt. Sein Bart war jetzt sorgfältig gestutzt. Trotz der frühen Morgenstunde trug er einen Rollkragenpullover und einen eleganten Cordsamtblazer. Ich war sprachlos. Der lethargische Greis aus dem Blackwell Hospital wirkte nun wie ein Gutsbesitzer, der zehn Jahre jünger schien, als er tatsächlich war.

»Du bist ja ganz mit Blut beschmiert!«, rief er erschrocken.

»Keine Sorge, es ist nicht meines.«

»Komm schnell rein, sonst frieren wir uns hier noch zu Tode!«

Zögernd ließ ich mich in das warme, behagliche Wohnzimmer führen, das mit seinem honigfarbenen Parkett, dem Chesterfield-Sofa und dem Billardtisch an das Interieur eines englischen Pubs erinnerte. Im hinteren Teil hing ein großer Spiegel über einer Bar aus Mahagoniholz, auf der Gläser aus dickem Kristallglas und ein Dutzend Whiskyflaschen verschiedener Marken aufgereiht waren. Eine Wand wurde von Regalen voller in Leder gebundenen Büchern bedeckt, ein Sideboard mit Elfenbeineinlegearbeiten, auf dem ein altmodischer Plattenspieler und alte Jazz-LPs standen, schmückte die andere Wand. Ich entdeckte die gleichen Musiker, die auch mir gefielen: Thelonious Monk, John Coltrane, Miles Davis, Frank Morgan …

»Komm näher ans Feuer«, forderte Sullivan mich auf und rieb sich die Hände vor dem Kamin, in dem es lebhaft knisterte. »Um wie viel Uhr bist du heute wieder zu dir gekommen?«

»Um drei Uhr morgens.«

»Und wo war es dieses Mal?«

»In einem Loft in SoHo.«

In wenigen Sätzen erzählte ich ihm von Lisas Selbstmordversuch und was ich unternommen hatte, um sie zu retten. Einen Moment lang schien er sehr betroffen, seine Gesichtszüge entgleisten, sein Blick verlor sich in der Ferne, dann suchte er Trost, indem er aus seiner Tasche eine Schachtel Lucky Strike zog – dieselbe Marke, die Frank sein ganzes Leben lang geraucht hatte und die wohl für seinen frühzeitigen Tod verantwortlich war. Er zündete sich eine an, nachdem er mir eine angeboten hatte.

»Ich bin sicher, dass sie es schaffen wird«, versicherte er, während er in einem hellbraunen Ledersessel Platz nahm. »Möchtest du duschen?«

»Moment mal, Sullivan, wo sind wir hier?«

»Ich sagte es bereits: bei mir zu Hause!«

»Das kann ich mir jetzt schlecht vorstellen. Ich sehe nicht, wie Sie sich eine Wohnung haben mieten oder kaufen können. Sie sind aus einer psychiatrischen Klinik geflüchtet, was bedeutet, dass Sie kein Geld haben, kein Bankkonto, keinen Personalausweis ...«

»Und trotzdem sind wir jetzt hier bei mir«, erwiderte er mit einem verschmitzten Augenzwinkern. »Ich habe dieses Apartment 1954 gekauft. Es war meine Junggesellenwohnung, meine kleine Insel. Ein Ort, an dem ich mich gern nach meiner Arbeit aufhielt, um Musik zu hören, mich auszuruhen, ein Glas zu trinken ...«

»Und um meine Geliebten zu empfangen, ohne dass meine Frau davon erfuhr«, ergänzte ich.

Ich nahm sein Lächeln durch den Zigarettenrauch hindurch wahr.

»Ja, das auch, ich gebe es zu. Kurz, damit dieser Ort geheim blieb, habe ich ihn durch ein komplexes System von Strohmännern und langfristigen Schuldanerkennungen finanziert. Genauer gesagt, ich habe die Gelder vorgestreckt, der offizielle Eigentümer der Immobilie aber war mein damaliger Gesellschafter, Ray McMillan.«

»Und der hat sie Ihnen letztes Jahr nach Ihrer Flucht aus der Klinik zurückgegeben.«

»Du kapierst sehr schnell, Kleiner.«

Mir wurde jetzt einiges klarer. Mitte der 1950er-Jahre, als Sullivan für tot erklärt worden war, hatte man sein Erbe abgewickelt, da seine New Yorker Wohnung jedoch nicht Teil seines Vermögens gewesen war, fiel sie durch die Maschen des Netzes.

»Und wie kommen Sie, ganz konkret, für Ihren täglichen Lebensunterhalt auf?«

Da er meine Frage bereits erwartet hatte, hatte er sich aus seinem Sessel erhoben. In seinem Bücherregal drehte er wie ein Zauberkünstler ein Holzbrett, wodurch ein Tresor zum Vorschein kam. Er bewegte das Rändelrad, um den Stahlschrank zu öffnen. Dieser enthielt drei mittelgroße, hell glänzende Goldbarren.

»Der wertvollste Rat, den ich dir geben kann, ist folgender, Kleiner: Was auch geschieht, lege dir immer eine Reserve zurück. Als Vorsorge für die Tiefschläge, die das Leben dir sicher verpassen wird.«

Meine Augen wurden magisch von den drei Goldbarren angezogen. Schließlich fragte ich: »Aber woher stammt dieses Gold?«

Wieder funkelten die Augen meines Großvaters.

»Anfang der 1950er-Jahre hatte sich einer meiner

besten Kunden aus steuerlichen Gründen angewöhnt, mich mit Goldbarren zu bezahlen, die er von seiner Mutter geerbt hatte. So habe ich vier von der Sorte verdient und hier aufbewahrt. Letztes Jahr habe ich einen davon verkauft. Verrückt, wie die Lebenshaltungskosten gestiegen sind, was?«

Ich ersparte es mir, auf seine Frage zu antworten.

»Also leben Sie hier seit acht Monaten?«

»Jawohl.«

»Und was machen Sie den ganzen Tag?«

Er drückte seine Zigarette in einem Aschenbecher aus Pressglas aus.

»Na, auf dich warten, Junge.«

»Auf mich warten?«

Er fixierte mich, ohne mit der Wimper zu zucken, und sagte mit ernster Stimme: »Ich weiß, dass du dich fragst, was dir geschieht. Und ich weiß, dass du höllische Angst hast. Nun, da habe ich eine schlechte Nachricht für dich: Die Wahrheit ist noch viel schlimmer, als du sie dir vorstellen kannst.«

Ich hielt seinem Blick stand.

»Und wie sieht diese Wahrheit aus?«

»Das ist eine komplizierte Geschichte, die man nur schwer glauben kann. Ich werde sie dir natürlich erzählen, aber zuerst gehst du hinauf zum Duschen und ziehst dann frische Sachen an.«

»Und wo finde ich neue Kleidung?«

»Oben. Dort sind zwei Zimmer. Das erste ist meines. Das zweite kannst du als deines betrachten. Dort findest du im Schrank alles, was du brauchst. Da ich mir mit den Größen nicht sicher war, habe ich alles doppelt gekauft.«

Angesichts meiner Überraschung fügte er in zufriedenem Tonfall hinzu: »Ich habe dir ja gesagt, dass ich dich seit Monaten erwarte, mein Junge.«

6.

Das Duschen tat mir gut. Ich hatte mich seit drei Tagen nicht gewaschen. Oder vielleicht sogar seit drei Jahren. Ich hatte tatsächlich überhaupt kein Zeitgefühl mehr. Durch die Versuche, das Unbegreifliche zu verstehen, lief mein Gehirn im Leerlauf, unfähig, auch nur das Geringste logisch zu erfassen.

Als ich eine halbe Stunde später zu meinem Großvater in die Küche kam, war ich frisch rasiert, trug ein Polohemd und einen Tweedanzug und hatte mich mit einem teuren Eau de Cologne mit leichtem Lavendel- und Zitronenduft besprüht.

»Du stinkst«, neckte mich Sullivan, während er mir eine Tasse dampfenden Kaffee einschenkte.

Er hatte mir auch Pancakes mit Ahornsirup zubereitet und Orangensaft gepresst. Trotz des Stresses hatte ich einen Hunger, als hätte ich seit einer Woche nichts gegessen. Ich stürzte mich auf die Pfannkuchen und verschlang gleich drei Stück.

»Ich kenne diesen Heißhunger, der einen bei jedem Erwachen übermannt, aber iss langsamer, sonst bekommst du Bauchschmerzen«, riet mir mein Großvater, als wäre ich sechs Jahre alt.

Wie ein trotziger Teenager kippte ich den Kaffee in zwei Schlucken hinunter. Nachdem ich satt war, bat ich Sullivan um Erklärungen.

Er nickte und atmete tief ein.

»Um zu verstehen, was dir widerfährt, müssen wir dreißig Jahre zurückgehen, ins Jahr 1954. Damals gelang mir alles. Die Werbeagentur, die ich sechs Jahre zuvor gegründet hatte, lief bestens. Wir lagen voll im Trend, und die Kunden strömten aus allen Landesteilen zu uns. Ich stand kurz vor meinem zweiunddreißigsten Geburtstag. Ich arbeitete sechzehn Stunden am Tag, ich hatte scheinbar alles, was ein Mann sich nur wünschen kann: eine hingebungsvolle Frau, ein Kind, ein schönes Haus, mehrere Autos. Ich hatte alles, doch das Wesentliche fehlte. Die Wahrheit ist, dass mich das Leben langweilte. Mir fehlte jemand, mit dem ich den Erfolg hätte teilen können. Eine verwandte Seele, eine Komplizin, eine Partnerin ...«

Etwas nervös stand er auf und ging zu dem robusten gusseisernen Herd, um sich noch mal Kaffee nachzuschenken.

»In diesem Jahr ging es mir nicht gut«, gestand er, während er sich auf den Rand des Herdes stützte. »Langsam wurde mir bewusst, dass ich das Wesentliche im Leben verpasst hatte, nämlich Kinder mit einer Frau zu haben, die man *wirklich* liebt. Ich war immer einsamer geworden und nutzte jede Möglichkeit, meinem Zuhause fernzubleiben. Unter der Woche fand ich hier, in dieser Junggesellenwohnung, Zuflucht, und meine Wochenenden verbrachte ich damit, ein altes Gebäude wieder herzurichten, das ich zu einem Spottpreis gekauft hatte, *24 Winds Lighthouse*: den Leuchtturm der vierundzwanzig Winde.«

Er nahm einen kräftigen Schluck Kaffee, bevor er mit feierlicher Stimme fortfuhr: »Mein Leben ist in der Nacht vom achtzehnten September 1954 aus den Fugen geraten. Es war beinah zweiundzwanzig Uhr. Ich hatte den ganzen Tag gearbeitet, um mehrere undichte Stellen im Leuchtturm zu reparieren. Ich war erschöpft und wollte zeitig schlafen gehen. Draußen wehte ein starker Wind. Wie das bei schlechtem Wetter oft der Fall war, funktionierte das Telefon nicht. Eine Flasche Bier in der Hand, hörte ich die Übertragung eines Baseballspiels im Radio und aß dabei ein Sandwich. Plötzlich wurde die Sportsendung unterbrochen, um von einem katastrophalen Eisenbahnunglück zu berichten, das sich soeben in New York ereignet hatte. Ich stellte mein Radiogerät lauter, was erklärt, warum ich die Geräusche, die aus dem Keller kamen, nicht sofort hörte. Während ich überzeugt war, allein zu sein, tauchte plötzlich ein blutüberströmter Mann vor mir auf und brach mitten im Zimmer zusammen.«

Ich stellte sofort eine Verbindung zu dem Zugunglück her. »Der Mann war Horowitz, der erste Besitzer des Leuchtturms?«

Er sah mich an, und ich erkannte in seinen Augen eine Mischung aus Verblüffung und Anerkennung.

»Man kann wirklich sagen, dass du ein schlaues Kerlchen bist. Du hast recht, es war Horowitz. Ich hatte sein Gesicht auf zahlreichen Fotos in den Unterlagen gesehen, die mir der Anwalt seiner Witwe übergeben hatte. Er war gealtert, aber ich erkannte ihn sofort. Ich beugte mich über ihn. Der arme Mann hatte viele Verletzungen: Sein Bauch und sein Brustkorb waren durchlöchert, als habe er soeben ein Schlachtfeld überquert. Wir wussten beide, dass er sterben würde. Er klammerte sich an mich und flüsterte mir ins Ohr: ›Die Tür. Öffnen Sie auf keinen Fall die Tür.‹«

Mit ernster Miene kam Sullivan an den rustikalen Eichentisch zurück und nahm mir gegenüber Platz.

»Ich kniete neben Horowitz, noch lange, nachdem er seinen letzten Atemzug getan hatte. Ich war wie gelähmt, unfähig, den geringsten Zusammenhang in dem zu begreifen, was sich soeben ereignet hatte. Da das Telefon nicht funktionierte, wäre die vernünftigste Entscheidung gewesen, mit dem Auto zum Kommissariat von Barnstable zu fahren, um dort meine Geschichte zu erzählen, aber …«

»Aber das haben Sie nicht getan.«

»Nein, denn irgendetwas passte nicht. Es gab nur *eine einzige* Möglichkeit, den Leuchtturm und das Haus zu betreten: nämlich durch die Eingangstür. Ich hatte sie am frühen Abend selbst abgesperrt und den Schlüssel zweimal im Schloss umgedreht, und daran hatte sich nichts geändert. Die Fenster waren alle geschlossen. Woher also war Horowitz gekommen? Um das zu erfahren, folgte ich seinen Blutspuren in den Keller. Diese führten mich an besagte Metalltür. An diesem Abend bekam ich es mit der Angst zu tun und beschloss, den Teufel nicht zu reizen. Also begnügte ich mich damit, alle Blutflecken zu beseitigen …«

Ich unterbrach ihn.

»Warum sind Sie nicht zur Polizei gegangen?«

»Weil ich die Burschen kannte, stell dir vor! Jedenfalls die damaligen Bullen. Die Szene konnte man sich im Voraus vorstellen: Man hätte mich beschuldigt, Horowitz umgebracht zu haben.«

»Nicht unbedingt. Zumindest hätte es Ermittlungen gegeben.«

»Aber was für Ermittlungen denn? Diese Geschichte war wie *Das Geheimnis des gelben Zimmers* … eine Leiche in einem Haus, dessen Zugänge alle von innen versperrt sind. Und was die Sache noch schlimmer machte: Ich hatte ein Vorstrafenregister, eine Verurteilung neueren Datums wegen Steuerhinterziehung und eine ältere – eine Geschichte wegen einer Prügelei in einer Kneipe, als ich achtzehn Jahre alt war.«

»Was also haben Sie gemacht?«

Er legte eine Pause ein und ließ seine Finger knacken.

»Offiziell war Horowitz seit Jahren tot. Ich habe gewartet, bis der Sturm sich legte, und beschlossen, die Leiche hinten auf dem Grundstück zu vergraben.«

7.

Ich war sprachlos. Sullivans angespanntes Gesicht belebte sich, als würde er die Szene noch einmal durchleben.

»Damit war ich den ganzen Vormittag beschäftigt. Dann bin ich zurück zum Leuchtturm gegangen. Ich wollte unbedingt verstehen, was da geschehen war. Ich ging hinunter in den Keller, in dem eine leichte Feuchtigkeit herrschte, die unerklärlich war, denn an diesem Morgen war das Wetter bereits kalt und trocken. Ich habe die Metalltür geöffnet und mir den Raum von innen angesehen. Ich war in der Vergangenheit bereits Dutzende von Malen darin gewesen. Ich hatte ihn als Abstellkammer benützt, hatte dort Werkzeug gelagert und sogar überlegt, ihn in einen Weinkeller umzufunktionieren. Ich trat ein paar Schritte hinein. Die Hitze war so intensiv, dass ich das Gefühl hatte, in einem Kochtopf zu stecken. Ich wollte den Raum gerade wieder verlassen, als ein heftiger Windstoß mir die Tür vor der Nase zuschlug. Du kennst die Fortsetzung: schwere Beine, Atemprobleme, das Gefühl, in eine endlose Tiefe zu stürzen ...«

Sullivan legte eine Pause ein und stieß einen Seufzer aus.

»Ich bin auf dem Dach eines Gebäudes im Meatpacking District neben einem Wasserturm wieder aufgewacht. Ich wusste nicht, wie ich nach New York gekommen war. Es regnete in Strömen und war eiskalt. Meine Muskeln waren wie erstarrt, ich war erschöpft und hustete mir die Lunge aus dem Leib, als hätte ich einen Marathonlauf hinter mir. Über die Hintertreppe bin ich hinunter auf die Straße gegangen und habe in einer Kneipe Zuflucht gefunden. Hinter der Theke liefen auf einem Schwarz-Weiß-Fernseher die Tagesnachrichten: Es war Dezember 1955, mitten in der Affäre Rosa Parks.«

»Sie hatten einen Zeitsprung von über einem Jahr hinter sich …«

Er nickte.

»So wie es dir auch ergangen sein muss, war ich geschwächt und desorientiert. Den ganzen Tag bin ich durch Manhattan geirrt und habe zu verstehen versucht, was mit mir geschehen war. Ich habe sogar eine psychiatrische Notfallpraxis aufgesucht, so sicher war ich mir, verrückt geworden zu sein. Und vierundzwanzig Stunden später habe ich mich erneut ›in Luft aufgelöst‹. Als ich die Augen wieder aufmachte, saß ich hinten in einem Taxi. Die Frau neben mir stieß einen Schrei aus, als sie mich bemerkte. Sie las eine Zeitung vom Oktober 1956.«

Ich stellte die Frage, die mir auf der Zunge brannte: »Und wie lange ging das so weiter?«

Er blickte mir direkt in die Augen.

»Vierundzwanzig Jahre, mein Junge.«

8.

Sullivan erhob sich und lief im Zimmer auf und ab.

»Du wolltest die Wahrheit hören? Da hast du sie: Durch das Öffnen dieser Tür bist du in eine Art teuflisches Labyrinth geraten. Du wirst vierundzwanzig Jahre deines Lebens in nur vierundzwanzig Tagen durchleben.«

Er ließ mir Zeit, diese Information erst einmal zu verdauen. Ich war nicht sicher, wirklich zu begreifen, was er mir zu erklären versuchte.

»Sie wollen damit sagen, dass mein Leben ab jetzt auf nur einen Tag pro Jahr reduziert ist?«

»Das hast du richtig verstanden. Und das vierundzwanzig Jahre lang.«

Ich hatte Mühe, die Gefühle zu verstehen, die in meinem Kopf tobten. Vierundzwanzig Jahre …

»Und genau das ist Ihnen passiert?«

»Ja, mein Junge. Von 1955 bis 1979. Ich habe beinahe ein Vierteljahrhundert in sozusagen vierundzwanzig ›Reisen‹ durchquert: Das ist der Fluch des Leuchtturms. Das, was dir gerade geschieht. Du bist zu einer Reise aufgebrochen, die dich ins Jahr 2015 führen wird.«

»Nein, das kann doch nicht sein …«

Mein Großvater stieß einen langen Seufzer aus und schwieg eine Weile. Die Sonne war aufgegangen und ergoss ihr Licht über die Naturholzpaneele der Küche.

Automatisch trat Sullivan an den Tisch und schaltete die Deckenlampe aus.

»Im Lauf der Jahre habe ich nach und nach die Regeln verstanden, nach denen der Mechanismus des Leuchtturms funktioniert. Am verwunderlichsten ist Folgendes: Sobald sich jemand in dem ›Labyrinth‹ befindet, ist der Kellerraum für alle anderen ungefährlich. Bitte mich nicht, dir zu erklären, warum das so ist, darüber weiß ich absolut nichts, aber aus diesem Grund konnte ich, solange Horowitz in der Spirale gefangen war, den Raum ohne das geringste Risiko betreten.«

»Während der vierundzwanzig Jahre Ihrer Reise …«

»… war der Leuchtturm wohl ›außer Funktion‹, wenn man so sagen kann, und das trifft sicher auch heute zu, seit du selbst den großen Sprung getan hast.«

Sullivan angelte sich eine Zigarette aus seinem Päckchen und fügte traurig hinzu: »Das ist die einzige Milde des ›Systems‹: Es kann nicht mehrere Personen gleichzeitig zerstören …«

Aus seinem Gasfeuerzeug züngelte eine blaue Flamme vor seinen Augen und entzündete das Ende seiner Zigarette.

»Im Laufe meiner Reisen habe ich alles in meiner Macht Stehende getan, um meine Familie vor der Falle zu bewahren. Bei meinem vierten Wiederauftauchen habe ich mich mit meinem Sohn Frank am JFK-Airport verabredet. Er hat es dir vielleicht erzählt: Und ich habe ihn gebeten, den Zugang zu der Metalltür zuzumauern.«

Ich nickte schweigend. Dann fragte ich: »Was geschieht *danach*?«

Sullivan hatte die Frage erwartet, und an der Art, wie er das Gesicht verzog, verstand ich sofort, dass er keine Lust hatte, darauf zu antworten. Er stand auf und öffnete die halb verglaste Tür, die zu einer winzigen, begrünten und sonnigen Terrasse führte.

Dort blieb er inmitten von Butterblumen und Geranien stehen, bis er seine Zigarette zu Ende geraucht hatte.

»Was geschieht nach den vierundzwanzig Reisen, Sullivan?«

Er drückte die Kippe in einem Blumenkasten aus.

»Wir haben noch Zeit, über all das zu sprechen. Zunächst, glaube ich, solltest du dich nach Lisa erkundigen.«

Ich insistierte nicht. Vielleicht hatte ich ebenso wenig Lust, die Antwort zu erfahren, wie er, mir zu antworten …

»Kommen Sie mit? Sie liegt im Bellevue Hospital.«

»Geh du schon mal voraus, ich komme später nach.«

9.

Ich verließ das Haus und schlug die Tür hinter mir zu. Wenn Lisa, wie mir der Sanitäter gesagt hatte, ins Bellevue Hospital gebracht worden war, konnte ich problemlos zu Fuß dorthin gehen. Ich lief die 5th Avenue bis zum *Flatiron Building* hinunter, dann bog ich Richtung East River ab. Nach weniger als dreißig Minuten Fußmarsch stand ich vor der monumentalen Fassade des ältesten Krankenhauses der Stadt.

Die Besuchszeiten begannen erst um elf Uhr, als Notarzt wusste ich jedoch, was zu tun war, um solche Vorschriften zu umgehen. Am Empfang behauptete ich, der Bruder von Elizabeth Ames zu sein. Erschüttert erklärte ich, ich sei soeben von Boston eingetroffen und käme um vor Sorge. Man ließ mich ohne große Probleme hinaufgehen. Dort lief ich auf der Suche nach dem Assistenzarzt, der soeben seinen Dienst begonnen hatte, durch die Gänge. Ich stellte mich als Kollege vom MGH, dem Massachusetts General Hospital, vor. Im Gespräch stellten wir fest, dass wir gleichaltrig waren und beide ein Praktikum am Northwestern Memorial in Chicago absolviert hatten. Er führte mich selbst zu Elizabeths Zimmer, wobei er sich zurückhaltend über ihren Gesundheitszustand äußerte.

»Wir haben sie gleich nach ihrer Ankunft auf die Intensivstation gebracht. Ihre Wunden wurden genäht, und sie wurde künstlich beatmet. Du weißt so gut wie ich, wie es weitergeht: Das Flumazenil hebt die Wirkung der Benzodiazepine im Körper rasch auf, aber der Alkohol und der Blutverlust komplizieren die Situation und verzögern eine rasche Rückkehr des Bewusstseins. Ich habe noch dreißig Stunden Bereitschaftsdienst. Wenn du Fragen hast, kannst du jederzeit zu mir kommen.«

Ich dankte ihm und öffnete die Zimmertür.

Der Raum lag in gedämpftem Licht. Lisas Gesicht war starr und leichenblass, wie unter einem durchsichtigen Schleier. Ihre noch immer bläulichen Lippen wurden zur Hälfte von Haarsträhnen verborgen, die ihr im Gesicht klebten.

In einem Reflex, der durch meinen Beruf bedingt war, überprüfte ich die Infusionen an ihren Armen, die richtige Position der Elektroden, die Einstellungen der Herzüberwachung und die am Fußende des Bettes befestigten Ergebnisse der Blutuntersuchung.

Dann rückte ich einen Stuhl heran und setzte mich neben sie.

In diesem Krankenhauszimmer fühlte ich mich auf merkwürdige Weise an meinem Platz: ein wenig als Krankenpfleger, ein wenig als Schutzengel.

Das Zimmer wirkte auf mich eigentlich wie ein Kokon, genau die schützende Hülle, die ich brauchte, um mich auszuruhen und meine Gedanken zu sammeln.

Ich war ausgelaugt. Dem körperlichen und psychischen Zusammenbruch nahe. Vor allem jedoch war ich in Panik, weil ich hilflos von den Ereignissen überrollt wurde, ohne Waffen, um mich zu verteidigen. Sullivans Bericht hatte weder Hand noch Fuß, dennoch war es die einzig plausible Erklärung. Ihm kam das Verdienst zu, in Worte zu fassen, was ich gerade durchlebte. Seine Erklärungen klangen konfus, aber ich konnte ihnen keine anderen entgegensetzen. Und wenn mein Gehirn auch befahl, es nicht zu glauben, sagte mir meine Intuition doch, dass das alles wahr sei.

Ich hatte ein wissenschaftliches Studium absolviert, und meine Entscheidungen waren stets rational begründet. Ich hatte nie an Gott geglaubt, esoterische oder pseudospirituelle Hirngespinste hatte ich immer gemieden wie der Teufel das Weihwasser. Und heute fand ich mich als Gefangener eines Fluchs, als ein Held wider Willen in dieser Art fantastischer Geschichten wieder, die ich als Jugendlicher im Fernsehen gesehen hatte: *Outer Limits – Die unbekannte Dimension, Doctor Who, Geschichten aus der Gruft, Creepshow* …

Der Tag verging wie im Flug, unterbrochen von den Arztvisiten, dem Kommen und Gehen der Krankenschwestern und Hilfspfleger, den gleichmäßigen Geräuschen des Gerätes zum Aufzeichnen des EKG-Monitors und der Beatmungsmaschine.

Abends schrieb ich auf einem Blatt Papier mit dem Briefkopf der Klinik eine Nachricht an Lisa. Ich hatte sie gerade in ein Kuvert gesteckt, als ein vertrautes Gesicht im Zimmer auftauchte.

»Sullivan! Sie haben sich aber Zeit gelassen!«

Er ignorierte meine Bemerkung, und nachdem er sich nach dem Gesundheitszustand der jungen Frau erkundigt hatte, sagte er mit trauriger Stimme: »Ich bin gekommen, um mich von dir zu verabschieden.«

Ungläubig schüttelte ich den Kopf und seufzte.

»Ich werde also wieder ›verschwinden‹?«

Er nickte.

»Ich erinnere mich an all diese Empfindungen«, vertraute er mir mit einem Unterton schmerzlicher Sehnsucht an. »Das Herzklopfen, der Geruch nach Orangenblüten, dieser Eindruck von Verzweiflung, der dir jedes Mal das Herz zerreißt, wenn du merkst, dass du gleich gehst ...«

»Wann sehen wir uns wieder?«, fragte ich und versuchte, meine Angst zu verbergen.

»Ich weiß es nicht. Etwa in einem Jahr, es kann nach acht oder auch nach fünfzehn Monaten sein. Das war für mich mit das Schmerzlichste: dass man keine Verabredungen mehr treffen konnte.«

»Vermutlich haben Sie versucht, den ›Sprung‹ zu beherrschen, indem Sie intensiv an ein Datum oder eine Person gedacht haben ...«

»So liest man es in Science-Fiction-Romanen, aber in der Realität funktioniert das leider nicht. Hast du meine Telefonnummer notiert?«

Ich zeigte ihm meinen Unterarm, auf den ich die zehn Ziffern geschrieben hatte.

»Merk sie dir, das ist klüger. Ruf mich, wenn du wieder zurück bist, so bald wie möglich an.«

Als er sein Päckchen Lucky aus der Tasche zog, wurde ich wütend.

»Hier darf man nicht rauchen, verflixt noch mal! Was glauben Sie denn, wo Sie sind? Wir leben nicht mehr im Jahr 1954!«

Verärgert schob er sich die Zigarette hinters Ohr und fragte mich: »Wie hast du mich eigentlich gefunden?«

Ich zog die blaue Kamee und die Silberkette aus meiner Jackentasche, die ich in Lisas Wohnung gefunden hatte.

Sullivan lächelte.

»Den Schmuck hat mein Vater meiner Mutter zu meiner Geburt geschenkt. Ich habe ihn in meiner Junggesellenwohnung wiedergefunden und der Kleinen geschenkt.«

»Ihre Eltern haben sich *wirklich* geliebt, nicht wahr?«

»Sie hatten dieses Glück«, antwortete er betreten.

Ich hatte wenig Lust, dieses Thema zu vertiefen, daher drehte ich das Medaillon um und fragte: »Was bedeutet diese Inschrift? ›Vergiss nicht, dass man zwei Leben hat‹?«

»Das ist eine alte chinesische Weisheit: Man hat zwei Leben, und das zweite beginnt in dem Moment, wo einem klar wird, dass man doch nur eines hat.«

Ich nickte.

»Ich habe einen Brief an Lisa geschrieben«, sagte ich und reichte ihm das Kuvert. »Können Sie ihn ihr geben?«

»Du kannst auf mich zählen«, versicherte er und trat ans Fenster. »Was hast du ihr geschrieben?«

Während ich den Mund öffnete, um zu antworten, fing ich heftig an zu zittern. Meine Fingerspitzen kribbelten. Ich ließ die Kamee los. Dann verkrampfte sich mein ganzer Körper.

Während sich mein Blick trübte, sah ich noch, dass Sullivan ganz offensichtlich das Kuvert zerriss, das ich ihm soeben gegeben hatte.

»Aber was machen Sie denn da? Sie elender Hund …«

Ich stand von meinem Stuhl auf, um ihn daran zu hindern, aber beim ersten Schritt fühlte ich, wie meine Beine nachgaben, als versinke ich im Treibsand.

»Bis zum nächsten Jahr«, sagte Sullivan und steckte sich die Zigarette zwischen die Lippen.

Ein elektrischer Schlag fuhr durch mein Gehirn, gefolgt von einem ohrenbetäubenden Zischen, das mir das Gefühl gab, mein Trommelfell würde platzen.

Dann verschwand ich.

1995
Eine Granate anstelle des Herzens

Dann dachte ich, dass nicht die Zeit,
die verstreicht, das Schlimmste ist, sondern
eher das Verblassen der Gefühle und Emotionen.
So, als hätte es sie nie gegeben.

Laurence Tardieu, *Un temps fou*

0.

Das kurze, aggressive Heulen einer Sirene.

Ein monotones Stampfen, unterbrochen vom Pfeifen eines Luftbalgs. Metallisches Quietschen. Der Lärm eines Zuges.

Ich liege auf einem harten Boden, der jedoch vibriert. Die laue, säuerlich riechende Luft wird von einem alten Ventilator bewegt. Ich zittere. Mein Gehirn ist benebelt, die Lunge verstopft. Mein Gesicht glüht fiebrig, das Haar ist schweißnass. Ich komme um vor Durst, und meine Eingeweide stehen in Flammen.

Meine Augen sind trocken, die Lider verklebt – aber daran bin ich ja schon gewöhnt. Sie zu öffnen ist unglaublich schmerzhaft, so als hätte man sie mit einer Mischung aus

Sand und Klebstoff verschlossen. Mein Blick ist getrübt. Das Erste, was ich wahrnehme, ist eine Eisenstange, die vom Fußboden bis zur Decke reicht. Daran klammere ich mich fest, um meinen schmerzenden Körper hochzuhieven.

Langsam sehe ich klarer. Ich erkenne eine Bank und Graffitis an den Schiebetüren.

Ich befinde mich in einem Zug der New Yorker Subway.

1.

»Wo kommst du denn her, du Arschloch?«

Außer mir befinden sich in dem Wagen nur ein Obdachloser und drei kleine Ganoven – ein weißer, ein schwarzer, ein Latino –, die an ihren in Papiertüten gewickelten Flaschen nuckeln. Sie sehen aus wie wandelnde Karikaturen: Snapback-Caps, Bandana-Tücher, Goldkronen für die Zähne, Kapuzen-Sweatshirts, Tonnen von Ketten um den Hals, T-Shirts mit 2Pac-Porträt und ein riesiger Gettoblaster, aus dem Rap dröhnt.

»Sag mal, deine Uhr ist doch bestimmt was wert!«

Im Handumdrehen stürzten sie sich auf mich. Ich klammerte mich noch immer an die Metallstange. Ich hatte Gänsehaut, steife Glieder und verspürte nur den Wunsch, unter drei Decken in einem weichen Bett zu liegen und einen Grog zu trinken.

»Gib mir deine Jacke und die Brieftasche!«

Der Latino wurde als Erster handgreiflich. Er versetzte mir unerwartet eine demütigende Ohrfeige. Obwohl ich alles andere als in Form war, wollte ich mir nichts gefallen lassen. Und ich hob die Hand, um meinerseits zuzuschlagen. Doch ich war nicht schnell genug. Ein Fausthieb traf mich in der Magengrube, ein Tritt mit dem Knie nahm mir den Atem und schleuderte mich wieder zu Boden. Ein Schuh wurde auf meine Kehle gesetzt. Unfähig, aufzustehen, musste ich eine ordentliche Tracht Prügel über mich ergehen lassen: eine Flut von Fußtritten, Spuckattacken und Beleidigungen. Dann blitzte eine Messerklinge auf und wurde an meinen Hals gedrückt. Tränen in den Augen und Wut im Bauch, blieb mir nichts anderes übrig, als mich ausrauben zu lassen. Sie nahmen mir alles: Brieftasche, Geld, Pass, Jackett und vor allem die Tank von meinem Großvater.

Die Qual dauerte nur wenige Minuten. Als der Zug an der nächsten Station anhielt, verschwanden die Ganoven und ließen mich allein mit dem Obdachlosen zurück, dem mein Schicksal mehr als gleichgültig war.

Hechelnd wie ein Hund lag ich am Boden und versuchte, einen klaren Gedanken zu fassen. Mein ganzer Körper schmerzte. Eine Augenbraue blutete, die Lippen waren aufgeplatzt, die Lider geschwollen.

Nicht gerade das beste Erwachen …

Der Zug fuhr in eine weitere Station ein, und doch erst bei der nächsten fand ich die Kraft, mich aufzurichten und auf einen Klappsitz zu setzen. Ich warf einen Blick auf den über der Tür angeschlagenen Fahrplan. Ich befand mich in der *Blue Line,* also der

Linie A der Subway – der längsten von ganz New York, die Queens mit dem Norden von Manhattan verband. Die drei Dreckskerle waren an der 125th Street ausgestiegen, jetzt hatten wir die 116th erreicht. Als sich die Türen wieder öffneten, schleppte ich mich auf den Bahnsteig der Station Cathedral Parkway. Er war fast menschenleer. Ich kletterte über die Sperre, stieg die Treppe hinauf und erreichte die 110th Street. Ich befand mich nur wenige Blocks von Elizabeth Ames' Haus entfernt! Das konnte kein Zufall sein.

Es war kalt und noch dunkel. Auf dem Bürgersteig war ein Zeitungslieferant damit beschäftigt, einen Automaten aufzufüllen. Ich fragte ihn nach der Zeit – es war fast sechs Uhr früh – und sah auf das Datum der Tageszeitung. Es war der 5. November 1995. Mein Blick fiel auf die Schlagzeile:

Yitzhak Rabin während einer
Friedensdemonstration in Tel Aviv ermordet.

Ich überflog den Artikel. Der israelische Premierminister war von zwei Kugeln in Kopf und Rücken getroffen worden. Ein Rechtsextremist, der das Osloer Abkommen ablehnte, hatte die Schüsse abgegeben. Wenige Stunden später war Rabin im Krankenhaus verstorben. Der Artikel gab sich pessimistisch, was die Zukunft des Friedensprozesses betraf.

Das war ja auch zu schön gewesen, um von Dauer zu sein …

2.

Nachdem ich den Namen anhand der Briefkästen überprüft hatte, klingelte ich an Lisas Wohnungstür.

Die junge Frau, die mir öffnete, strahlte und war wie verwandelt. Ich hatte sie im Koma verlassen und traf sie jetzt fröhlich, frisch und ausgeglichen wieder an.

Sie hielt eine Zahnbürste in der Hand und trug ein Herrenhemd über Boxershorts, die nichts von der Anmut ihrer Beine verbargen.

»Wie schön, dich zu sehen!«, empfing sie mich, als wären wir alte Freunde.

In der Wohnung duftete es nach Kaffee.

»Aber du bist ja in einem schlimmen Zustand!«, rief sie aus, als sie mein geschwollenes Gesicht sah.

»Ich bin in der Subway zusammengeschlagen worden. Von drei Typen, die mir alles geklaut haben.«

»Oje, komm mit, das muss ich desinfizieren.«

Ich ging mit ihr ins Bad, gefolgt von Remington, der sich an meinen Beinen reiben wollte.

Mit Watte und Alkohol wischte sie das Blut ab, das über mein Gesicht rann. Während sie die Krankenschwester spielte, sog ich ihren Duft ein, ließ mich von den unzähligen Goldtönen ihres Haars betören und von ihren kleinen Brüsten, die bei jeder Bewegung unter ihrem Hemd hüpften.

»Sullivan hat mir gesagt, du wärst mit ›Ärzte ohne

Grenzen‹ nach Ruanda gegangen. Furchtbar, was dort passiert.«

Ich runzelte die Stirn, zog es aber vor, ihr nicht zu widersprechen, bevor ich nicht mehr erfahren hatte.

»Wann bist du zurückgekommen?«

»Ähm ... heute Nacht.«

»Ich freue mich, dass du gleich zu mir gekommen bist«, sagte sie und warf den Wattepad in den Mülleimer. »Ich möchte dir dafür danken, dass du mir das Leben gerettet hast, und auch für deinen Brief.«

Ich hatte Mühe, meine Überraschung zu verbergen.

»Hat Sullivan dir den Brief gegeben?«

»Ja, natürlich«, antwortete sie und sah mich mit ihren blauen Augen an. »Er hat mir gutgetan, und ich habe ihn oft gelesen.«

An ihrem Mundwinkel klebte ein kleiner Zahnpastarest. Für einen Augenblick verwirrte mich ihr strahlendes Gesicht, und ich stellte mir vor, ich würde meine Lippen auf die ihren legen.

»Hör zu«, sagte sie und ging wieder in ihr Schlafzimmer, um sich fertig zu machen, »ich habe heute einen wahnsinnigen Tag: zuerst mein Unterricht an der Juilliard School, dann ein Fotoshoot und das Casting für Calvin Klein, aber wenn du willst, können wir uns heute Abend sehen?«

»Ja, okay.«

Sie hatte die Tür offen gelassen. Im Spiegel sah ich ihren nackten, anmutigen Körper. Offensichtlich litt Miss Ames nicht unter übertriebenem Schamgefühl, und durch eine Art Persönlichkeitsspaltung war ich fast eifersüchtig auf mich selbst.

»Weißt du, was mir zum Abendessen Freude machen würde? Mit Honig glasierte Ente«, rief sie, als sie mit ihrer Handtasche und einer Wollmütze auf dem Kopf auf den Flur gestürmt kam.

»Ähm …«

»Ich würde mich so freuen, wenn du für mich kochst«, rief sie und wickelte sich einen Schal um den Hals. »Treffen wir uns um acht Uhr?«

»Okay.«

»Ich habe einen Zweitschlüssel auf den Tisch gelegt. Könntest du den Kater füttern und die Tür hinter dir abschließen? Du bist ein Schatz.«

»Mache ich …«

»Also, dann bis heute Abend«, rief sie und warf mir eine Kusshand zu.

Dann verschwand sie im Treppenhaus.

Ich blieb allein in der Wohnung zurück, verblüfft über den Empfang und die völlig gegensätzlichen Situationen, die ich seit meiner Rückkehr erlebt hatte. Innerhalb kürzester Zeit war ich von der kalten, tristen Gewalttätigkeit in der Subway in das blonde, warmherzige Paradies dieses unberechenbaren Mädchens gewechselt.

Als wäre ich bei mir zu Hause, öffnete ich den Schrank und nahm das Katzenfutter heraus.

»Dein Frauchen ist wirklich eine Atombombe, weißt du das?«, fragte ich Remington. »Hat sie im Moment einen Freund?«

Er antwortete mit einem Miauen, das ich nicht wirklich zu deuten vermochte.

Ich machte mir einen Kaffee, schaltete das Radio ein und schlenderte durch die Wohnung. Als ich das Schlafzimmer betrat, fand ich den Brief, den ich ihr ein Jahr zuvor geschrieben hatte. In vier Teile zerrissen und dann mit Tesafilm zusammengeklebt, war er mit Heftzwecken in der Mitte der Pinnwand befestigt.

Bellevue Hospital
10. Mai 1994
Liebe Lisa,
ich weiß, dass wir uns nicht gut kennen, doch das Schicksal wollte es, dass sich unsere Wege nun schon zum zweiten Mal kreuzten.
Beim ersten Mal hast Du mir ein Glas Bier ins Gesicht geschüttet, nachdem Du mich zuvor beleidigt hattest. Aber ein paar Stunden später hattest Du den Mut, mir bei der Befreiung meines Großvaters zu helfen. Auch wenn Du behauptet hast, Deine Beweggründe seien rein materieller Natur, möchte ich doch glauben, dass Dich die Geschichte auch berührt hat.
Das zweite Mal war gestern Nacht. Und da hast Du mir kein Bier ins Gesicht geschüttet, sondern mich mit einer Horrorvision konfrontiert. Mit aufgeschnittenen Pulsadern und Medikamenten vollgestopft, warst Du dabei, in einer Badewanne zu verbluten.
Erwarte nicht, dass ich mich entschuldige, weil ich Deine Pläne durchkreuzt habe, auch wenn ich mir

vorstellen kann, dass Du sehr gelitten hast, um diesen extremen Schritt zu tun.

Ich will nicht den Moralapostel spielen. Ich weiß, dass manche von uns eine Granate an der Stelle unseres Herzens haben. Einige wagen es nie, sie zu zünden, andere gehen das Risiko ein und setzen sich der Gefahr aus. Sie riskieren, ein Erdbeben auszulösen, das unser Leben zerstören kann.

Im Krankenhaus sehe ich jeden Tag Patienten gegen die Krankheit ankämpfen, die sie zerfrisst. Menschen, die sich ans Leben klammern und alles dafür geben würden, ein paar Tage mehr zu haben. Jeder findet Gründe, um weiterzukämpfen, jeder setzt sich irgendein Ziel: die Geburt eines Enkels, bis zum nächsten Frühling durchhalten, um noch einmal die Kirschblüte zu erleben, die Hoffnung auf Versöhnung mit einem geliebten Menschen, den man verletzt hat. Manche gewinnen. Aber meist ist das Leben zu grausam, und man geht dabei drauf.

Ich weiß, dass Liebe töten kann. Ich weiß, dass Gefühle mörderisch sind. Aber ich respektiere das Leben zu sehr, um eine Entscheidung zu rechtfertigen oder gar zu akzeptieren, die ihm ein Ende setzt – selbst wenn sich kein Lichtstreifen am Horizont abzeichnet.

Pass auf Dich auf, Lisa.

Klammer Dich ans Leben.

Und vergiss nicht, dass sich das Rad schnell dreht.

Arthur

3.

Es war fast elf Uhr morgens, als ich Sullivans Haus erreichte. Ich hatte mir bei Lisa Zeit gelassen, hatte geduscht, ein halbes Paket Corn Pops gegessen, um wieder zu Kräften zu kommen, ihren Kleiderschrank auf der Suche nach einer Jacke durchwühlt. Die einzige, die ich in meiner Größe fand, war eine rosafarbene Steppjacke: wie ein Michelin-Männchen, das in einen Topf mit Himbeersoße gefallen war. Da ich keinen Cent in der Tasche hatte, fuhr ich schwarz. Eine endlos lange Reise von Morningside Heights bis Christopher Street und Sheridan Square.

»Machen Sie auf, Sullivan!«, rief ich und schlug mit dem Türklopfer, der die Form eines Löwenkopfes hatte, gegen das Holz.

Keine Antwort, aber eine Nachbarin, die ihr Fenster öffnete.

»Jetzt ist aber Schluss mit dem Lärm!«

»Entschuldigen Sie, Madam, ich suche meinen Großvater. Ist er nicht zu Hause?«

»Ich habe ihn vor einer Stunde weggehen hören. Morgens ist er oft im Park.«

Ich bedankte mich und machte mich auf den Weg zum Washington Square. Eine Weile lief ich zwischen dem Triumphbogen, dem Brunnen und den Bänken herum, ohne Sullivan zu sehen.

Schließlich entdeckte ich ihn im hinteren Teil des

Parks auf den von Büschen abgeteilten Schachspielplätzen. In eine dicke Lammfelljacke gehüllt und mit einer Tweed-Schiebermütze auf dem Kopf stand er an einem der Steintische und spielte eine Blitzpartie um fünf Dollar gegen einen asiatischen Studenten.

»Lass mich die Partie beenden, Kleiner«, sagte er, ohne den Blick zu heben, da er meine Anwesenheit ganz offensichtlich gespürt hatte.

Wütend trat ich näher und fegte mit einer Geste die Figuren beiseite. Der Student nutzte die Lage, um sich die beiden Geldscheine auf dem Tisch zu schnappen und zu verschwinden.

»Deinetwegen habe ich zehn Dollar verloren.« Mein Großvater seufzte und sah mich endlich an.

»Das ist mir völlig egal«, antwortete ich und nahm ihm gegenüber Platz.

Ein Lächeln huschte über sein Gesicht.

»Nicht schlecht, die Jacke ... Rosa steht dir gut.«

Ich zeigte ihm den Stinkefinger.

»Auch ich freue mich, dich wiederzusehen«, sagte Sullivan und kratzte sich am Bart.

Ich versuchte, mich zu beruhigen.

»Ich bin um fünf Uhr morgens in der Subway aufgewacht, man hat mich zusammengeschlagen, mir meine Papiere geklaut, meine Uhr und ...«

»*Meine* Uhr«, unterbrach er mich.

»Wollen Sie sich einen Kinnhaken einhandeln?«

»Wenn man nicht mal mehr einen Scherz machen kann ...«

Er hob die Hand, um einen Brezelverkäufer mit seinem Wagen heranzuwinken, und bestellte zwei Kaffee.

»Das ist einer der *bad trips*«, erklärte er und reichte mir einen Becher. »Der Ort, an dem du zu dir kommst, ist immer eine Überraschung. Einmal ist es die Subway-Station, ein andermal das Bett von Jane Russell ...«

»Jane Russell? Die muss ja inzwischen schon an die achtzig sein ...«

»Ich bin mir sicher, dass sie noch immer sehr attraktiv ist.«

Ich zuckte die Achseln.

»Wenn es Ihnen nichts ausmacht, würde ich lieber ein andermal darüber reden. Im Moment will ich Antworten.«

»Auf welche Frage?«

»Auf mehrere. Die erste lautet: Was haben Sie während der vierundzwanzig Jahre gemacht, die Ihre große Reise gedauert hat? Was haben Sie zwischen 1954 und 1978 getan?«

4.

Sullivan blies in seine Hände, um sie zu wärmen, und runzelte die Stirn.

»Wo habe ich mit meinem Bericht aufgehört, als wir uns das letzte Mal gesehen haben?«

»1956. Sie waren gerade im Fond eines Taxis neben einer Frau aufgewacht.«

Er nickte, suchte in der Innentasche seiner Jacke nach seiner Brieftasche, aus der er ein vergilbtes und zerknittertes Foto zog.

»Diese Frau hieß Sarah Stuart. Sie war sechsundzwanzig Jahre alt, hatte gerade ihr Medizinstudium abgeschlossen und arbeitete als Epidemiologin im New Yorker Büro einer internationalen Gesundheitsorganisation.«

Er reichte mir die Aufnahme, die eine junge Frau im weißen Kittel in einem Labor zeigte. Strahlend, hübsch, mit schmaler Nase und funkelndem Blick, der halb hinter eine Haarsträhne à la Veronica Lake verborgen war: Sie hatte Charme und strahlte Selbstsicherheit aus.

»Wir verliebten uns sofort ineinander, es war die große Liebe auf den ersten Blick, eine gegenseitige körperliche und intellektuelle Anziehung, wie ich sie nie zuvor erlebt hatte. Ich habe sie 1956 kennengelernt und 1957 versucht, sie wiederzufinden. Im darauffolgenden Jahr habe ich ihr dann die Wahrheit über meine Situation gestanden.«

Er griff nach der Zigarette, die hinter seinem Ohr klemmte, und zündete sie mit dem Sturmfeuerzeug an.

»Das Schicksal ist grausam, nicht wahr? Endlich hatte ich eine verwandte Seele gefunden, aber meine Lage machte es mir unmöglich, sie zu lieben.«

»Was haben Sie gemacht?«

»Wir haben uns trotzdem geliebt.«

Er stieß den Rauch aus, der in der Kälte kurz erstarrte, ehe er verflog.

»Sarah und ich haben uns allen Hindernissen zum Trotz über zwanzig Jahre geliebt. 1965 hatten wir sogar das Glück, ein Kind zu bekommen, unsere kleine Anna.«

Es herrschte kurzes Schweigen. Mit feuchten Augen starrte Sullivan über meine Schulter hinweg auf die Kinder, die in der Nähe der Rutsche spielten.

Da sein Schweigen andauerte, rief ich: »Wie kann man eine Beziehung mit einer Frau haben, die man nur einen Tag im Jahr sieht?«

»Ich sage ja nicht, dass es einfach war, im Gegenteil, es war furchtbar und sehr schmerzlich: für mich, für sie und für unsere Tochter. Und zugleich war es wundervoll. Sarah war diejenige, auf die ich von jeher gewartet, die ich vergeblich gesucht hatte, seit ich ein Jugendlicher war.«

Ich kratzte mich zweifelnd am Kopf.

»Und *sie*? Wie hat sie eine solche Situation ertragen können?«

»Sagen wir mal so: Sie hat sich in ihr Schicksal gefügt. Sarah war eine freie und unabhängige Frau, heute würde man sagen, eine Powerfrau – eine Feministin, die nicht die geringste Lust hatte, sich mit einem Ehemann zu belasten.«

Als er seine Zigarette geraucht hatte, nahm er die nächste aus der Schachtel und zündete sie an der Kippe an.

»Sarah war auch sehr militant. Sie gehörte einer Gruppe von etwa zwanzig Ärztinnen an, dem *Wave Collective*, das in den 1960er-Jahren im ganzen Land heimlich Abtreibungen vornahm. Ich bewunderte ihr Engagement. Das war damals noch eine andere Zeit. Für viele Frauen in prekären Situationen wäre das Leben durch eine ungewollte Schwangerschaft verpfuscht gewesen.«

Wieder zog er an seiner Zigarette und beobachtete die Kinder hinter mir.

Nach einer Weile fuhr er fort: »Diese vierundzwanzig Jahre sind wie im Flug vergangen. Ein Vierteljahrhundert, reduziert auf wenige Tage, die aber die intensivsten meines Lebens waren. Ich war glücklich. Auch wenn ich sie nur so selten sah, machten Sarah und Anna mein Leben intensiver, als es je zuvor gewesen war.«

»Warum sprechen Sie immer in der Vergangenheit von ihnen?«

Plötzlich entgleisten seine Züge. Die Stimme von Emotionen erstickt, antwortete er: »Weil sie beide tot sind.«

5.

Plötzlich erhob sich ein kräftiger Wind, fegte über den Platz und wirbelte eine Staubwolke und welkes Laub auf, das die Gärtner gerade zusammengefegt hatten.

Sullivan hatte sich erhoben. Während ich die Figuren aufsammelte und sie wieder auf das Schachbrett stellte, sah ich, wie er gedankenverloren durch den Park davonging.

»Hey! Warten Sie, verdammt noch mal!«

Ich beschloss, ihm in einiger Entfernung zu folgen.

Ich dachte, er würde nach Hause gehen, doch stattdessen lief er die MacDougal Street in nördlicher Richtung hinauf, überquerte die Avenue of the Americas und bog in die Cornelia Street ein, eine für Greenwich Village typische Straße, gesäumt von kahlen Bäumen, die vor den Backsteinhäusern und den kleinen Restaurants Wache zu halten schienen.

An der Ecke Bleecker Street verschwand Sullivan in der *Cornelia Oyster Bar*, einem Meeresfrüchte-Restaurant, von denen es in Neuengland jede Menge gab, die in Manhattan jedoch eher selten zu finden waren.

Ich folgte ihm. Als ich eintrat, sah ich ihn auf einem Barhocker sitzen. Mit einer Geste forderte er mich auf, neben ihm Platz zu nehmen.

»Das tut mir leid«, sagte ich.

»Es ist nicht deine Schuld, Kleiner. Und jetzt bist du leider derjenige, der sich mit diesem Teufelskram herumschlagen muss.«

Nachdem er die Karte studiert hatte, bestellte er ungefragt für uns beide eine große Platte Austern und eine Flasche Pouilly-Fuissé.

Der Kellner hinter der Bar schenkte uns zwei Gläser ein. Sullivan kippte seinen Wein in einem Zug hinunter und bedeutete ihm, nachzuschenken.

Ich wartete, bis er noch einen Schluck getrunken hatte, und fragte dann: »Was passierte nach der vierundzwanzigsten Reise?«

Er bedachte mich mit einem resignierten Blick.

»Das Beste und das Schlimmste.«

Man servierte uns eine große Platte mit verschiedenen Austernarten. Sullivan beträufelte sie mit Zitrone, schlürfte die erste Auster und fuhr dann fort: »Das Beste zuerst: Die Zeit geht wieder ihren normalen Gang, die Sprünge sind vorbei, und du hast wieder deinen festen Platz im Leben, genau wie vorher. Das ist die gute Neuigkeit«, sagte er und griff zur nächsten Auster.

Er spannte mich auf die Folter.

»Und die schlechte?«, drängte ich.

»Erinnerst du dich an die Kupferplatte im Keller des Leuchtturms?«

»Die mit der lateinischen Inschrift?«

Er nickte.

»Postquam viginti quattuor venti flaverint, nihil jam erit«, deklamierte er. »Nach dem Hauch der vierundzwanzig Winde bleibt nichts übrig.«

»Und?«

»Und das ist der eigentliche Fluch des Leuchtturms. Es ist, als hättest du all die Jahre nur im Geist erlebt. Keiner von denen, die du getroffen hast, wird sich an dich erinnern. Alles, was du in diesen vierundzwanzig Jahren aufgebaut hast, ist zerstört.«

Sullivan bemerkte, dass ich Mühe hatte, ihm zu folgen. Er erklärte: »Nach meiner vierundzwanzigsten Reise bin ich 1978 zum letzten Mal aufgewacht. Geografisch befand ich mich wieder am Ausgangspunkt, nämlich im Keller des Leuchtturms.«

»Aber der Raum war zugemauert«, unterbrach ich ihn.

Er nickte.

»Es hat eine Weile gedauert, bis ich begriffen habe, wo ich war, und ich dachte, dies wäre endgültig mein Ende. Aber zum Glück gab es Werkzeug, und der Boden war weich und feucht. Ich weiß nicht, wie lange ich gebraucht habe, vielleicht zehn Stunden, aber es ist mir gelungen, mich aus dem Leuchtturm zu befreien. Ich habe mich am Brunnen gewaschen und dann beim nächsten Nachbarn ein Fahrrad geklaut, um zum Bahnhof von Bourne zu fahren und von dort aus den erstbesten Zug nach New York zu nehmen.«

Er legte seine Austerngabel beiseite und machte erneut eine Pause. Diese Erinnerungen waren ganz offensichtlich sehr schmerzlich für ihn.

»Zu diesem Zeitpunkt befand sich das Büro der WHO, der Weltgesundheitsorganisation, im Turtle-Bay-Viertel, in der Nähe der Vereinten Nationen. Es war sieben Uhr abends. Ich habe gewartet, bis Sarah herauskam, doch statt sich, wie jedes Mal, wenn wir uns wiedersahen, in meine Arme zu werfen, sah sie mich an, als wäre ich ein Fremder.«

Sullivans Blick trübte sich. Sein Tonfall veränderte sich.

»Ich begann ein Gespräch, doch Sarah ging mit verschlossenem Gesicht ihres Weges und gab vor, mich nicht zu kennen. Das war sehr verwirrend für mich, denn ich sah in ihren Augen, dass sie nicht log. Ich beharrte, sprach von unserer Tochter Anna, von allem, was wir in diesen Jahren gemeinsam erlebt hatten. Ich glaube, in diesem Augenblick hatte Sarah Mitleid, denn sie blieb stehen und war bereit, mit mir zu reden. Aber nicht wie mit ihrem Liebhaber, sondern eher wie mit einem Geistesgestörten …«

Er ballte die Hand zur Faust.

»Sie zeigte mir die Bilder, die sie in ihrer Brieftasche hatte. Fotos von ihrem Mann, einem afroamerikanischen Arzt, und von ihren Kindern, hübschen Mischlingszwillingen von etwa zehn Jahren. Ich war verblüfft und von Zorn und Schmerz überwältigt.«

Sullivan packte mich bei der Schulter, schüttelte mich und rief: »Das konnte ich nicht akzeptieren, verstehst du? Ich habe versucht, Sarah zu erklären, dass all das nicht stimmen kann. Sie bekam es mit der Angst zu tun. Sie ist weggelaufen, aber ich holte sie ein und hielt sie am Arm fest, damit sie mir zuhörte. Ich sagte ihr, ich würde sie lieben, und wolle Anna sehen. Sie begann zu schreien und versuchte, sich loszumachen. Auf der Flucht vor mir rannte sie über die Straße … ein Auto kam aus der entgegengesetzten Richtung und erfasste sie. Und Sarah … Sarah war auf der Stelle tot. Durch mein Verschulden …«

Sullivan weinte. Dicke Tränen rannen über seine Wangen. Von Kummer geschüttelt, stieß er hervor: »Ich erinnere mich nicht, was danach passiert ist. Der unerträgliche Schock, die geliebte Frau getötet zu haben, hat mich in den Wahnsinn getrieben. Als ich wieder zu mir kam, war ich im Blackwell Hospital – in einer Zwangsjacke und mit Medikamenten vollgepumpt.«

Ich reichte meinem Großvater ein Glas kaltes Wasser, doch er ignorierte es und schenkte sich Wein nach. Sobald er einen Schluck getrunken hatte, packte er mich erneut am Arm.

»Du kannst davon ausgehen, dass alles, was du in den nächsten zwanzig Jahren aufbaust, nichts als eine Sandburg ist, die zwangsläufig von den Wellen zerstört wird.«

»Haben Sie deshalb meinen Brief an Lisa zerrissen?«

Er nickte.

»Das war auch die richtige Entscheidung, aber dann habe ich ihn ihr doch gegeben, weil sie so niedergeschlagen war, und ich dachte, er würde ihr guttun. Eine Schwäche meinerseits, die sich nicht wiederholen wird.«

Seine Hände zitterten. Er sah mir in die Augen.

»Unglücklicherweise bist du in diese teuflische Spirale geraten. Mach nicht die gleichen Fehler wie ich, Kleiner! Reiß die anderen nicht bei deinem Sturz mit!«

»Vielleicht wiederholt sich die Geschichte nicht immer gleich«, sagte ich, so als wolle ich mich selbst davon überzeugen.

Sullivan erhob sich, rückte seine Schiebermütze zurecht und erklärte in eisigem Ton: »Glaub mir, es wird genauso kommen. Du kämpfst gegen das Schicksal an. Das ist ein Kampf mit ungleichen Waffen, der bereits im Voraus verloren ist.«

6.
19 Uhr

Ein kurzer Sturzregen ging über New York nieder.

Zwei gefüllte Einkaufstüten in den Armen, lief ich über die Amsterdam Avenue, die Jacke über den Kopf gelegt, um mich vor dem Schauer zu schützen. Auf Höhe der 109th Street betrat ich die Eingangshalle von Lisas Haus. Ich stieg die Treppe hinauf bis in den letzten Stock, zog den Schlüssel aus der Tasche und betrat die Wohnung, die mir inzwischen vertraut war.

»Hallo, Remington.«

Ich schaltete die Stehlampe im Flur ein und ließ mich häuslich in der Küche nieder. Lisa würde erst in einer Stunde zurückkommen. So blieb mir Zeit, das Essen vorzubereiten, das ich ihr versprochen hatte.

Nachdem Sullivan zu Ende erzählt hatte, begleitete ich ihn nach Hause. Ich hatte mich umgezogen, das Geld genommen, das er mir gegeben hatte, und war dann seinem Rat gefolgt und zu »Stan, dem Kopisten« gegangen, einem Fälscher, der in Alphabet City lebte und ein Foto von mir machte, um einen neuen Pass für mich anfertigen zu können.

Anschließend schlenderte ich niedergeschlagen durch Manhattan. Ich fühlte mich mutterseelenallein. Wenn das, was Sullivan mir erzählt hatte, der Wahrheit entsprach, gab es für mich weder Zukunft noch Hoffnung. Ich war dazu verdammt, die Puppe eines Marionettenspielers zu sein, der mir die schönsten Jahre meines Lebens nehmen würde.

Um nicht zu trübsinnig zu werden, hatte ich beschlossen, mich an einfachen Dingen zu orientieren. Ich hatte in einer Buchhandlung in SoHo ein Kochbuch gekauft und war dann bei *Dean & DeLuca* vorbeigegangen, um Lisas Kühlschrank aufzufüllen.

»Ich habe eine Überraschung für dich, Kater«, rief ich und zog eine Dose aus der Einkaufstasche.

Dann servierte ich Remington drei Löffel Thunfischpastete und legte die restlichen Einkäufe auf den Tisch: zwei Ananas, eine Vanilleschote, eine Zimtstange, zwei Limetten, ein paar Sternanis, eine Entenbrust, Kartoffeln, ein Glas Honig, Schalotten, eine Knoblauchzehe und ein Bund Petersilie.

Ich betrachtete die Zutaten mit einer gewissen Unruhe. Ich war ein Kind der Mikrowelle und abgepackter Salate. Soviel ich auch nachdachte, ich hatte in meinem Leben noch nie richtig gekocht. Ich schlug im Kochbuch die Seite mit dem Rezept für »Entenbrust mit Kartoffeln sarlandaise« auf, dann die mit dem Rezept für »Ananas-Carpaccio«. Eine Stunde lang versuchte ich, mein Bestes zu geben. Nebenbei hörte ich aufmerksam Radio, um möglichst viele Informationen zu bekommen – das furchtbare Attentat von Oklahoma City, der unerwartete Freispruch von O. J. Simpson, Bill Clintons gescheiterte Gesundheitsreform ...

Als ich den Sender wechselte, entdeckte ich auch Hits von mir unbekannten Gruppen – *Whatever* von Oasis –

und neue Kompositionen meiner Lieblingsmusiker – *Streets of Philadelphia* von Bruce Springsteen, *High Hopes* von Pink Floyd …

»Wow, das riecht ja gut hier!«, rief Lisa, als sie die Tür öffnete.

Sie kraulte Remington den Nacken und kam dann zu mir in die Küche. Sie zog den vom Regen durchnässten Mantel und ihren Schal aus und hängte sie über einen Stuhl.

Lächelnd erzählte sie mir von ihrem Tag, während ich die Entenbrust mit Honig zubereitete.

So, als hätte ich schon immer zu ihrem Leben gehört.

Ich wusste nicht genau, was Sullivan ihr über mich berichtet hatte, aber auf alle Fälle hatte ich dank seiner Hilfe gepunktet. Lisas jugendliche Frische und Leichtigkeit waren ansteckend. Wenige Minuten mit ihr hatten ausgereicht, um meine Sorgen beiseitezuschieben und mich ganz dem Augenblick zu verschreiben.

Lisa tänzelte strahlend ins Badezimmer und kam, ein Handtuch um den Kopf geschlungen, zurück.

»Ich habe in einer Videothek eine Kassette ausgeliehen«, erklärte sie und zog eine VHS aus ihrer Tasche: *Vier Hochzeiten und ein Todesfall.* »Wenn du willst, können wir uns den Film beim Essen ansehen? Scheint sehr lustig zu sein.«

Während sie ihr Haar frottierte, hielt sie den Blick auf mich gerichtet – zwei funkelnde Diamanten im Dämmerlicht des Raums. Sie trat mit einem raschen Schritt zu mir und legte mir unerwartet die Hand an die Wange.

Ich strich ihr die feuchten Haarsträhnen aus dem Gesicht. Meine Lippen fanden die ihren. Sie öffnete meinen Gürtel, ich knöpfte ihre Bluse auf. Ihre Haut war kühl, ihre Brüste bebten.

»Komm …«

Unsere Umarmung wurde leidenschaftlicher und setzte sich auf dem Sofa fort, während in der Küche die Entenbrust mit Honig verbrannte.

7.

Seit einer Dreiviertelstunde wälzte ich mich im Bett hin und her und versuchte vergeblich, mich den gleichmäßigen Atemzügen von Lisa, die friedlich neben mir schlief, anzupassen.

Ich war noch immer da.

Der Radiowecker zeigte 6:32 Uhr.

Und ich war noch immer da!

Am Vortag war ich um 5:45 Uhr im Subway-Wagen aufgewacht. Ich hatte also die vierundzwanzig Stunden überschritten!

Ich erhob mich in der Dunkelheit, schlüpfte in meine Hose, zog die Decke über Lisas Schultern und schlich mich aus dem Schlafzimmer.

Remington wartete vor der Tür.

In der Küche herrschte eisige Kälte. Während ich mir eine Tasse Kaffee aufwärmte, sah ich auf die Uhr der Mikrowelle. Draußen grollte ein Gewitter, und der

Regen legte sich wie ein durchsichtiger Vorhang auf die Scheiben.

Ich öffnete das Fenster, stützte mich auf das Sims und beobachtete den anbrechenden Tag. Der Himmel war schmutzig grau, der Horizont verhangen.

Der Regen schlug mir ins Gesicht. An der Kreuzung der 110th Street und der Amsterdam Avenue sah ich einen Hotdog-Verkäufer, der seinen Wagen durch den Schauer schob. Plötzlich machte das Bild einen Satz, und mein Blick trübte sich. Beunruhigende dunkle Flecke hüpften wie Fliegen vor meinen Augen.

Mein Herz stolperte, als ich den blumigen und süßlichen Geruch nach Orangenblüten wahrnahm, den ich von den Kuchen kannte, die meine Mutter mir als Kind gebacken hatte.

Ein elektrischer Schlag durchzuckte meinen Körper und ließ ihn erzittern.

Die Kaffeetasse fiel zu Boden und zerbrach.

Remington fauchte wütend.

Dann wurde mein Körper starr, und ich hatte den Eindruck, dass er verglühte.

Ja, sich auflöste.

Dritter Teil

Der Mann, der verschwindet

1996
Shakespeare im Park

Erfahrung ist nicht das,
was einem zustößt. Erfahrung ist das,
was man aus dem macht, das einem zustößt.

Aldous Huxley, *Texts and Pretexts*

0.

Eine erstickende, feuchte Atmosphäre.

Ein widerwärtiger Geruch nach Küche, Frittierfett und Spülmaschine.

Ich liege mit nacktem Oberkörper in einem lichtdurchfluteten Raum auf einem warmen Boden. Ich spüre, wie der Schweiß über meinen Nacken rinnt. Das Licht ist grell und meine Augen tränen – so, als würde direkt neben mir jemand Zwiebeln schneiden.

Mit einer Handbewegung vertreibe ich die Fliegen, die um mein Gesicht schwirren. Allmählich kenne ich das Lied: geschwollene Augenlider, ein steifer, von Krämpfen geschüttelter Körper, Migräne, Ohrensausen, das unangenehme Gefühl, keine Kraft in den Beinen zu haben.

Ich öffne die Augen und versuche, mich von dem schmutzigen Boden aufzurappeln. Als ich stehe, nimmt mir ein Geruch nach ranzigem Kohl den Atem.

Ich bin allein … in einem großen, rechteckigen Raum, in dem eine drückende Hitze herrscht.

1.

Mit dem Unterarm wischte ich mir den Schweiß vom Gesicht. Um mich herum Kochplatten, eine riesige Spüle mit sechs Becken, ein Tisch, eine große Fritteuse, Töpfe, die hundert Liter fassen müssen, eine Reihe elektrischer Öfen, ein Grill, große Schiebebleche. An den Wänden hohe Edelstahlschränke, an der Decke eine Reihe von Abzugshauben.

Ganz offensichtlich befand ich mich in einer Großküche, wie es sie in Kantinen, Fabriken oder großen Firmen gibt.

Was, zum Teufel, habe ich hier zu suchen?

Der alte Bakelit-Wecker, der auf einem Regal stand, zeigte ein Uhr mittags an. Ich schleppte mich zum nächstbesten Fenster, öffnete es, um Luft zu bekommen, und blickte hinaus. Eines war sicher – dieses Mal war ich nicht in Manhattan aufgewacht. Um mich herum sah ich nichts als Schuppen, Lagerhallen, Fabrikschornsteine. Die Großküche lag mitten in einem Industriegebiet, das auf der einen Seite von einer Autobahn, auf der anderen von einem Wasserlauf begrenzt wurde. Ich öffnete das gegenüberliegende Fenster und entdeckte schließlich die Skyline von Manhattan. Bei genauem Hinsehen konnte ich das Empire State Building, die Spitze des Chrysler Buildings, und die Metallstruktur der Queensboro Bridge erkennen.

Ich überlegte kurz. Ich glaubte zu wissen, wo ich mich befand: im Süden der Bronx. Vermutlich auf der Halbinsel Hunts Point, auf der sämtliche Großmärkte von New York – Obst, Gemüse, Fleisch – angesiedelt waren.

Ich wandte mich dem einzigen Ausgang des Raums zu, einer metallenen Feuertür, die ... abgeschlossen war.

»Hallo, hey! Ist da jemand?«

Keine Antwort.

Ich suchte nach einem Feuerlöscher, den ich als Rammbock hernehmen wollte, doch ich fand keinen.

Pull in case of fire

Die Aufschrift auf dem Alarmknopf brachte mich auf eine Idee. Ich legte den Hebel um, doch nichts geschah – weder ertönten Sirenen, noch schaltete sich der Lichtalarm ein.

Enttäuscht kehrte ich zum Fenster zurück. Der Raum lag in etwa zwanzig Meter Höhe. Nicht die geringste Hoffnung, auf diesem Weg hier herauszukommen, ohne mir den Hals zu brechen.

Trotz des Luftzugs herrschte hier drinnen eine unglaubliche Hitze, draußen roch die verschmutzte Luft nach chemischen Düngemitteln. Im Westen des Bronx

Rivers zogen sich Meilen eingezäuntes Gelände und Laderampen dahin. Einige Lastwagen und Sattelschlepper fuhren über die Autobahnzufahrt, doch im gesamten Sektor herrschte keine überschäumende Aktivität. Unter mir sah ich verwaiste Parkplätze und geschlossene Fenster. Ich hätte wetten können, dass es ein Wochenende war.

Pech gehabt …

»Hey! Hallo! Hallo!«, brüllte ich, so laut ich konnte.

Vergebene Liebesmüh. Langsam begriff ich, dass mich dort, wo ich mich befand, niemand sehen oder hören konnte.

Auf der Suche nach einem Ausweg lief ich durch die Küche. An der Wand hing ein Pin-up-Kalender. »Miss August 1996«. Eine sinnliche Dunkelhäutige mit spitzen Brüsten posierte im Monokini. An eine Strandbar gelehnt, trank sie aus einer ausgehöhlten Ananas einen Cocktail.

Ich rechnete sofort nach. Wenn es jetzt Hochsommer war, hatte ich einen Zeitsprung von über neun Monaten hinter mir.

Rasch nahm ich das restliche Mobiliar der Küche in Augenschein: Regale mit Tabletts, Servierwagen, ein großer Edelstahlschrank, der einem Spind glich und mit einem Zahlenschloss gesichert war.

Während der folgenden Stunde suchte ich nach einer Lösung, um meinem Gefängnis zu entkommen. Ich schraubte eine Platte der abgehängten Decke ab und die Gitter vor den Luftschächten, inspizierte die Rohre der

Müllschlucker und versuchte, die Metalltür mit Küchenutensilien aus Edelstahl aufzubrechen.

Erfolglos.

Nach dieser ganzen Anstrengung hatte ich Durst. In einem der Kühlschränke fand ich eine Dose mit einem widerwärtigen, nach Kaugummi schmeckenden Getränk und ein mehr als zweifelhaftes Stück Cheesecake. Misstrauisch schnupperte ich daran, doch ich hatte so großen Hunger, dass ich nicht wählerisch sein konnte.

In einer Ecke des Raums hing ein alter Fernseher, und auf einer Kühltheke lag die dazugehörende Fernbedienung. Ich schaltete das Gerät ein. Die Sportschau flimmerte über den Bildschirm: Leichtathletik, Schwimmen und Tennis. Ich erkannte vage Carl Lewis, Michael Johnson und Andre Agassi. Während ich meinen Kuchen verzehrte, sah ich mir die Sendung an. Dann erschien ein Moderator mit Kopfhörern und einem Mikro in der Hand.

»Das ist das Ende der Rückschau auf die sechsundzwanzigsten Olympischen Sommerspiele, die vom 19. Juli bis zum 4. August hier in Atlanta stattgefunden haben. Der Höhepunkt ist die Schlusszeremonie, die heute Abend auf NBC direkt aus dem Stadion übertragen wird …«

Das Datum ließ mich zusammenzucken. Heute war also der 4. August 1996.

Mein dreißigster Geburtstag.

Seit jenem Junimorgen 1991 waren fünf Jahre vergangen. Jener Morgen, an dem mein Vater bei mir aufgetaucht war, um mir das vergiftete Erbe, das *24 Winds Lighthouse*, anzubieten.

Fünf Jahre, die in fünf Tagen vergangen waren.

Ich betrachtete mich in einem kleinen Spiegel, der über dem Handwaschbecken hing.

Es war das erste Mal seit Beginn dieses Albtraums, dass ich mich im Spiegel ansah. Ich war ein wenig gealtert, mein Gesicht war von Müdigkeit gezeichnet, und mein Teint war grau. Unter den Augen lagen dunkle Schatten, so als hätte ich die ganze Nacht durchgefeiert. Noch hatte ich keine Falten und war trotz allem eher attraktiv, doch meine Züge waren härter geworden. Die Augen waren dunkler, und das Haar hatte seinen goldenen Schimmer verloren. Was mir jedoch am meisten auffiel, war, dass alle Arglosigkeit, alles Verschmitzte, alles Weiche verschwunden war.

Herzlichen Glückwunsch, Arthur …

2.

Fünfzehn Uhr, sechzehn Uhr, siebzehn Uhr … Mitternacht, ein Uhr, zwei Uhr, drei Uhr, vier Uhr …

Verzweifelt und übermüdet lief ich in der Küche umher wie ein Löwe im Käfig. Ich hatte alles versucht, um aus diesem Gefängnis freizukommen. Nachdem ich begriffen hatte, dass es mir nie gelingen würde, die Brandschutztür zu öffnen, hatte ich den Metallschrank umgestoßen, sodass er auf dem Boden lag. An den fünf Rädchen des Zahlenschlosses hatte ich Hunderte von Kombinationen ausprobiert, doch es gab sicher mehrere Tausend Möglichkeiten.

Des Kampfes überdrüssig, versuchte ich mit allem, was mir unter die Finger kam, das Schloss aufzubrechen: ein Metallspachtel, eine Pommes-frites-Schaufel, ein Wetzstahl …

Ach, Mist!

Ich schrie auf, schleuderte den Spachtel in die andere Ecke des Raums und hämmerte wütend mit den Fäusten auf den Schrank ein.

Ich durchlebte einen Albtraum im Albtraum!

Wie sollte ich akzeptieren, dass ich die einzigen vierundzwanzig Stunden, die mir ein Mal pro Jahr zugestanden wurden, diesmal in diesem verdammten Gefängnis verbrachte?

Plötzlich begann ich zu schluchzen. Die Tränen überraschten mich und waren Ausdruck einer unerträglichen Verzweiflung. Ich fühlte mich furchtbar einsam und bekam Angst. Der Fluch des Leuchtturms würde mich zerstören. Die letzten fünf Jahre – das heißt die letzten fünf Tage – hatte ich wie unter Wasser verbracht, passiv und unfähig, irgendetwas zu verstehen, zu reagieren oder auch nur den Ansatz eines Auswegs aus diesem Schlamassel zu finden.

Ich lief erneut zum Fenster. Mein Blick wurde magisch von den zwanzig Metern angezogen, die mich vom Boden trennten. Wenn ich springen würde, wäre alles vorbei. Auf der Stelle. Kein Schmerz mehr, keine Angst, kein Fluch.

Aber auch nichts anderes mehr …

Gott weiß, warum, aber ich erinnerte mich an die Worte, die Frank mir gesagt hatte, ehe er an besagtem Samstag gegangen war: *Die Wahrheit ist, dass mich dieses Geheimnis seit über dreißig Jahren nicht loslässt. Und ich glaube, dass du der Einzige bist, der es lüften kann.*

Ich wischte meine Tränen ab. Wie erbärmlich, Trost in den Worten von jemandem zu finden, der mich immer nur belogen hatte. Und trotzdem klammerte ich mich daran. Etwas anderes hatte ich ja nicht …

Ich wandte mich wieder dem Metallschrank zu und griff erneut zu meinem improvisierten Werkzeug, um meine Wut in positive Energie zu verwandeln und dem Ding zu Leibe zu rücken. Nach einer halben Stunde gab das erste Schloss nach. In den schmalen Spalt schob ich den Wetzstahl und setzte ihn als Hebel ein, bis auch die beiden anderen Schlösser nachgaben.

Endlich!

Sorgenvoll inspizierte ich den Inhalt des Schranks, doch meine Hoffnungen wurden nicht enttäuscht: Er enthielt große Trockentücher, Kochschürzen und -jacken, T-Shirts. Ich schlüpfte in die Kochkleidung und fand sogar ein paar alte Turnschuhe, die mir fast passten.

Geduldig machte ich mich daran, ein improvisiertes Seil herzustellen, indem ich die Kleidungsstücke miteinander verknotete. Als es mir lang und haltbar genug erschien, befestigte ich es am Fensterrahmen und kletterte, ohne nach unten zu sehen, daran hinab. Da ich unter Schwindel litt, zitterte ich wie Espenlaub. Ich vermied es, den Blick auf den Boden zu richten, und stützte mich mit den Füßen an der Fassade ab. Langsam, ganz langsam seilte ich mich fünf, dann zehn, dann fünfzehn Meter ab.

Plötzlich ein Knacken …

Der improvisierte Strick, der mir solide erschienen war, riss. Als er nachgab, stürzte ich mehrere Meter in die Tiefe und rollte über den Asphalt. Doch glücklicherweise war die Angst größer als der Schaden. Ich rappelte mich auf und irrte einen Moment in dem Areal umher, in dem immer wieder Lastwagen ankamen und abfuhren. Am Zubringer zur Autobahn hob ich den Daumen. Es dauerte zwanzig Minuten, bis schließlich jemand anhielt: ein riesiger Pick-up mit zwei Schwarzen, von denen ich erfuhr, dass sie Brüder waren, die in Spanish Harlem ein Obst- und Gemüsegeschäft betrieben. Sie waren nett. Aus dem Radio dröhnte Reggaemusik, und die beiden rauchten eine nicht genau zu identifizierende Substanz. Ich lehnte einen Zug davon ab, nahm aber gern die Flasche Wasser und die Nektarinen an. Als wir den Norden von Manhattan erreichten, machten sie einen Umweg, um mich in Morningside Heights an der Ecke 109th Street und Amsterdam Avenue abzusetzen.

Es war sieben Uhr morgens.

3.

»Wie kannst du es wagen, hier aufzukreuzen, du Mistkerl? Verschwinde! Ich will dich nicht mehr sehen!«, beschimpfte mich Lisa, ehe sie mir die Tür vor der Nase zuschlug.

Unser Wiedersehen hatte nicht einmal eine Minute gedauert. Ich hatte mich mit klopfendem Herzen und voller Vorfreude an ihrer Tür gemeldet, doch sie hatte es nicht eilig gehabt, mir zu öffnen. Als ich angespannt lauschte, erkannte ich deutlich die Stimme eines Mannes in der Wohnung, was mir einen Stich versetzte.

Was hast du denn erwartet, mein kleiner Arthur?

Als sie sich endlich dazu entschloss, mir zu öffnen, sah ich mit Erleichterung ihre Gestalt. Sie trug ein betörendes hellblaues Nachthemd und hatte eine andere Frisur mit einem gerade geschnittenen Pony. Doch ihre türkisfarbenen Augen wirkten vor Ärger dunkelblau; sie schaute mich verächtlich und feindselig an. Noch ehe ich ihr sagen konnte, wie glücklich ich war, sie zu sehen, beschimpfte sie mich als Mistkerl.

Ohne mich entmutigen zu lassen, drückte ich erneut lange auf den Klingelknopf.

»Nu mal ganz sachte, Kleiner!«

Ein kräftiger Bursche mit nacktem Oberkörper stand vor mir.

»Bist wohl schwer von Begriff, hat Lisa dich nicht gebeten zu verschwinden«, meinte er herausfordernd und sah mich ebenfalls verächtlich an, ehe ihm mein Kochoutfit ein spöttisches Lächeln entlockte.

Der Schönling war zwei Köpfe größer als ich. Er trug nur eine eng anliegende Unterhose, die seine männlichen Attribute zur Geltung bringen sollte, und stellte seinen Waschbrettbauch zur Schau.

»Halt du dich da raus«, erwiderte ich, ohne mich beeindrucken zu lassen.

Ich wollte mir gewaltsam Zutritt verschaffen, doch er packte mich am Hals, stieß mich die Treppe hinunter und schloss dann die Tür.

War wohl nichts, sagte ich traurig und setzte mich auf die Stufen.

Bei meinem Sturz hatte ich mich am Unterarm verletzt. Ans Geländer gelehnt, massierte ich mir den Arm, als mir plötzlich Remington auf den Schoß sprang.

»Hallo, alter Freund!«

Während das Tier den Kopf an mich schmiegte, um sich seine Streicheleinheiten abzuholen, kam mir eine Idee.

»Elizabeth, ich habe deinen Kater als Geisel!«, rief ich so laut, dass sie mich hören musste. »Wenn du ihn zurückhaben willst, dann komm auf die Straße.«

Ich lauschte und hörte ein paar Wortfetzen, die meine Hoffnung weckten. »Ich habe dir doch gesagt, du sollst auf den Kater aufpassen«, zischte Elizabeth ihrem Muskelprotz zu, der nur mit einem Brummen antwortete.

»Wenn dir am Leben des armen Remington liegt, dann wag es bloß nicht, mir deinen Bodyguard zu schicken!«, warnte ich, während ich die Treppe hinabging.

Eine Minute später erschien Lisa vor der Haustür. Sie war in löchrige Jeans, ein T-Shirt und alte Turnschuhe geschlüpft.

»Gib mir meinen Kater zurück!«

»Natürlich gebe ich ihn dir, aber zunächst musst du mich anhören.«

»Du verdienst es nicht! Vor einem Jahr hast du dich am frühen Morgen davongemacht wie ein Dieb, ohne auch nur eine Nachricht zu hinterlassen oder mich anzurufen.«

»Das stimmt, aber ich hatte gute Gründe.«

Sie fragte mich nicht, welche, sondern ergoss weiter ihren Groll über mich.

»Du scheinst es vergessen zu haben, aber wir hatten in dieser Nacht viel diskutiert. Weil du mir das Leben gerettet hattest, habe ich dir intime Dinge erzählt. Ich habe dir vertraut, da ich dachte, du wärst anders.«

»In gewisser Hinsicht bin ich auch anders ...«

»Stimmt, du bist noch erbärmlicher. Aber was denkst du denn? Dass ich mich dem erstbesten Typen an den Hals schmeiße?«

»Auf alle Fälle hat es nicht lange gedauert, bis du einen Ersatz für mich gefunden hast!«

»Du bist unglaublich«, ereiferte sie sich. »Du bist schließlich derjenige, der nicht zurückgekommen ist!«

Sie hob die Hand, um mich zu ohrfeigen, doch ich hielt sie fest. Remington nutzte die Gelegenheit und sprang auf den Bürgersteig. Lisa hob ihn hoch und wandte sich ab, um in ihre Wohnung zu gehen.

»Warte! Lass es mich erklären«, herrschte ich sie an und lief ihr nach.

»Gib dir keine Mühe, Arthur. Sullivan hat mir schon alles erzählt.«

Ich holte sie ein.

»Was hat er dir erzählt?«

»Was er mir schon lange vorher hätte sagen sollen: dass du dich allen Frauen gegenüber so verhältst, dass du verheiratet bist und Kinder hast, dass du ...«

Dieser Mistkerl ...

Ich versperrte ihr den Weg, um sie daran zu hindern, das Haus zu betreten.

»Lass mich durch!«

»Ich schwöre dir, dass das alles nicht stimmt.«

»Und warum sollte dein Großvater mich anlügen?«

»Weil er verrückt ist!«

Sie schüttelte den Kopf.

»O nein, das kannst du mir nicht weismachen. Ich bin in Kontakt mit Sullivan geblieben. Ich besuche ihn zwei-, dreimal die Woche. Und glaub mir, er ist völlig normal.«

»Hör zu, Lisa, das ist eine lange Geschichte ...«

»Mag sein, aber ich habe weder Lust noch Zeit, sie mir anzuhören.«

4.
MacDougal Alley
9 Uhr morgens

»Hallo, Kleiner«, empfing mich Sullivan auf der Schwelle seines Hauses.

»Hör auf damit, ich bin kein kleiner Junge mehr!« Zornig beschloss ich, meinen Großvater ab sofort zu duzen.

Er öffnete die Arme, um mich an sich zu drücken, doch mir war nicht danach zumute. Ich ignorierte seine Gefühlsausbrüche und trat ein, ohne ihn zu begrüßen.

»Fühl dich ganz wie zu Hause.« Er seufzte.

Und genau das tat ich auch. Ich ging nach oben ins Badezimmer und entledigte mich meiner lächerlichen Kleidung. Ich musste dringend duschen, ich stank nach Schweiß und dem Geruch nach Kohl, dem ich zu lange ausgesetzt gewesen war. Unter dem heißen Wasserstrahl rieb ich mich mit einer halben Flasche Duschgel ein, um meinen Körper zu reinigen und die Küchengerüche der Bronx abzuwaschen. Anschließend besprühte ich mich mit Sullivans altmodischem Eau de Cologne, dessen Lavendelnote mir gefiel.

Schließlich trat ich in »mein Zimmer«, zog eine Baumwollhose, ein kurzärmliges Hemd und ein Leinenjackett an. Auf der Kommode fand ich vier Fünfzig-Dollar-Scheine, die mein Großvater für mich dorthin gelegt hatte.

Ich steckte das Geld ein und lief dann eilig ins Erdgeschoss hinunter. Aus den Lautsprechern der Stereoanlage dröhnte Musik von Bill Evans – *You Must Believe in Spring,* jene berühmte Komposition von Michel Legrand.

Eine Zigarre zwischen den Lippen und eine kleine Brille auf der Nase, saß Sullivan am Couchtisch vor einem Laptop und studierte die Börsenkurse.

»Was ist das denn?«, fragte ich und betrachtete den Monitor. »Eine CD-ROM?«

»Ich bin im Web auf einer Online-Broker-Seite unterwegs.«

Ich machte große Augen.

»Im Web?«

»Wenn du so willst, eine Verbindung zu einem Informatikdienst. Dank Internet kann man direkt von zu Hause aus Börsenaufträge erteilen.«

»Was ist denn Internet?«

Er konnte ein Lächeln nicht unterdrücken.

»Nun, soll ich dir mit meinen fünfundsiebzig Jahren erklären, was das Web ist …«

»Erspar mir deine ironischen Bemerkungen.«

»Jetzt sei doch nicht so empfindlich! Also, Internet ist ein weltweites Informatiknetz, über das man Informationen austauschen kann oder verschiedene Dienste nutzen wie …«

Ich unterbrach ihn.

»Kennst du dich mit der Börse aus?«

»Anfang der 1950er-Jahre habe ich einige recht lukrative Transaktionen durchgeführt«, erwiderte er mit gespielter Bescheidenheit.

Dann drehte er den Bildschirm zu mir her, auf dem verschiedene Grafiken zu sehen waren.

»Wir stehen am Beginn einer unglaublichen Entwicklung: Die Technologiewerte legen enorm zu, und das ist erst der Anfang. Ich mache seit nunmehr einem Jahr kleine Börsengeschäfte und habe mein Kapital bereits verdoppelt, kannst du dir das vorstellen? Wenn man mir früher gesagt hätte, dass es so einfach ist, Geld zu verdienen …«

Ich trat hinter die Küchentheke und hängte meine Jacke über die Lehne eines Barhockers. Neben den Whiskyflaschen entdeckte ich eine alte italienische Espressokanne. Um mich von all diesen Neuigkeiten zu erholen, machte ich mir einen doppelten Espresso mit einem Schuss Brandy.

»Wie kannst du Aktien kaufen und verkaufen, obwohl du nicht einmal ein Bankkonto hast?«

Er zuckte die Achseln.

»Mit einem Strohmann ist das ein Kinderspiel. Und stell dir vor, ich benutze Lisas Bankverbindung. Dafür bekommt sie einen Anteil.«

Ich explodierte.

»Genau! Reden wir über Lisa! Warum hast du ihr diese Lügen über mich erzählt?«

»Weil eine gute Lüge besser ist als eine schlechte Wahrheit. Aber im Ernst, was hätte ich ihr denn sagen sollen?«

Er erhob sich und schenkte sich einen Brandy ohne Kaffee ein.

»Und ich werde dir auch weiterhin Steine in den Weg legen«, warnte er mich.

»Aber warum, zum Teufel? Findest du nicht, dass ich es schon schwer genug habe?«

»Du darfst Lisa nicht sehen, das ist alles. Wenn du vögeln willst, nimm fünfhundert Dollar aus dem Safe – in den Bars der Luxushotels wimmelt es nur so von Mädchen.«

»Gleich haue ich dir wirklich eine rein!«

Sullivan nahm einen Schluck Brandy.

»Ich will nur Lisas Glück. Und auch deines ist mir wichtig.«

»Kümmere dich um deine eigenen Angelegenheiten. Ich bin alt genug, um zu wissen, was gut für mich ist.«

Er schüttelte den Kopf.

»Nicht in deiner Lage. Vergiss nicht, dass ich all das auch erlebt habe, was du jetzt durchmachst ...«

»Eben, darum hätte ich etwas mehr Unterstützung von dir erwartet.«

»Genau die gebe ich dir, indem ich dir dieses Mädchen ausrede. Du wirst ihm wehtun und dir selbst auch.«

Er legte mir die Hand auf die Schulter und erklärte ernsthaft: »Du siehst ja, wohin mich das alles gebracht hat: Ich habe die Frau getötet, die ich geliebt habe, und zehn Jahre in der Psychiatrie verbracht.«

»Danke für deinen Ratschlag, aber das gibt dir noch

nicht das Recht, dich in mein Leben einzumischen! Übrigens ist es deine Schuld, dass ich heute in dieser Situation bin.«

Er antwortete: »Du kannst mich nicht für deine Irrtümer verantwortlich machen. Das wäre zu einfach.«

»Ich habe niemanden um irgendetwas gebeten! Ich hatte ein ruhiges Leben. Immerhin ist Frank zu mir gekommen. Frank! Dein Sohn! Dein Sohn, aus dem ein mieser Typ geworden ist, weil du ihn im Stich gelassen hast, um mit dieser Sarah zu leben. Das ist die Wahrheit!«

Er packte mich beim Kragen meines Poloshirts. Trotz seines Alters hatte er noch Bärenkräfte.

»Pass auf, was du sagst, Kleiner.«

»Du machst mir keine Angst«, antwortete ich und drückte ihn gegen die holzverkleidete Wand. »Vergiss eines nicht: Wenn du jetzt in diesem Zimmer deine Jazzmusik hören, Whisky trinken, Zigarren rauchen und vor deinem Bildschirm sitzen und an der Börse zocken kannst, dann hast du das mir zu verdanken. Ich habe dich aus dem Krankenhaus geholt! Ich! Nicht dein Sohn, nicht mein Bruder oder meine Schwester! Ich!«

Er schlug den Blick nieder, und ich befreite mich aus seinem Griff.

»Ich will dich nie wiedersehen, Sullivan«, rief ich und zog meine Jacke an. »Ich versuche, die Sache mit Lisa in Ordnung zu bringen, aber wag es ja nicht, noch einmal mit ihr über mich zu sprechen.«

Ich ging auf den Flur, doch ehe ich das Haus verließ,

konnte ich es mir nicht verkneifen, zu rufen: »Wenn du dich mir noch ein Mal in den Weg stellst, bringe ich dich ins Irrenhaus zurück.«

5.

»Lisa, wenn du da bist, mach bitte auf!«

Ein Taxi hatte mich vor dem Mietshaus in der Amsterdam Avenue abgesetzt. Jetzt trommelte ich schon eine gute Weile an die Tür der Wohnung, aus der kein Laut drang – außer von Zeit zu Zeit ein Miauen.

Es war fast Mittag. Wo konnte sie nur sein, mitten im Sommer, an diesem ersten Augustwochenende?

Bestimmt nicht in der Juilliard School und auch nicht in der Bar im East Village.

Ich ging die Treppe hinunter. Mein Taxifahrer – ein Inder mit Turban – hatte seinen Ford Crown in einer Seitenstraße geparkt und machte unter einem Ginkgobaum Mittagspause. An die Kühlerhaube des Wagens gelehnt, verzehrte er sein Pitabrot.

Niedergeschlagen sah ich mich auf der Suche nach einer Inspiration oder irgendeinem Zeichen um.

Die Briefkästen …

In allen Briefkästen im Treppenhaus steckte ein rosafarbenes Blatt, das gut sichtbar aus dem Schlitz ragte und bei meinem Besuch am selben Morgen noch nicht da gewesen war.

Ich zog den Flyer heraus und erkannte die Silhouette von Shakespeare mit seinem kahlen Schädel, dem Schnauzer und dem Spitzbart.

Auf der Vorderseite des Flyers war ein kurzer Text zu lesen:

> Anlässlich des 34. Festivals von *Shakespeare im Park* lädt der Abschlussjahrgang der Juilliard Drama School zu einer Sondervorführung ein.
>
> **Ein Sommernachtstraum**
> Sonntag, 4. August um 13:30 Uhr im Auditorium des Delacorte Theater
> Eintritt frei

Ich dankte dem Himmel: Dort würde ich Lisa finden!

Nachdem mein Taxifahrer seine Mittagspause beendet hatte, zeigte ich ihm den Prospekt und bat ihn, mich in dieses Theater zu fahren. Es war drückend heiß an diesem frühen Nachmittag, nur wenige Autos waren unterwegs. In knapp zehn Minuten hatten wir den Weg über den Central Park West bis zum Naturkundemuseum zurückgelegt. Auf der Höhe der 79th Street ließ mich der Fahrer aussteigen und erklärte mir den Weg zum Auditorium. Ich bezahlte, bedankte mich und überquerte die Straße.

Mehrere Banner wiesen auf die Aufführung von *Ein Sommernachtstraum* hin. Gemäß den Erklärungen des Taxifahrers erreichte ich bald das Freilichttheater, das wenige Schritte vom Belvedere Castle entfernt unter

Bäumen lag. In diesem ländlichen Rahmen führten alljährlich verschiedene Theatergruppen kostenlos Stücke des Meisters von Stratford auf.

Ich sah mich in der Umgebung des Auditoriums um, wo sich Touristen und Kunstliebhaber aufhielten und sich die Kinder um die Eis- und Getränkestände drängten.

Unter einem großen Zeltdach, das als improvisierte Garderobe diente, entdeckte ich Lisa inmitten ihrer Schauspielkollegen. Ich erkannte auch den Typen mit dem Waschbrettbauch, der mich die Treppe hinuntergestoßen hatte. Er hatte seinen Markenslip gegen das Kostüm des Demetrius eingetauscht, das kaum mehr verhüllte. Lisa hingegen trug voller Anmut das funkelnde Diadem und das betörende Kleid der Feenkönigin Titania.

Zu behaupten, sie freue sich, mich zu sehen, wäre maßlos übertrieben. Waschbrettbauch wollte eingreifen, aber dieses Mal war ich derjenige, der in die Offensive ging, indem ich ihm einen Tritt in seine edlen Teile versetzte, der ihn zu Boden schickte.

Als Theseus, Egeus und Lysander sahen, dass man ihren Gefährten angriff, wollten sie einschreiten, doch die Feenkönigin hinderte sie daran.

»Arthur! Was habe ich dir nur getan? Warum hast du dir in den Kopf gesetzt, mein Leben zu ruinieren?«

Ihre Worte klangen so verzweifelt, dass ich mich kurz fragte, ob ich mich so an dieses Mädchen klammern durfte.

»Du musst mich wirklich anhören, Lisa!«

»Ich habe jetzt anderes zu tun! Wir müssen in wenigen Minuten auf die Bühne. Ich probe dieses Stück seit sechs Monaten, es ist wichtig für mich!«

»Ich weiß, aber ich kann nicht warten. Ich schlage dir Folgendes vor: Du hörst mir eine Viertelstunde zu, und wenn du mich danach wirklich nicht mehr sehen willst, verspreche ich dir, dass du nie wieder etwas von mir hörst.«

»Okay«, meinte sie seufzend, nachdem sie kurz überlegt hatte. »Ich gebe dir zehn Minuten.«

Wir entfernten uns von ihren Freunden, um in Ruhe reden zu können. Doch da sie ein langes Kleid und große, aus Draht gefertigte Flügel trug, kamen wir nicht weit. Also setzten wir uns in der Nähe des Zelts auf eine schattige Bank.

Neben uns aß ein Rotschopf von fünf oder sechs Jahren sein Eis und starrte Lisa dabei hingerissen an.

»Also, was hast du mir so Wichtiges zu sagen?«, fragte Lisa gereizt.

»Du wirst mir nicht glauben, aber das, was mir geschieht, ist unvorstellbar und dennoch die Wahrheit ...«

»Also, schieß los ...«

Ich atmete tief durch, so als würde ich zu einem langen Tauchmanöver ansetzen, und erzählte ihr alles, ohne ihr Gelegenheit zu geben, mich zu unterbrechen: Mein Vater, der Leuchtturm, die Metalltür im Keller, wie ich zum ersten Mal in der St. Patrick's Cathedral wieder zu mir gekommen war und dann später unter ihrer

Dusche, wie ich sie gerettet hatte, weil ich im Atelier ihres Freundes aufgewacht war, Sullivans Drama, der Fluch der vierundzwanzig Winde …

Als ich meine langwierigen Erklärungen beendet hatte, wartete ich beunruhigt auf ihre Reaktion.

»Wenn ich dich recht verstanden habe, hast du mich nicht angerufen, weil du pro Jahr nur einen einzigen Tag lebst?«, fragte sie ungerührt.

»Ganz genau. Ich habe dich erst gestern gesehen, aber für dich ist es ein Jahr her.«

»Wo bist du, wenn du nicht hier bist?«

»Ich bin nirgendwo, das ist es ja gerade. Ich existiere nicht.«

»Und wie geht das vor sich, wenn du entschwindest?«, fragte sie ironisch. »Wie bei *Star Trek*?«

»Ich löse mich einfach auf. Das ist weder die Gabe eines Superhelden noch ein Zaubertrick à la David Copperfield.«

Sie lachte nervös.

»Du hast deinen Großvater aus der Psychiatrie geholt, aber du weißt genau, dass eigentlich du selbst dort hingehörst, ja?«

Ich nahm ihren Sarkasmus hin und stellte dennoch eine gewisse Neugier fest. Eine Unruhe.

»Du wirst also wieder verschwinden? Vor meinen Augen?«

»Ich fürchte, ja.«

Ich war mir sogar ganz sicher. Denn seit einigen Sekunden hatte ich schwarze Punkte vor den Augen, spürte ein Kribbeln in meinen Gliedern und den süßlichen Geruch von Orangenblüten in der Nase. Mit aller Macht versuchte ich, diese Anzeichen zu ignorieren, sie zurückzudrängen. Ich musste noch etwas länger durchhalten.

Lisa war noch immer da und sehr nachdenklich geworden. Ich las Besorgnis in ihrem Blick. Normalerweise hätte sie es mit der Angst zu tun bekommen und weglaufen müssen, doch irgendetwas hielt sie zurück.

»Ich muss dir etwas sagen«, begann sie. »Es ist vielleicht nicht wichtig, aber …«

Sie hatte meine Neugier geweckt, doch sie unterbrach sich plötzlich.

Mein Körper begann zu zittern. Unkontrollierbare Zuckungen. Ich sah mich um, fürchtete die Folgen, wenn mich jemand beobachten würde. Doch außer dem kleinen Rotschopf mit der Brille beachtete mich niemand.

»Lisa, bitte sprich weiter, was willst du mir sagen?«

Doch sie schwieg, gelähmt durch das, was sich vor ihren Augen abspielte.

In meinen Ohren brummte es, und das inzwischen vertraute Zischen eines heftigen Sogs setzte ein, das Gefühl, mich aufzulösen.

»Arthur!«, schrie Lisa.

Doch mein Körper war schon verschwunden.

Und wie immer reagierte mein »Geist« mit leichter Verzögerung und blieb noch kurz anwesend.

Gerade so lange, um zu sehen, wie Lisa in ihrem schönen Kleid ohnmächtig auf den Rasen sank.

Auf der Bank nebenan ließ der Rotschopf sein Eis fallen und schüttelte heftig seine Mutter.

»Mom, hast du das gesehen? Die Feenkönigin hat ihren Geliebten verschwinden lassen.«

1997
Ein besonderer Tag

> *Wohin denn sollte mein Herz fliehen*
> *vor meinem Herzen?*
> *Wohin sollte ich*
> *vor mir selbst mich flüchten?*
>
> Augustinus von Hippo,
> *Die Bekenntnisse des heiligen Augustinus*

0.

Dieses Mal ist es ein eher sanftes Erwachen. Beinahe behaglich. Ich komme in einem Duft nach frisch gebackenem Brot zu mir. Als ich die Augen öffne, liege ich auf dem Bauch, mit der Nase auf einem rustikalen Terrakotta-Boden. Meine Gelenke schmerzen weniger, die Migräne ist leichter, der Atem freier. Ich richte mich ohne Schwierigkeiten auf und schaue mich um.

Ich erkenne eine Knetmaschine, einen Teigformer, einen Gärschrank und einen Etagenofen, in dem gerade Gebäck hergestellt wird. Jutesäcke, Papiertüten, auf denen zu lesen steht: Au Croissant chaud – French Bakery Since 1974.

Ich klopfe das Mehl von meiner Jacke und meiner Hose: Ich bin in einer Backstube aufgewacht.

1.

Über mir hörte ich Stimmen und Schritte. In aller Eile füllte ich eine Tüte mit Croissants und Schokohörnchen, bevor ich mich über eine gemauerte Treppe, die auf die Straße führte, davonmachte.

Ich befand mich in einer schmalen, gepflasterten Querstraße zur Bowery, an der nördlichen Grenze zu Little Italy. Es wurde soeben Tag. Zwischen den Gebäuden verschwand der silberne Mond. Im Schaufenster eines Discounters zeigte eine Leuchttafel 6:25 Uhr an.

Ich hatte inzwischen so meine Rituale und versuchte, daran festzuhalten: eine Münze in einen Zeitungsautomaten werfen, die Titelseite der *New York Times* studieren. Sie trug das Datum vom … 31. August 1997.

Dreizehn Monate waren seit meiner vorherigen Reise vergangen. Sosehr ich auch darauf gefasst war, es war doch jedes Mal wieder ein Schock und schwer zu akzeptieren: die Augen zu öffnen und im Handumdrehen ein Jahr älter zu sein.

An diesem Morgen zierte ein Foto von Prinzessin Diana die Titelseite.

Diana killed in a car accident in Paris

Ich winkte ein Taxi heran und nutzte die Fahrzeit, um die ersten Zeilen des Artikels zu überfliegen:

> Diana, Prinzessin von Wales, ist kurz nach Mitternacht bei einem Autounfall in einem Tunnel am Pariser Seine-Ufer ums Leben gekommen. [...] Mehrere französische Sender haben über die Reaktion eines Sprechers der britischen Königsfamilie berichtet, der seiner Wut Ausdruck verliehen und gemeint hat, ein solcher Unfall sei angesichts der ständigen Verfolgung von Prinzessin Di durch die Paparazzi durchaus vorhersehbar gewesen.

Vor dem Haus in der Amsterdam Avenue angekommen, war ich fest entschlossen, mein Versprechen zu halten. Falls Lisa mich dieses Mal nicht sehen wollte, würde ich nie wieder versuchen, Kontakt zu ihr aufzunehmen.

Ich vergewisserte mich, dass ihr Name noch auf dem Briefkasten stand, stieg die Treppe hinauf und drückte fest auf den Klingelknopf. Nach ein paar Sekunden hörte ich Schritte, die sich näherten, und vermutete, dass mich jemand durch den Spion beobachtete. Als sich die Tür knarrend öffnete, war ich bereit, alles zu akzeptieren, sogar einen Uppercut von Mister Waschbrettbauch oder einen Schlag mit dem Nudelholz (auch wenn Lisa wirklich nicht die Art von Frau war, die so etwas überhaupt besaß ...).

Sie öffnete mir selbst. Einen Augenblick lang blieb

ihr schönes Gesicht unbewegt. Ich wedelte mit meiner Papiertüte.

»Ich wusste nicht, ob du lieber Croissants oder Schokohörnchen magst, deshalb habe ich mir erlaubt, beides zu nehmen.«

Nach ein paar Sekunden der Verwirrung warf sich Lisa in meine Arme. Klammerte sich an mich, schlang ihre Beine um meine Taille. Ich ließ meine Gebäcktüte los, packte sie an den Hüften und stieß die Tür mit dem Fuß zu.

2.

Mein Kopf lag auf ihrem nackten Bauch.

Eine Stunde war vergangen, seit ich in ihre Wohnung gekommen war.

Während wir eine Verschnaufpause einlegten, fuhr Lisa mit der Hand über meinen Nacken und durch mein Haar.

»Erinnerst du dich an das letzte Mal, als wir miteinander gesprochen haben, unmittelbar, bevor du wieder verschwunden bist?«

»Ja. Du wolltest mir da gerade etwas offenbaren.«

»Arthur, ich glaube, dass ich an dem Tag, als du deine erste Reise gemacht hast, in der St. Patrick's Cathedral war.«

Ich richtete mich ruckartig auf.

»Im Ernst?«

Sie zog das Betttuch über die Brust.

»Es war der sechzehnte Juli 1992, nicht wahr?«

Ich nickte.

»Ich war gerade erst nach New York gekommen und in eine ziemlich heruntergekommene Wohnung in der Mott Street gezogen. An diesem Spätnachmittag machte ich mit meiner Mitbewohnerin, die unglaublich katholisch war, einen Bummel auf der Fifth Avenue.«

Sie griff nach einer Flasche Mineralwasser, die auf dem Fußboden stand.

»Damals waren Kirchen nicht so mein Ding, aber direkt gegenüber gab es eine tolle Victoria's-Secret-Boutique ... Während ich Dessous anprobierte, wollte meine Mitbewohnerin unbedingt die Kathedrale besichtigen, und als sie ewig nicht mehr zurückkam, bin ich hinübergegangen, um sie zu suchen. Von Weitem bemerkte ich eine Menschenansammlung rund um den Chor. Genau in dem Moment, als ich durch das Hauptschiff ging, stürmten zwei Polizisten herein und machten sich daran, einen Typen zu verfolgen, der nur mit einer rosa gepunkteten Unterhose bekleidet war. Heute bin ich mir sicher: Dieser Typ warst du!«

Diese Enthüllung machte mich sprachlos. Lisa ihrerseits schien entzückt zu sein.

»Das ist doch verrückt, oder?«, sagte sie, breit lächelnd. »Ich konnte es nicht abwarten, dir das zu erzählen!«

»Das kann kein Zufall sein«, antwortete ich.

»Natürlich ist das kein Zufall! Ich werde dir sagen,

was das bedeutet: Es bedeutet, dass auch ich Teil deiner Geschichte bin! Dass der Leuchtturm uns zusammengeführt hat, so wie Sullivan und Sarah!«

Sie schien von diesem Gedanken begeistert zu sein. Mir machte er Angst.

»Hat Sullivan dir auch den tragischen Epilog seiner Geschichte erzählt?«

»Ja, aber wir beide, wir werden diesen Fluch brechen!«, erwiderte sie voller Überzeugung.

Mir kamen plötzlich Zweifel, und ich sagte mir, dass Sullivan mit all seinen Warnungen vielleicht nicht unrecht hatte.

Aber in diesem Moment hob Lisa das Betttuch an und bot ihren Körper meinen Blicken dar. Sie ließ sich zurücksinken und streckte die Arme aus, um meinen Oberkörper zu streicheln und mich an sich zu ziehen. Ihre Lippen huschten über meine Brust und meinen Hals. Ihre Finger glitten meinen Rücken hinunter, schmiegten sich an jeden Wirbel, streichelten meine Seiten, meinen Hintern, luden mich ein, erneut in sie einzudringen.

In dem Moment, als ich dieser Einladung nachkam, waren Sullivans Warnungen vergessen.

3.

Ohne dass wir darüber gesprochen hätten, war mir klar, dass wir uns in einem Punkt einig waren: nur in der Gegenwart zu leben.

Die Schönheit des Augenblicks nicht von der Schwere der Vergangenheit oder der Ungewissheit über unsere Zukunft verderben zu lassen.

Da uns jede andere Beschäftigung wie eine Zeitverschwendung erschien (und an Zeit mangelte es uns weiß Gott), beschränkte sich der Tag darauf, das einzig Lohnende zu tun: einander zu lieben.

So verharrten wir eng umschlungen und verließen nur selten das Bett.

9 Uhr

Ich bereitete unser Frühstück zu. Zwei Tassen Milchkaffee. Ausgezeichnetes Gebäck, das ich in der Bäckerei *Au Croissant chaud* stibitzt hatte. Krümel im Bett. Sonne auf unseren Spiegeleiern.

10 Uhr

Lisa hatte alle CDs auf ihr Bett geholt und spielte mir auf einer Mini-Hi-Fi-Anlage, die auf ihrem Nachtkästchen stand, ihre Lieblingssongs vor. An diesem Tag hörte ich zum ersten Mal den Gitarrenriff von Radiohead in *No Surprises,* das Remake des Songs *Killing Me Softly* von den Fugees und den Refrain von *Bitter Sweet Symphony,* ein wahrer Ohrwurm.

11 Uhr

Ich entdeckte die aktuellen TV-Serien: ein netter Einstieg mit der Serie *Friends,* zwei amüsante Folgen von *Seinfeld* und eine von *Emergency Room – Die Notaufnahme,* die mir den faszinierenden und zugleich nostalgischen Eindruck vermittelte, wieder bei der Arbeit zu sein.

14 Uhr

Ich probte mit Lisa ein Theaterstück von Shakespeare – Romeo und Julia, 1. Akt, 2. Szene –, das sie bald im Lincoln Center spielen würde. »Liebe ist ein Rauch, der vom Hauch der Seufzer erregt wird; aber gereinigt ein Feuer, das in der Liebenden Augen schimmert, unglückliche Liebe ist eine See, die mit den Tränen der Liebenden genährt wird.«

16 Uhr

Im Küchenregal entdeckte ich erfreut mein Rezeptbuch wieder. Mein treuer Verbündeter, der es mir ermöglicht hatte, meine inzwischen berühmte, mit Honig glasierte Ente fast perfekt zuzubereiten. Ich fragte Lisa, was ihr zum Mittagessen Freude machen würde. Anschließend ging ich, nachdem ich mich mit geradezu übermenschlicher Anstrengung aus unserem Kokon gelöst hatte, in das Lebensmittelgeschäft an der Ecke, um einzukaufen. Zurück in der Küche, machte ich mich an die Zubereitung einer Lasagne. Um ehrlich zu sein, gelang sie nur halbwegs, aber da Liebe bekanntlich blind macht, versicherte Lisa mir, es sei die beste Lasagne ihres Lebens.

18 Uhr

Die Badewanne war für zwei Personen zu klein. Doch eng aneinandergeschmiegt brauchten wir nur so viel Platz wie eine Person. Das Radio spielte Texas, Alanis Morissette und The Cranberries. In einem dampfenden Schaumbad las Lisa in der neuesten *Vogue*, während ich alte Ausgaben der *Newsweek* und des *Time Magazine* durchblätterte, um mir einen Überblick über die aktuellen Meldungen der letzten Monate, über die Katastrophen und die Helden zu verschaffen: Bill Gates, neuer IT-Weltherrscher; die Sorgen wegen der Klimaerwärmung; das fremde und neue Universum des Internets; der Tod von Tupac Shakur bei einer Schießerei in Las Vegas; die Wiederwahl von Bill Clinton; die revolutionären Auswirkungen der Intel-Mikroprozessoren auf die Wirtschaft; das wiedererstarkte Wirtschaftswachstum des Landes, begleitet von einem immer größer werdenden sozialen Gefälle.

20 Uhr

Wir machten »Hausaufgaben«. Ich hatte einen grünen Tee zubereitet. Lisa war in mein Hemd geschlüpft. Nebeneinander im Bett liegend und mit einem Stift bewaffnet, arbeitete jeder an einer anderen Sache.

Sie erstellte eine Liste rund um die Symbolik der Zahl 24, in der etwas verrückten Hoffnung, das Rätsel des Leuchtturms zu lösen (der Tag hat 24 Stunden, reines Gold 24 Karat, ein Kinofilm zeigt pro Sekunde 24 Bilder, die Bibel berichtet über die 24 Heilungen durch Jesus Christus, 24 Elemente, die den menschlichen Körper bilden ...). Meine Aufgabe war es, einen von ihr ausgearbeiteten, an Proust angelehnten Fragebogen auszufüllen, den sie extra für mich gemacht hatte, um mich besser kennenzulernen.

23 Uhr

Empañada Papas war eine überfüllte und laute Tapasbar zwei Häuserblocks von Lisas Wohnung entfernt, die jedoch großartige Blätterteigtaschen mit Fleischfüllung servierte. Ich saß an einem Tisch und beobachtete Lisa, die sich mit zwei Flaschen Corona-Bier einen Weg von der Theke durch die Menge bahnte.

Ihr Lächeln, ihre Anmut, ihre Ausstrahlung, die der eines Diamanten glich. Warum hatte ich nicht das Glück gehabt, ihr vorher zu begegnen? Warum hatten wir nicht das Recht, ein normales Leben zu führen? Im gedämpften Licht mischten sich die karamellfarbenen Reflexe des Leders ihrer Perfecto-Jacke mit ihrem honigfarbenen Haar. Sie stellte die Flaschen auf den Tisch und setzte sich neben mich.

Den ganzen Tag über war ich davon fasziniert gewesen, wie unsere Gesten harmonierten, wie sich unser Lachen ergänzte, wie unsere Gehirne auf der gleichen Ebene arbeiteten.

An der Wand hing eine mexikanische Uhr in Form eines Totenkopfes, die Sekunde für Sekunde tickte und mich daran erinnerte, dass die Stunde des Abschieds nahte.

Bedenke, dass die Zeit ein gierig Spiel beginnt
und dass sie ohne Trug gewinnt, unweigerlich.

Aus einem lange zurückliegenden Französischunterricht aufgetaucht, waren mir diese Verse von Baudelaire noch nie passender erschienen.

Wie konnte das Schicksal so grausam sein, mir diese Strafe aufzuerlegen?

5 Uhr morgens

Das Zimmer war in blasses Mondlicht getaucht. Ein verzweifelter Blick auf den Wecker. Mit einem Gefühl der Angst stand ich lautlos auf.

Mein Hemd, meine Jacke, meine Hose, meine Schuhe. Es war besser, für den Abgang gerüstet zu sein.

Ich spürte Lisa hinter mir: Ich hatte geglaubt, sie würde schlafen. Ihre Hand auf meinem Bauch. Ihre Küsse, die von meinen Schultern zu meinem Hals hinaufwanderten.

»Ich kann einfach nicht glauben, dass du wirklich gehen wirst«, sagte sie und drängte mich auf den Korbstuhl ihres kleinen Schreibtisches.

Sie kletterte auf mich und entledigte sich ihres Negligés. Meine Hände strichen sanft über die Wölbungen ihrer Brüste, die sich im bläulichen Dämmerlicht des anbrechenden Tages abzeichneten. Ihre Finger zerzausten mein Haar, sie suchte meine Lippen. Sie setzte sich auf meinen harten Penis und bewegte sich gleichmäßig auf und ab.

An meinen Oberkörper geklammert, warf sie den

Kopf zurück, wiegte sich auf mir mit geschlossenen Augen und halb geöffnetem Mund.

Meine Finger glitten von ihren Lippen zu ihren Brüsten. Und plötzlich vernebelten sich meine Gedanken. Ich bekam keine Luft mehr. Ein immer stärker werdendes Kribbeln ließ meine Bewegungen erstarren. Mein Blick verschwamm, und der gefürchtete Duft nach Orangenblüten stieg mir in die Nase.

Nein, nicht jetzt!

Während sich ihr Rhythmus beschleunigte, packte ich ihre Hüften, in dem Versuch, mich an allem festzuklammern, was nur ging: ihrem Stöhnen, dem Duft ihrer Haut.

Egal, was, um nur noch ein paar Minuten länger bleiben zu können.

Hier und jetzt.

Lisas Augen versenkten sich in die meinen. Ich spürte, wie ihr Körper erbebte. Eine Welle der Lust erfasste sie.

In dem Moment, als sie zum Höhepunkt kam, öffnete sie den Mund, um meinen Namen zu rufen.

Aber da war ich schon nicht mehr da.

Welches Verbrechen hatte ich begangen, das einen so hohen Preis verdiente?

Für welch unverzeihlichen Fehler musste ich so sehr büßen?

1998
Der Mann, der verschwindet

Auf gefahrlose Wege schickt man nur die Schwachen.

Hermann Hesse, *Das Glasperlenspiel*

0.

Manches Erwachen ist schwieriger. Dieses hier erfolgt ganz sanft. Inmitten des Duftes nach Herbstzeitlosen, Heidekraut und Rosen. Als ich zu mir komme, liege ich im frisch gemähten Gras einer Wiese.

Ich reibe mir die Augen, richte mich auf, massiere mir die Schultern. Es ist Tag, ein wenig kalt. Mein Geld ist noch immer in meiner Jackentasche, aber meine Hose ist aufgeknöpft und hängt mir um die Knöchel. Hastig ziehe ich mich ordentlich an. Die Sonne steht nicht sehr hoch. Der Herbst hat einen feurigen Farbton über die Bäume geworfen. Ich befinde mich im Garten eines schönen Stadthauses.

Auf den Stufen der Außentreppe hebe ich eine durch Folie geschützte Zeitung auf, die ein Zeitungsjunge gerade ge-

bracht haben muss. Ich schaue auf die Adresse – nicht weit vom Gramercy Park – und auf das Datum – wir haben den 31. Oktober 1998. Halloween.

Diese beruhigende Idylle hält sich nicht sehr lange. Plötzlich wird die Ruhe vom wütenden Gebell zweier Doggen beendet. Die großen Wachhunde auf den Fersen, nehme ich Reißaus und klettere über das Gitter. Schwer falle ich auf der anderen Seite des Zauns zu Boden. Den Hunden bin ich zwar entkommen, aber meine Wade hat eine Bisswunde davongetragen.

1.

Ein Taxi zur Amsterdam Avenue. Die Treppen. Das Klingeln an der Tür, das sich in die Länge zieht. Die Verblüffung in Lisas Blick, als sie öffnet. Meine egoistische Erleichterung, als ich feststelle, dass sich kein anderer Mann in der Wohnung aufhält. Die Schwierigkeiten, bis wir uns wiedergefunden haben. Bis dieser Zeitunterschied überstanden ist, der unser Leben ruiniert. Bis der Druck dieser Situation überwunden ist. Jedes Mal wieder fällt es mir schwer, mich in sie hineinzuversetzen. Ich weiß zwar, dass ich ihr Zeit lassen muss, den Schock zu verarbeiten, aber unsere Wahrnehmungen sind dazu verurteilt, nie synchron zu laufen: Während sie mich seit über einem Jahr nicht gesehen hat, habe ich den Eindruck, sie erst vor wenigen Stunden verlassen zu haben …

Denn ich bin der Mann, der verschwindet. Der Mann ohne Zukunft. Der schemenhafte Mann. Der Mann mit dem Lebenshunger, der jedoch nichts versprechen kann. Der sein Leben schnell leben, der jedem Tag die Intensität einer Achterbahnfahrt geben muss. Der die Zeit in die Länge zu ziehen versucht, um den Strauß der Erinnerungen zu vermehren, die er bei seinem Weggang hinterlässt, wenn er wieder fortgeht.

2.

Ich bin der Mann, der verschwindet, sich aber an alles erinnert.

Dieser Tag vergeht – genau wie die anderen – blitzschnell. Mit dem Schmerz, der Dringlichkeit, dem vorweggenommenen Gefühl des Verlusts, das wir beide zurückbehalten werden.

Ich erinnere mich an die Grimassen schneidenden Halloween-Kürbisse, mit denen Fenster und Gärten geschmückt waren.

An diese Buchhandlung in der Nähe des Union Square, wo wir Gedichte von Emily Dickinson gelesen haben.

An diesen Saxofonisten, der vor dem Bethesda Fountain *Bye Bye Blackbird* spielte.

Ich erinnere mich daran, dass wir im Madison Park anstanden, um im *Shake Shack* einen Hamburger zu essen.

Auf einem umzäunten Sportplatz an der Mulberry Street erinnere ich mich, einen Jugendlichen im Basketball herausgefordert zu haben, der zwanzig Zentimeter größer war als ich.

Ich erinnere mich an dieses Paar, das sich in der Hochbahn nach Brooklyn stritt, dass die Fetzen flogen, das aber dennoch einen verliebten Eindruck machte.

Ich erinnere mich an Lisas Lachen im Riesenrad auf Coney Island.

Daran, ihr eine Haarsträhne hinters Ohr gestrichen zu haben.

An die Windböen auf der Holzpromenade am Meer.

An den Eisverkäufer, der seine Vanillehörnchen in heiße Schokoladensoße tauchte.

Ich erinnere mich an die Zigaretten, die wir am Strand von Brighton Beach bei Sonnenuntergang rauchten.

An unsere Rückkehr nach Manhattan.

An die verkleideten Kinder, denen wir auf den Straßen begegneten und die an die Türen klopften und riefen: »Süßes, sonst gibt's Saures.«

Ich erinnere mich an diesen *deli* in der Nähe der Columbia University, in dem es angeblich die besten Pastrami-Sandwiches der Stadt gab.

An das alte Kino an der Upper West Side, in dem Chaplin-Filme gezeigt wurden.

Ich erinnere mich, dass wir uns damit schwertaten, zu glauben, dieser Tag würde nie enden.

In aller Herrgottsfrühe, in dem Moment, als die Zeit mich Lisa erneut entriss, in dem Moment, als eine noch heftigere elektrische Entladung als sonst mein Gehirn unter Strom setzte, erinnere ich mich, gedacht zu haben, dass mein Leben nicht mehr lange so weitergehen könne.

Und ihres auch nicht.

1999
Die Geisterschiffe

> *... aber die meisten, die sich auskennen, wissen, dass die Liebe etwas ist, das sich mit jedem Tag ändern kann, und je nachdem, wie sehr man darum kämpft, behält man sie, klammert man sich an sie oder verliert sie.*
>
> Colum McCann, *Die große Welt*

0.

Zunächst ein Gefühl von Kälte.

Ein beißend kalter Windzug, der mein Gesicht erstarren und meine Glieder gefrieren lässt. Eine eisige Welle, die durch meine Kleidung und auch durch meine Haut bis auf die Knochen zu dringen scheint.

Dann der Geruch.

Nach getrocknetem Fisch, Algen und Diesel. Der Gestank ist so penetrant, dass mir übel wird und ich das Gefühl habe, mich übergeben zu müssen. Bevor ich mich mühsam erhebe, erbreche ich Galle. Ich huste, ringe nach Luft und richte mich schließlich auf. Angst schnürt mir den Magen zusammen. Bei jedem Erwachen dasselbe Entsetzen, dieselbe Panik, nicht zu wissen, wo ich wieder zu mir kommen und mit welcher Gefahr ich konfrontiert sein werde.

Mühsam öffne ich die Augen und entdecke eine Landschaft, die zugleich grandios und trostlos ist.

Es ist noch Nacht, aber der Himmel wird langsam hell. So weit das Auge reicht, nichts als Wracks. Von Rost überzogene Schiffe verschiedenster Größen und Typen: alte Dampfer, Lastenkähne, Segelschiffe, deren Masten im Wind aneinanderstoßen, Fischkutter, Taxiboote, Schleppkähne und sogar Eisbrecher.

Hunderte, ja Tausende von Booten, die auf diesem Schiffsfriedhof verrotten.

1.

Es war mir unmöglich, zu sagen, wo ich mich befand.

In der Ferne zeichnete sich nicht die vertraute Skyline von Manhattan ab, ich konnte nur vage einige Kräne erkennen, Industrieschornsteine und den rötlichen Schein einer Raffinerie.

Es war nicht der gastlichste Ort der Welt. Und keine Menschenseele in der Nähe. Die Stille wurde nur durchbrochen vom Plätschern des Wassers, dem Knarren der Taue und dem Geschrei der Möwen, die über den nachtblauen Himmel zogen.

Ich fror erbärmlich. Die Kälte war unerträglich. Ich war nur mit meiner leichten Hose, einem Poloshirt und einer für diese Temperaturen viel zu dünnen Jacke bekleidet. Die beißende Kälte brannte auf meinem Gesicht. Tränen rannen über meine Wangen.

Um mich aufzuwärmen, rieb ich mir Schultern und Arme und blies in meine Hände, doch das war nicht ausreichend. Wenn ich mich nicht bald bewegen würde, würde ich erfrieren.

Meine Füße versanken in einem torfigen Boden. Eine Mole gab es nicht. Ich befand mich nicht auf einer Werft, sondern auf einem Seeschrottplatz, auf dem Schiffe im Brackwasser vor sich hin rosteten.

Weltuntergangsstimmung, eine grauenvolle Apokalypse. Der einzige Weg, um diesen Ort zu verlassen, war, am Strand entlangzulaufen. So watete ich durch den Schlamm und ließ die Geisterschiffe hinter mir, bis ich schließlich einen gemauerten Ponton erreichte, der zu einem Sandufer führte.

Halb erfroren senkte ich den Kopf, um mein Gesicht vor dem eisigen Wind zu schützen, und begann schließlich zu rennen.

Nach wenigen Schritten spürte ich meinen Körper nicht mehr. Meine Lungen brannten bei jedem Atemzug, Nase und Kehle waren von der Kälte verbrannt.

Selbst das Denken fiel mir schwer, ganz so, als sei auch mein Gehirn erstarrt.

Nachdem ich etwa zwanzig Minuten gelaufen war, erreichte ich schließlich eine Siedlung, die aus wenigen zweistöckigen, gestrichenen Holzhäusern bestand. Beim ersten Haus blieb ich stehen. In einen dicken

Parka gehüllt, verbrannte ein alter Mann mitten auf seinem Rasen trockenes Laub.

»Haben Sie sich verlaufen?«, fragte er, als er mich sah.

Er trug einen Cowboy-Stetson auf dem Kopf, und sein Schnauzbart war vom Tabak gelblich verfärbt.

Vorgebeugt und auf die Knie gestützt, hustete ich mir die Seele aus dem Leib. Mir war schwindelig, und mein Herz schlug zum Zerspringen.

»Wo sind wir hier?«, keuchte ich mühsam.

Der Alte kratzte sich am Kopf und kaute auf seinem Priem.

»Wo wir sind? Nun, auf dem Schiffsfriedhof von Witte Marine.«

»Und wo ist das genau?«

»In Rossville, Staten Island.«

»Ist Manhattan weit von hier?«

»Die große Stadt? Pah, sie brauchen mit dem Bus eine gute Stunde, um die Fähre zu erreichen, dann noch die Überfahrt.«

Die Verzweiflung ließ mich förmlich zum Eisblock erstarren.

»Es scheint dir nicht gut zu gehen, mein Junge«, bemerkte der Alte. »Willst du reinkommen und dich bei einem Glühwein aufwärmen?«

»Ja, vielen Dank, Mister.«

»Ich heiße Zachary, aber du kannst mich, wie alle anderen, auch *Priem* nennen.«

»Arthur Costello …«

Als ich ihm ins Haus folgte, bot er mir an: »Ich kann dir auch warme Kleidung in deiner Größe geben. Ich habe einen ganzen Schrank voll. Die Sachen haben meinem Sohn gehört. Er hieß Lincoln und war freiwilliger Helfer beim Roten Kreuz. Vor zwei Jahren ist er bei einem Motorradunfall gestorben. Du siehst ihm ein bisschen ähnlich ...«

Ich bedankte mich erneut.

»Welcher Tag ist heute?«, fragte ich, als wir die Haustür erreicht hatten.

»Freitag.«

»Und welches Datum?«

Er spuckte seinen Priem aus und zuckte die Achseln.

»Pah, wenn man den Zeitungen Glauben schenkt, stehen wir kurz vor dem Weltuntergang.«

Ich runzelte die Stirn, und er fuhr fort: »Um Mitternacht sollen alle Maschinen durchdrehen. Sie sagen, ein Fehler in den Computersystemen. Aber ich glaube, das ist alles Quatsch.«

Ich hatte Mühe zu verstehen, was er mir da erzählte. Ich trat in das Wohnzimmer, wo der Fernseher lief. Als ich die Einblendung am unteren Bildrand sah, begriff ich, was er gemeint hatte.

Es war der 31. Dezember 1999.

Der Vorabend des »Weltuntergangs«.

2.

Als ich zu Lisas Wohnung kam, war die Tür verschlossen. Ich hatte unglaublich lange gebraucht, um von Staten Island nach Manhattan und dann zu den Morningside Heights zu gelangen. Wie jedes Jahr an den Weihnachtsfeiertagen gab es Massen von Touristen in New York. Und die Feierlichkeiten zum Jahrtausendwechsel machten alles noch schlimmer. In der Stadt wimmelte es von Polizisten. Rund um den Times Square waren mehrere Straßen gesperrt, was zu erheblichen Staus in Midtown führte.

Und die Frau, die ich liebte, war nicht da.

Besser gesagt, sie war allgegenwärtig. An diesem Jahresende war auf sämtlichen Werbeflächen der Stadt Lisas Foto in Schwarz-Weiß für eine Calvin-Klein-Kampagne zu sehen. Ich hatte sie auf den Werbetafeln der Bushaltestellen und an den Telefonkabinen gesehen, ebenso auf Bussen und den Dächern der Taxis. Es war eine ästhetische, minimalistische Aufnahme: Sie zeigte Lisa am Strand der Hamptons, mit nassem Haar, einen Arm gespielt schamhaft über den nackten Busen gelegt.

Ich lauschte auf irgendein Geräusch oder Remingtons Miauen. Doch der Kater schien nicht in der Wohnung zu sein.

Um ganz sicherzugehen, trommelte ich an die Tür.

»Sie brauchen sich gar nicht so aufzuführen! Sie sehen doch, dass die Kleine nicht zu Hause ist!«

Mit Lockenwicklern auf dem Kopf und verärgerter Miene erschien Lena Markovic, die alte Nachbarin, auf dem Treppenabsatz. Hinter ihr tauchte Remington auf, der schnell zu mir kam, um sich an meinem Bein zu reiben.

»Guten Tag, Mrs Markovic. Sie passen also auf Lisas Kater auf?«

»Wie scharfsinnig, junger Mann!«

»Wissen Sie, wo sie ist?«, fragte ich und nahm Remington auf den Arm.

»Sie hat das Glück, in Urlaub fahren zu können. Ich mit meiner kleinen Pension hingegen ...«

»Wo ist sie denn?«, unterbrach ich sie und baute mich vor ihr auf.

Die alte Dame machte eine vage Handbewegung.

»Auf den Inseln.«

»Auf den Inseln? Auf welchen denn?«

»Woher soll ich das wissen!«

Die Frau ging mir auf die Nerven. Sie war das genaue Gegenstück zu Zachary vom Schiffsfriedhof, der keine Mühen gescheut hatte, um mir zu helfen.

»Sie hat Ihnen doch sicher eine Telefonnummer hinterlassen«, beharrte ich.

Misses Markovic schüttelte den Kopf, doch ich wusste, dass sie log. Ungefragt machte ich einen Schritt, um in ihre Wohnung einzudringen. Sie versuchte, mich daran zu hindern, doch ich stieß sie, ohne zu zögern, beiseite, schloss die Tür hinter mir und ließ sie in Morgenrock und Pantoffeln auf dem Treppenabsatz stehen.

Die Wohnung hatte zwei Zimmer, in denen sich offenbar seit Jahren nichts verändert hatte. Fünfzig Quadratmeter im Stil der 1970er-Jahre erstarrt: vergilbter Linoleumboden, Tapeten mit geometrischen Mustern, Resopalmöbel, ein hellbraunes Skaisofa. Das Telefon stand auf einem billigen braunen Regal im Flur, daneben lagen ein Kalender, ein Notizblock, ein Telefonbüchlein und mehrere Klebezettel. Auf einem von ihnen fand ich die Information, die ich suchte: *Elizabeth Ames, Blue Langoon Resort, Moorea.* Dahinter eine zwölfstellige Telefonnummer.

Moorea. Ich starrte auf den Namen der Insel und brauchte einen Moment, um zu begreifen, was das genau bedeutete: Lisa befand sich in Französisch-Polynesien, und ich würde sie dieses Jahr nicht sehen.

Nein.

Ich nahm den Hörer ab und wählte die Nummer.

»Blue Lagoon Resort, was kann ich für Sie tun?«, fragte eine Stimme auf Französisch.

»Ich möchte Miss Elizabeth Ames sprechen.«

»Natürlich, aber … Sie rufen von den Vereinigten Staaten aus an, nicht wahr? Durch die Zeitverschiebung ist es hier erst fünf Uhr morgens und …«

»Wecken Sie sie, es ist sehr wichtig. Sagen Sie ihr, dass Arthur Costello am Apparat ist.«

»Natürlich, ich werde sehen, was ich tun kann.«

Während ich wartete, sah ich, wie die Eingangstür unter den Schlägen des Türklopfers vibrierte. Ich wagte einen Blick durch den Spion. Wie ich befürchtet hatte,

hatte Lena Markovic einen guten Teil der Nachbarschaft zusammengetrommelt. Ich lauschte und hörte immer wieder nur dieselben Rufe: »Holt die Polizei!«

»Arthur. Bist du in Manhattan?«

Ich schloss die Augen. Lisas Stimme zu hören, das war zugleich tröstlich und deprimierend.

»Ich bin bei dir oder, besser gesagt, bei deiner charmanten Nachbarin. Ich bin vor vier Stunden in einer der elendsten Ecken des Staates New York aufgewacht. Ich wollte dich so gern sehen und bin jetzt furchtbar enttäuscht!«

»Hör zu, ich ...«

Ich erkannte sofort an Lisas Stimme, dass etwas nicht in Ordnung war. Keine Begeisterung, keine Aufregung. Ich war mir fast sicher, dass sie keine Gefühle mehr für mich hegte. Ich spürte, wie Zorn in mir aufstieg.

»Darf ich wissen, was du in Polynesien machst?«

»Ich bin mit einigen aus meiner Theatertruppe unterwegs. Wir wollten das neue Jahr in der Sonne feiern.«

Innerlich kochte ich. Sie leistete sich einen Urlaub am anderen Ende der Welt, obwohl sie wusste, dass ich jederzeit aufkreuzen konnte. Sie ging also ganz bewusst das Risiko ein, mich zu verpassen. Diese Feststellung brachte mich halb um den Verstand.

»Ich verstehe nicht ganz, du bist also weggefahren, um dich in der Sonne zu aalen, obwohl du wusstest, dass ich bald wiederkommen würde? Du hättest doch wohl wirklich auf mich warten können!«

Auch sie wurde nun laut.

»Was willst du eigentlich? Soll ich mein eigenes Leben hintanstellen? Darf ich nichts mehr unternehmen? Soll ich brav zu Hause sitzen und darauf warten, dass wir einen einzigen Tag im Jahr zusammen verbringen können? Ich warte seit vierzehn Monaten auf dich, Arthur! Seit vierzehn Monaten!«

Ich seufzte. Mein Kopf verstand ihre Überlegungen vollkommen, aber sie brachen mir das Herz.

Plötzlich hörte ich eine Männerstimme hinter ihr – oder glaubte es zumindest.

»Du bist nicht allein in deinem Zimmer? Ist jemand bei dir?«

»Ich denke, das geht dich nichts an.«

Solch exzessive Eifersucht war völlig neu für mich. Ich war nie besitzergreifend gewesen, doch jetzt explodierte ich.

»Wie, das geht mich nichts an? Ich dachte, du liebst mich.«

Lisa schwieg eine lange Weile.

»Ich habe nie gesagt, dass ich dich liebe, Arthur. Und selbst wenn es so wäre, wüsste ich nicht, wohin unsere Geschichte führen soll. Dich zu lieben, das heißt, zu leiden. Es ist schlimmer, als mit einem Strafgefangenen verheiratet zu sein, den könnte ich wenigstens von Zeit zu Zeit besuchen. Und schlimmer, als die Frau eines Soldaten zu sein, denn da könnte ich zumindest auf seinen Urlaub warten!«

Draußen heulte eine Sirene. Ich trat ans Fenster und sah zwei Polizeiwagen, die am Bordstein parkten. Mehrere Uniformierte sprangen heraus und verschwanden im Eingang.

Völlig außer mir erinnerte ich Lisa an die Worte, die sie vor einigen Monaten gesagt hatte.

»Du hast behauptet, der Leuchtturm hätte uns zusammengebracht, und *auch du* wärst jetzt Teil meiner Geschichte!«

Sie verlor die Geduld.

»Nun gut, ich habe mich geirrt, was kann ich dafür? Es ist nicht das erste Mal, dass ich mich jenseits aller Vernunft für einen Typen begeistere. Das hätte mich schon ein Mal fast das Leben gekostet, wie du ja selbst am besten weißt.«

Das Hämmern an der Tür ließ mich aufhorchen. Während die Polizisten mir befahlen zu öffnen, versetzte Lisa mir den Gnadenstoß.

»Arthur, du kannst nicht von mir verlangen, dass ich aufhöre zu leben, während ich auf dich warte. Ich will dich nicht mehr sehen. Nie wieder. Ich kann dir nicht helfen, und ich will nicht mehr leiden«, sagte sie und legte auf.

Wütend schleuderte ich den Hörer gegen das Regal. In derselben Sekunde sprang die Tür auf, und zwei Beamte des New York Police Department stürzten sich auf mich.

Ich ließ mich widerstandslos festnehmen. Nachdem sie mir Handschellen angelegt hatten, schleiften sie mich die Treppe hinunter und über den Bürgersteig.

»Noch einer, der den Sprung ins neue Jahr im Knast

verbringen wird«, sagte einer der Polizisten und stieß mich auf den Rücksitz des Ford Crown.

Er hatte nicht unrecht – für dieses Jahr war das Spiel gelaufen.

2000
Das russische Zimmer

Er blickte über das Meer und wusste, wie allein er jetzt war. Aber er konnte die Lichtbrechungen in dem tiefen, dunklen Wasser sehen.

Ernest Hemingway, *Der alte Mann und das Meer*

0.

Wieder diese Kälte.

Eisige Luft, die in meinen Körper eindringt und mich lähmt.

Ich zittere am ganzen Leib. Mein Atem geht schwer, meine Lippen sind fast erfroren, meine Haare nass, meine Wangen von einer Eisschicht bedeckt.

Mühsam öffne ich die Augen und versuche, mich aufzurappeln, doch ich rutsche aus und falle in den Schnee.

Ich ziehe mich an einem Treppengeländer hoch und kneife die Augen leicht zusammen, um die Straßennamen entziffern zu können.

Ich befinde mich auf dem Bürgersteig einer verlassenen

Straße in der East Side, Ecke Avenue A und Tompkins Square Park.

Diese so seltene Stille mitten in Manhattan überrascht mich. Um mich herum verbirgt sich die Stadt unter einem weißen Tuch. Die Schneedecke reflektiert das Grau des Himmels, von dem noch einige Flocken herabrieseln.

1.

Zum Glück war ich warm angezogen. Ich trug noch immer den Parka, den Pullover und die Pelzstiefel, die mir Zachary, der Wächter des Schiffsfriedhofs, gegeben hatte. Meine letzte Erinnerung war nicht eben glücklich: Ich hatte die Silvesternacht in einer Zelle des 24. Reviers in Gesellschaft von Trunkenbolden und Drogensüchtigen verbracht. Wenn auch ohne Champagner, so waren meine Kopfschmerzen und die Übelkeit doch so stark, als hätte ich mir einen ordentlichen Rausch angetrunken.

Ich wagte ein paar vorsichtige Schritte in die nächste Querstraße. Vor seinem Salon schaufelte ein Friseur den Bürgersteig frei. Ich lauschte auf die Kurznachrichten aus dem kleinen Radio, das er bei sich trug.

Der Blizzard, der über dem Nordosten des Landes niedergegangen ist, scheint der schlimmste Sturm der letzten fünf Jahre gewesen zu sein. In New York, wo im Laufe des Vormittags fünfunddreißig Zentimeter Neuschnee gefallen sind, legen die Pflüge langsam die Hauptstraßen frei. Bürger-

meister Rudolph Giuliani hat soeben die Öffnung der drei großen Flughäfen bekannt gegeben, doch viele Bewohner der Viertel Brooklyn und Queens werden noch immer nicht mit Strom versorgt. Und die Schneemassen könnten auch die morgigen Neujahrsfeierlichkeiten beeinträchtigen …

Plötzlich blieb ich stehen. Auf der gegenüberliegenden Straßenseite winkte mir ein in einen dicken Dufflecoat gehüllter Mann zu. Zunächst erkannte ich ihn nicht. Er trug eine Pelzmütze mit Ohrenklappen und um den Hals einen Schal, den er bis zu den Augen vors Gesicht gezogen hatte. Dann rief er mir zu: »Hallo, Kleiner, freut mich, dich wiederzusehen!«

2.

Unsere Umarmung dauerte eine ganze Weile. Es tat mir gut, Sullivan wiederzusehen. In den letzten drei Jahren hatte mir mein Großvater mehr gefehlt, als ich mir eingestehen wollte.

»Wann bist du zurückgekommen?«, fragte er und legte beide Hände auf meine Schultern.

Er war mittlerweile über achtzig Jahre alt, doch er schien noch immer in guter Verfassung zu sein: kräftige Statur, geschmeidiger Gang, heller, wacher Blick, ein dichter, ordentlich getrimmter Bart.

»Gerade eben«, erwiderte ich. »Ich bin vor ein paar Minuten auf dem Bürgersteig am Ende der Straße zu mir gekommen.«

»Siehst du, es gibt keine Zufälle!«, erklärte er feierlich. »Komm mit, es ist kalt hier!«

»Wohin gehen wir?«

»An den einzigen Ort von New York, wo man heute sicher sein kann, sich nicht zu Tode zu frieren!«

Ich begleitete ihn zu einem diskreten Aushängeschild an der 110th Street: *Russian & Turkish Baths.*

Das »russisch-türkische Bad« war eine hundert Jahre alte, bekannte Institution an der Lower East Side. Ich hatte schon davon gehört, wäre aber nie auf die Idee gekommen, hinzugehen. Sullivan schien hier Stammgast zu sein. Auf Russisch begrüßte er Igor, einen zwei Meter großen, knochigen Mann, der am Empfang saß. Der Riese, der ein traditionelles Hemd aus besticktem Leinen trug, schnitzte mit einer langen Klinge an einem Stück Holz herum. Als er meinen Großvater sah, stach er das Messer ins Holz und begrüßte uns.

Er reichte uns Frotteemäntel, Handtücher, zwei Paar Badeschuhe und führte uns zu den Umkleideräumen. Sobald wir uns umgezogen hatten, folgte ich Sullivan durch ein Gewirr von Gängen und über kleine Treppen. Am Hamam, Jacuzzi, Schwitz- und Massageraum vorbei, gingen wir zu jenem Bereich, der den Ruf des Bades ausmachte – zum »russischen Zimmer«. Es war ein großer Raum mit einem riesigen, mit glühenden Steinen gefüllten Ofen. Vom ersten Moment an tat mir die trockene Hitze gut. Ich spürte, wie sich bei diesen Temperaturen meine Poren öffneten, meine Stirnhöhle frei wurde, das Blut zirkulierte und mir neue Kraft gab.

Sullivan setzte sich auf die höchste und wärmste Steinstufe.

»Ich sag's dir lieber gleich«, erklärte er und forderte mich mit einer Handbewegung auf, neben ihm Platz zu nehmen. »Lisa ist im Moment nicht in New York.«

Ich versuchte nicht einmal, meine Enttäuschung zu verbergen.

»Sie ist für ein Schmuck-Label zu einem Fotoshooting in Venedig.«

Venedig … Selbst wenn Lisa nicht mehr zu meinem Leben gehören wollte, deprimierte es mich zu wissen, dass sie siebentausend Kilometer entfernt war.

Während ich mir schweigend die Schläfen massierte, fuhr Sullivan fort: »Sie hat mir alles erzählt. Glaub mir, es war eine kluge Entscheidung, die ihr da getroffen habt.«

»Man kann nicht sagen, dass sie mir wirklich die Wahl gelassen hätte …«

Die Temperatur in dem russischen Raum stieg. Ich sah auf das Thermometer an der Wand: fast neunzig Grad!

»Dieses Mädchen hat mir auf Anhieb gefallen«, fuhr ich fort und rieb mir die Augen. »Launisch, zickig, kapriziös, ungestüm …«

Sullivan, der sie noch besser kannte als ich, konnte ein Lächeln nicht unterdrücken. Doch ich brach unvermittelt in Tränen aus.

»Verdammt, ich kann es nicht fassen, dass ich sie nicht mehr sehen werde!«

Mein Großvater, der sich offenbar unwohl fühlte, reichte mir ein Handtuch.

»Schlag ein neues Kapitel auf, Arthur.«

»Das ist aber sehr schwer«, antwortete ich und wischte mir das Gesicht ab.

»Ich weiß. Aber überleg doch mal, du kannst nicht von ihr verlangen, auf dich zu warten. Eine solche Forderung wäre unmenschlich.«

Zum ersten Mal gab ich nach.

»Vielleicht hast du recht.«

Ich schloss kurz die Augen und überließ mich der erholsamen Atmosphäre der Sauna.

»Aber dir ist es doch auch gelungen, Sarahs Liebe zu bewahren«, erwiderte ich dann.

Sullivan zuckte die Achseln und stieß einen Seufzer aus. Wie jedes Mal, wenn er von seiner Vergangenheit sprach, wurden seine Augen feucht, und seine Züge entgleisten.

»Sie war eine ganz andere Frau, und es war eine andere Zeit und eine andere Generation. Und dann, bedenk doch, wohin es geführt hat. Ich habe die Frau getötet, die ich geliebt habe, und ich war nicht imstande, etwas zu unternehmen, um meine Tochter zu retten.«

Ich kannte seine Geschichte und den tragischen Ausgang, doch als ich sie an diesem Tag zum x-ten Mal hörte, störte mich irgendetwas daran.

»Aber wie konntest du Sarah dazu bringen, auf dich zu warten? Wie hast du es geschafft, dass sie dich liebte, obwohl ihr euch so selten gesehen habt?«

Er erhob sich und fächelte sich mit beiden Händen Luft zu. Ich dachte, er würde mir antworten, doch stattdessen griff er nach einem kleinen Holzbottich und überschüttete meinen Körper mit eiskaltem Wasser.

»Erfrischend, was?«

Ich stieß einen Schrei aus, während er von einem heftigen Lachen geschüttelt wurde.

Ich warf ihm einen vernichtenden Blick zu, doch in diesem Augenblick platzten zwei Kolosse herein. Von Kopf bis Fuß tätowierte Russen mit kahl rasierten Schädeln, die nur mit Shorts und einem Unterhemd bekleidet waren.

»Zeit für die Massage«, verkündete Sullivan.

Misstrauisch erklärte ich mich bereit, mich dem Ritual zu unterwerfen. Statt einer Massage handelte es sich eigentlich um ein kräftiges Einreiben mit Olivenöl, das anschließend mit Oliven- und Birkenzeigen eingeklopft wurde. Nachdem ich mich zunächst innerlich dagegen gesträubt hatte, gab ich mich schließlich geschlagen und genoss den frischen Waldgeruch. Unterdessen setzte ich das Gespräch mit meinem Großvater, der auf dem Tisch neben mir lag, fort.

»Was hast du in den letzten drei Jahren getrieben?«

»Ich habe viel Geld verdient.«

»Wirklich? An der Börse?«

Er brummte zustimmend.

»1995 habe ich meine drei Goldbarren verkauft und die gesamte Summe auf verschiedenen Aktienmärkten investiert. Innerhalb von fünf Jahren hatte sich der Wert des Nasdaq verfünffacht. Anfang des Jahres, vor dem Zusammenbruch der Kurse, habe ich alles verkauft.«

»Gab es eine Wirtschaftskrise?«

»Nein, nur eine Spekulationsblase, die geplatzt ist. Das war alles vorhersehbar. Du weißt ja, was Keynes gesagt hat: ›Die Bäume wachsen nicht in den Himmel.‹ Die Tilgung wird eine Weile dauern, und viele Investoren, die dem Herdentrieb gefolgt sind, haben alles verloren.«

Er lachte höhnisch.

»Diese Idioten! Sie haben immerhin fünf Jahre gebraucht, um zu verstehen, dass sie nur mit Wind gehandelt haben! Start-ups, die rentabel werden sollten, nichts als schöne Versprechungen ...«

»Und du warst also schlauer als die anderen?«

»Ganz genau!«, sagte er zufrieden.

»Und was hast du mit dem Geld gemacht?«

»Ich habe es für dich aufgehoben.«

Ich lachte traurig.

»Ich hätte Mühe, es auszugeben.«

»Spuck nicht aufs Geld, Arthur. Das ist der Schlüssel zur Freiheit. Dein Leben ist noch lange nicht zu Ende. Und glaub mir, denn ich spreche aus Erfahrung: Es gibt immer einen Moment im Leben, in dem einige Ersparnisse entscheidend sind, um ein Projekt realisieren zu können.«

3.

»Das ist für dich«, sagte mein Großvater und reichte mir einen Pass.

Als ich ihn aufschlug und mein Foto sah, erinnerte ich mich plötzlich an Stan – den Kopierer und Fälscher von Alphabet City.

»Das ist ein ›echter Falscher‹, oder?«

»Genau«, stimmte Sullivan zu. »Sehr gute Arbeit. Fast genauso echt wie ein echter Pass.«

Es war achtzehn Uhr. Wir standen vor dem *Russ & Daughter* an, einem jüdischen *Appetizing Store* in der East Houston Street, wo es laut Sullivan die besten Bagels der Stadt gab.

Nach dem Bad waren wir nach Hause gefahren, und ich hatte den Nachmittag vor dem Kamin mit Fernsehen und der Lektüre alter Zeitschriften verbracht. So hatte ich erfahren, dass Frank Sinatra, Stanley Kubrick, Joe DiMaggio und Yehudi Menuhin gestorben waren. Ich hatte voller Entsetzen den Artikel über die Schießerei in der Schule von Columbine gelesen; hatte verstanden, dass Bill Clinton nach der Lewinsky-Affäre nur knapp einer Amtsenthebung entgangen war und dass das Land seit wenigen Tagen nach der Stimmauszählung, die angefochten worden war, einen neuen Präsidenten hatte: Georges W. Bush, der Sohn des anderen Bush …

»Next, please!«

Ich trat an den Tresen. Ich war so hungrig, dass es mir schwerfiel, das Knurren meines Magens zu unterdrücken. Ich bestellte zwei Sesam-Bagles mit Lachs, Kapern, Zwiebeln und Cream Cheese und nahm an einem der hohen Tische neben dem Eingang Sullivan gegenüber Platz.

Sobald wir saßen, entfaltete er einen alten Plan des *24 Winds Lighthouse.*

»In den letzten Jahren habe ich Nachforschungen über die Geschichte des Leuchtturms angestellt – über seine Erbauung, seine Architektur. Ich habe alles Mögliche gelesen, um zu verstehen, welcher Fluch auf uns lastet.«

»Und, hast du etwas gefunden?«

»Leider absolut nichts. Das bestätigt meine Vermutung, dass man gegen einen Fluch machtlos ist.«

»Aber ich will nicht einfach aufgeben«, erklärte ich und biss in meinen Bagel.

»Mach, was du willst, aber der Kampf ist von vornherein verloren. Und ich bin nicht sicher, dass es die beste Wahl ist, deine kostbare Zeit damit zu verschwenden.«

Er verzehrte einen marinierten Hering und fuhr dann fort: »Ich denke, der Leuchtturm ist eine Metapher für das Leben. Genauer gesagt, für das Schicksal. Und gegen das Schicksal kann man nicht ankämpfen.«

»Ich glaube nicht an das Schicksal.«

»Ich spreche eher von einer unveränderlichen ›Ordnung der Dinge‹. Weißt du, wie die Philosophen der Antike den Begriff Schicksal definiert haben?«

Ich schüttelte den Kopf, und er erklärte: »›Das heißt, das, was *passiert, passiert* mit Notwendigkeit *so*, wie es *passiert.*‹«

»Ich kann mir einfach nicht vorstellen, dass das Schicksal vorherbestimmt ist. Das wäre zu einfach – keine individuelle Verantwortung, keine Schuld, kein Antrieb, tätig zu werden …«

Sullivan schlug einen schulmeisterlichen Ton an.

»Manche Dinge geschehen, weil sie geschehen müssen, und der einzige Weg, sie nicht zu erleiden, ist, sie zu akzeptieren und sich mit ihnen zu arrangieren.«

Ich war skeptisch. Ich hatte eher den Eindruck, dass Sullivan mich mit seinen schönen Phrasen einwickeln wollte.

Also unterbreitete ich ihm eine andere Idee.

»Hast du nie daran gedacht, dass das, was uns widerfährt, eher eine Art Strafe ist?«

»Eine Strafe?«

»Ja, um für eine Schuld zu büßen.«

Er wandte den Blick der verschneiten Stadt hinter der Fensterscheibe zu, die unter der weißen Kruste erstarrt schien.

»Aber welche Schuld?«, fragte mein Großvater.

Ich hatte nicht die geringste Ahnung.

4.

Als wir wieder zu Hause waren, legte Sullivan einen großen Holzscheit in den Kamin, schenkte mir und sich selbst ein Glas Sherry ein und zündete sich eine Zigarre an.

Den ganzen Abend über führte er mich in die Nutzung des Internets ein. Auf seinem farbigen Laptop zeigte er mir, wie man surfte und E-Mails verschickte.

Dann schenkte er sich ein weiteres Glas ein und schlief schließlich in seinem Sessel ein. Mit Kopfhörern auf den Ohren verbrachte ich einen guten Teil der Nacht damit, den Cyberspace zu erforschen. Ich schickte Mails an meine eigene Adresse, hörte die gerade aktuellen Hits (das betörende *Maria Maria* von Carlos Santana, *Californication* von den Red Hot Chili Peppers, *Beautiful Day* von U2 und *Stan* von einem Rapper namens Eminem). Ich blieb stundenlang auf den Online-Sites der großen Zeitungen und in Diskussionsforen, in denen sowohl über das Phänomen Harry Potter als auch über die neuesten wissenschaftlichen Artikel zur Decodierung des menschlichen Genoms debattiert wurde. Als ich gerade die Seite der Red Sox, meiner Lieblingsbaseballmannschaft, besuchte, ging die Sonne auf.

Sullivan erwachte. Wir frühstückten zusammen. Dann duschte ich, zog saubere Kleidung und meinen dicken Parka vom Roten Kreuz an.

»Vergiss nicht, Geld mitzunehmen! Man weiß ja nie,

wo du landest«, riet mir mein Großvater, öffnete seinen Safe und schob mir ein Bündel Fünfzig-Dollar-Noten in die Tasche.

Ich war bereit zum Aufbruch und setzte mich auf das Sofa wie ein Forscher, der auf seine Exkursion wartet.

»Wir sehen uns nächstes Jahr, okay? In meinem Alter ist die Zeit begrenzt«, brummte Sullivan.

»Ganz bestimmt. In meinem Alter vergeht sie zu schnell.«

»Hängst du an diesem roten Parka?«, neckte mein Großvater mich, um den Abschiedsschmerz zu vertreiben, der uns beide zu erfassen drohte.

»Ich mag ihn gern ...«

Als mir der Duft von Orangenblüten in die Nase stieg, spürte ich, wie sich mein Magen zusammenkrampfte. Die Traurigkeit, die jedem Aufbruch anhaftete, die Angst, nicht zu wissen, wo ich wieder aufwachen würde ...

»Welches war der unangenehmste Ort, an dem du wieder zu dir gekommen bist?«, fragte ich Sullivan.

Er kratzte sich am Kopf und antwortete: »Sommer 1964, mitten in den Aufständen von Harlem. Ein blöder Bulle hat mich mit dem Schlagstock verletzt, die Narbe habe ich heute noch.«

Als ich am ganzen Körper zu zittern begann, hörte ich, wie er mir vorwarf: »Aber was ist denn mit deinen Haaren los? Weißt du, Arthur, die Tatsache, dass du Zeitsprünge machst, entbindet dich nicht davon, in Sachen Haarpflege eine gewisse Sorgfalt walten zu lassen.«

2001
Die beiden Türme

> *Zwei Menschen wollen nur selten*
> *zu irgendeinem Zeitpunkt ihres Lebens*
> *dasselbe.*
> *Manchmal ist es das, was das Menschsein*
> *so schwer macht.*
>
> Claire Keegan, *Durch die blauen Felder*

1.

Ich werde von heftigem Sodbrennen geweckt.

Verdammte Magenkrämpfe!

Ich öffne die Augen, sehe auf meine Uhr. Kurz nach halb sieben. Die Sonne sendet ihre ersten Strahlen durch die Ritzen der Fensterläden. Ich höre das Schnarchen des Typs, der neben mir schläft.

Philip, glaube ich … oder hieß er Damian?

Ich habe Kopfschmerzen, und mir ist übel. Meine Gedanken sind verworren. Ich quäle mich vorsichtig aus dem Bett, hebe meinen BH, meine Jeans, meinen Pullover und meinen Blouson auf. Dann verlasse ich das Schlafzimmer und gehe ins Bad. Dort nehme ich eine fast eiskalte Dusche; ein Elektroschock-Ersatz, um wieder einen klaren Kopf zu bekommen.

Ich seife ausgiebig mein Gesicht ein. Ich muss wieder auf die Beine kommen, brauche für heute etwas mehr Elan. Doch vor allem muss ich mir über einiges klar werden. Momentan scheint mein Leben auseinanderzubrechen. Ich gleite ab, entgleise, mache den größten Blödsinn. Zu viel Alkohol, zu viele Partys, zu viel Herumvögeln mit irgendwelchen idiotischen Typen.

Ich trete aus der Duschkabine, trockne mich in dem Bademantel ab, den ich mir aus einem Schrank geangelt habe, ziehe mich in Windeseile an und kehre auf Zehenspitzen ins Schlafzimmer zurück. Keine Lust auf einen morgendlichen Plausch mit Mr X, der zum Glück immer noch schnarcht.

Im Wohnraum gehe ich zur Fensterfront und erkenne das bunte Schild des Restaurants *The Odeon*. Ich bin im Viertel TriBeCa an der Kreuzung Thomas Street Ecke Broadway. Als ich nach meiner Handtasche greife, fällt mir peu à peu wieder ein, was sich am Vorabend abgespielt hat: eine Einladung zu einer Vernissage in einer Kunstgalerie, anschließend ein Dinner bei *Nobu*, gefolgt von mehreren Cocktails in einer Bar gleich um die Ecke.

Im Aufzug hole ich mein Handy aus der Tasche und konsultiere meine Mailbox: eine SMS von meiner Mutter.

Herzlichen Glückwunsch zum Geburtstag,
liebste Lisa.
Ich denke ganz fest an Dich, Mom

Verdammt, das hatte ich ganz vergessen: Heute werde ich ja achtundzwanzig Jahre alt.

2.

Nie war der Himmel so leuchtend blau.

Einen Becher Cappuccino in der Hand, gehe ich die Church Street entlang.

Vor einer Schaufensterscheibe bringe ich Ordnung in mein Haar. Ich habe heute Vormittag im Battery Park ein Fotoshooting für eine Frauenzeitschrift. Obwohl ich auch weiterhin Theater spiele und an Castings teilnehme, verdiene ich mein Geld doch nur mit Fotoshootings. Mir ist sehr wohl klar, dass das nicht ewig so weitergehen wird, und dieser Geburtstag bringt mir das deutlich in Erinnerung. Schon im letzten Jahr hat mein Telefon weniger oft geklingelt: Die Modewelt braucht Frischfleisch, und ich nähere mich gefährlich dem Verfallsdatum.

Es ist Stoßzeit, und auf den Bürgersteigen drängen sich Tausende von Menschen, die zu ihrem Arbeitsplatz eilen. Männer, Frauen, Weiße, Schwarze, Asiaten, Latinos. Eine Flut von Menschen, eine bunte Mischung, unglaubliche Energie.

Ich spitze die Ohren und schnappe einige Gesprächsfetzen auf. Die Arbeit, die Kinder, die Familie, Herzens- und Sexprobleme. Um acht Uhr morgens in New York ist jedes Leben ein Roman.

Ich komme zu früh zu meinem Termin. Das metallische Blau des Himmels und die leichte Brise verleihen der Südspitze Manhattans eine atemberaubende Schönheit.

»Hallo, Lisa.«

Ich bemerke Audrey Swan, die Fotografin, die für das Shooting verantwortlich ist. Ich mag sie gern und weiß, dass wir dieselbe ruhige Resignation teilen. Mit zwanzig Jahren träumte sie von einer Karriere als Kriegsreporterin und ich davon, eine zweite Meryl Streep zu werden. Heute machen wir beide Fotos für Ralph Lauren.

Wir umarmen uns herzlich.

»Bist du etwa aus dem Bett gefallen?«, fragt sie. »Die anderen Mädchen kommen frühestens in einer halben Stunde!«

Ich begleite sie zum Schminkzelt, das ihr Team in der Mitte des Parks aufgestellt hat. Sie nimmt mir meine Sachen ab und bietet mir einen Kaffee an.

Dann holt sie sich auch einen, und wir setzen uns auf einer Bank an der Promenade in die Sonne, an der Passanten und Jogger vorbeilaufen.

Wir plaudern ein Weilchen, die Fähren, die Freiheitsstatue und Ellis Island im Hintergrund.

Über unsere Herzensangelegenheiten, unsere Sexprobleme. Unser Leben.

Plötzlich hält ein junger Typ auf Inlineskates auf unserer Höhe an. Die Hand wegen des grellen Lichts schützend über die Augen gelegt, starrt er zum Himmel.

Nach einem kurzen Moment blicken wir ebenfalls in diese Richtung.

Einer der beiden Türme des World Trade Center steht in Flammen.

3.

»Ach, das ist nichts weiter. Da ist wohl ein kleines Touristenflugzeug in das Haus gekracht«, erklärt ein Radfahrer unbeholfen.

Eine Viertelstunde lang machen wir nichts weiter, als die schwarze Rauchsäule zu betrachten, die in den Himmel aufsteigt. Audrey hat ihren Fotoapparat geholt und schießt pausenlos Bilder von der Turmspitze, die höchstens zweihundert Meter von uns entfernt ist. Eine Joggerin erinnert sich an das Attentat von 1993, bei dem sechs Menschen ums Leben kamen, aber zu diesem Zeitpunkt denken die meisten Leute noch, es handele sich um einen Unfall.

Dann taucht ein weiteres Flugzeug am Himmel auf. Eines, das dort ganz sicher nichts zu suchen hat und garantiert nicht so niedrig fliegen sollte. Eine Maschine, die eine waghalsige Kurve beschreibt, um den zweiten Turm zu rammen.

Entsetzte Schreie auf der Promenade. Die Katastrophe, die wir beobachten, ist so unwirklich, dass wir einen Moment lang völlig ratlos sind. Dann begreifen wir plötzlich, dass wir nicht mehr nur Zuschauer, sondern auch Akteure in diesem Drama sind, das sich vor unseren Augen abspielt. Diese Erkenntnis löst Panik aus.

Während die meisten Leute anfangen, Richtung Osten zur Brooklyn Bridge zu rennen, beschließe ich, Audrey zum Ort des Attentats zu folgen.

Mit ihrer Kamera bewaffnet, fängt sie inmitten der Blaulichter Fassungslosigkeit, Entsetzen und Angst ein. Die deutlich spürbare Angst der Rettungskräfte, die entsetzten Blicke, die orientierungslose Menschenmenge, ziellos, verstört, wie aus einem brennenden Bienenstock fliehend.

Auf den Bürgersteigen und mitten auf den Straßen ein Kaleidoskop des Grauens: blutende, zerfetzte, verbrannte, vor Schmerz gekrümmte Körper. Die Brutalität eines Kriegsschauplatzes. Beirut mitten in Manhattan.

Überall Glassplitter, Schutt, Metallteile. Tausende Papierblätter flattern durch die Luft. Überall Chaos, Rauch, Apokalypse. Schreie, Verzweiflung, Rufe nach Gott.

Dann verbreitet sich ein Gerücht: Ein drittes Flugzeug sei soeben ins Pentagon gerast. Die von der Situation überforderte Polizei rät zur Flucht Richtung Norden.

Ich halte nach Audrey Ausschau, aber sie ist verschwunden. Ich rufe ihren Namen, doch sie antwortet nicht. Während ich bisher von Angst verschont geblieben war, überwältigt sie mich nun. Ich laufe die Church Street entlang, als ein monströses Brummen zu hören ist. Das Röcheln Leviathans, die Wut des Drachen.

Ich schaue zurück und erstarre, als ich das Unvorstellbare sehe: Einer der Türme stürzt ein. Wie vom Blitz getroffen, sackt er in sich zusammen, wird, in eine Staubwolke gehüllt, vom Erdboden verschlungen.

Ich bin entsetzt und wie gelähmt. Um mich herum schreien, rennen, keuchen Menschen, versuchen, irgendwie ihr Leben zu retten und der Lawine aus Asche und Stahl zu entkommen, die alles auf ihrem Weg unter sich begräbt.

Eine anhaltende Explosion. Ich sehe, wie die Welle aus Trümmern, Schutt und Metallstreben heranrollt, ein entsetzliches Gurgeln.

Ich weiß, dass ich sterben werde.

Verdammt, das also soll mein Leben gewesen sein …

4.

Doch ich bin nicht tot.

Es ist zwanzig Uhr an diesem 11. September. Ich sitze an der Theke des *Empañada Papas,* der Tapasbar zwei Häuserblocks von meiner Wohnung entfernt.

In dem Moment, als der Sturm über mich hereinbrach, spürte ich, wie Audreys Hand nach meiner griff, um mich in ein Lebensmittelgeschäft zu ziehen. Dort kauerten wir mit angezogenen Knien, die Arme schützend über den Kopf gelegt, hinter einer Gefriertruhe und warteten, dass der Angriff des Zyklons vorüberging. Wie eine Nussschale bei hohem Seegang erbebte der Laden und wurde dann von einer Trümmerflut verschlungen. Als ich mich aufrichtete, befand ich mich in der tiefschwarzen Nacht nach einem Atomangriff. Die Luft war schwarz, grau, bleiern. Mein Körper war von einer dicken Ascheschicht bedeckt.

Ich mache dem Kellner ein Zeichen, er solle mir dasselbe noch einmal bringen. Hier, im Norden Manhattans, ist man weit vom World Trade Center entfernt, aber an diesem Abend schwankt die gesamte Stadt zwischen Belagerungs- und Alarmzustand.

Die normalerweise überfüllte Bar ist zu zwei Dritteln leer. Die wenigen Gäste starren auf irgendwelche Bildschirme: auf ihr Handy, um Nachrichten zu lesen oder zu schreiben, oder auf den Fernseher, wo Journalisten und Fachleute die ersten Vermutungen äußern, um das Attentat zu erklären.

Ich nehme einen Schluck Alkohol.

Heute hätte ich wie viele New Yorker beinahe alles verloren. Aber was genau hätte ich verloren?

Was für ein Leben? Was für eine Liebe?

Wenn ich gestorben wäre, wem würde ich heute Abend wirklich fehlen?

Meinen Eltern vielleicht. Aber sonst?

Eine merkwürdige Erinnerung geht mir durch den

Kopf. Heute Vormittag, in dem Moment, als ich davon überzeugt war, dass ich sterben würde, tauchte *sein* Bild vor meinem inneren Auge auf.

Das Gesicht von Arthur Costello.

Nicht das meiner Mutter oder meines Vaters. Auch nicht das eines anderen Mannes.

Warum seines? Seit drei Jahren habe ich ihn nicht mehr gesehen, aber die Erinnerung an ihn geht mir nicht aus dem Kopf.

Mit ihm fühlte ich mich wohl. Voller Vertrauen, ausgeglichen, behütet.

Wenn sein Blick auf mir ruhte, hatte ich dieses seltene Gefühl, am richtigen Platz zu sein. Ich wurde zu der Frau, die ich immer hatte sein wollen.

Aber wie sollte ich mit einem Mann leben, den es nur einen Tag pro Jahr gab?

Mit einem Mann, den ich nie meinen Eltern vorstellen könnte.

Mit einem Mann, mit dem ich niemals Pläne schmieden würde.

Mit einem Mann, an den ich mich an einsamen Abenden nicht kuscheln konnte.

Verdammt!

Ich leere mein Glas in einem Zug.

Heute Abend brauche ich ihn so sehr, dass ich sonst was dafür geben würde, um ihn erneut in meinem Leben auftauchen zu sehen.

Also falte ich etwas kindisch meine Hände, schließe die Augen und fange zu beten an wie mit zehn Jahren.

Lieber Gott, bitte bring mir Arthur Costello zurück! Lieber Gott, bitte bring mir Arthur Costello zurück!

Natürlich geschieht nichts. Resigniert hebe ich die Hand, um einen weiteren Cocktail zu bestellen.

Plötzlich lässt das Geräusch von zerbrechendem Glas, das aus der Küche kommt, alle Gäste im Lokal zusammenzucken. So als hätte jemand einen Stapel Teller fallen lassen. Dann hört man einen Schrei, der sämtliche Gespräche stocken lässt. Unruhig sehen sich die Gäste um. Plötzlich wird die Tür zur Küche aufgerissen, und heraus tritt ein Mann, der aus dem Nichts aufgetaucht zu sein scheint.

Ein Mann mit struppigem Haar, der einen Parka vom Roten Kreuz trägt.

Vierter Teil
Der Costello-Clan

2002
Der dritte Atem

Das, worauf es im Leben ankommt,
können wir nicht vorausberechnen.
Die schönste Freude erlebt man immer da,
wo man sie am wenigsten erwartet hat.
Diese Sternstunden aber lassen
eine so tiefe Sehnsucht im Herzen zurück,
dass manche Menschen Heimweh
nach ihren trübsten Stunden fühlen,
wenn diesen ihre Freuden entsprungen sind.

Antoine de Saint-Exupéry, *Wind, Sand und Sterne*

0.

Das vertraute Rauschen des Straßenverkehrs.

Milde, frühlingshafte Luft. Ein eher angenehmes Erwachen.

Ich öffne die Augen. Ahne das Licht des frühen Morgens. Ich liege auf einer dunkelgrünen Bank aus Holz und Metall. Sie steht auf dem Bürgersteig einer breiten Avenue, die von Platanen gesäumt wird.

Trotz der milden Luft und der angenehmen Umgebung spüre ich sofort, dass etwas anders ist als sonst.

Von Unruhe ergriffen, schaue ich auf die Autokennzeichen, entziffere den Namen eines Restaurants, das von viel Grün umgeben ist – La Closerie des Lilas. *Ich betrachte die Plakatsäule neben der Bank – sie zeigt die Vorankündigung eines Films mit dem Titel* L'Auberge espagnole –, *ich richte die Augen auf das Straßenschild – Boulevard du Montparnasse.*

Als ich schließlich die Ohren spitze, bemerke ich, dass alle Unterhaltungen um mich herum auf Französisch geführt werden.

Zum ersten Mal bin ich nicht in New York aufgewacht.

Sondern in Paris!

1.

Auf der Suche nach einer Telefonzelle, von der aus ich Sullivan erreichen könnte, rannte ich über den Boulevard. Vor der Kirche Notre-Dame-des-Champs fand ich eine, aber drinnen schlief ein Obdachloser. Ein Blick auf den Apparat zeigte mir, dass man eine Karte benötigte, die ich ohnehin nicht hatte. Ich ließ den Plan mit dem Telefon fallen und rief stattdessen ein Taxi. Ich erklärte dem ersten Taxifahrer, ich hätte nur Dollar bei mir, würde aber das Doppelte des normalen Umtauschkurses zahlen, wenn er mich zum Flughafen brächte. Der Fahrer fuhr einfach wieder weg, ohne sich die Mühe zu machen, mir zu antworten. Der zweite war zum Glück sympathischer und willigte ein.

Ich schaute auf die Uhr am Armaturenbrett – es war 7:30 Uhr. Auf der Rückbank lag eine Ausgabe von *Le Monde*. Die Zeitung trug das Datum von Mittwoch, dem 12. Juni 2002. Auf der Titelseite war über einem Foto des Fußballers Zinedine Zidane eine Schlagzeile zu lesen.

WM: Frankreich ausgeschieden.
Les Bleus, die Weltmeister von 1998,
wurden von Dänemark 2:0 geschlagen.

Dieses Mal hatte ich mich nicht mit einem Zeitsprung von neun Monaten begnügt. Ich war sogar auf einem anderen Kontinent wieder aufgewacht.

Durch die Scheibe betrachtete ich die vorbeiziehenden Schilder, auf denen Orte genannt wurden, von denen ich noch nie etwas gehört hatte: Porte de Bagnolet, Noisy-le-Sec, Bondy, Aulnay-sous-Bois, Villepinte … Der Verkehr war nicht übermäßig dicht. In weniger als einer Dreiviertelstunde hatten wir den Flughafen Charles-de-Gaulle erreicht. Dem Rat des Taxifahrers folgend, stieg ich beim Terminal 2E aus, wo ich, wie er sagte, einen Ticketschalter von Delta Airlines finden würde. Dank Sullivans Vorsorge hatte ich die Tasche voll mit Dollarscheinen und einen Pass, von dem ich hoffte, dass er gültig war.

Für den Flug um 10:35 Uhr gab es noch Plätze. Ich

bezahlte mein Ticket bar und passierte problemlos die Passkontrolle. In der Abflughalle holte ich mir einen Kaffee und ein Rosinenbrötchen. Dann wechselte ich ein paar Dollar, um eine Telefonkarte zu kaufen. Ehe ich das Flugzeug bestieg, wollte ich sichergehen, dass Lisa in New York war. Ich wählte auch mehrmals Sullivans Nummer, doch es hob niemand ab. Das war besonders merkwürdig, weil es durch die Zeitverschiebung drei Uhr morgens in New York war. Entweder schlief mein Großvater tief und fest oder er war nicht zu Hause.

In einem Relay-Shop kaufte ich ein paar amerikanische Zeitschriften: George W. Bushs »Krieg gegen den Terrorismus« und seine »Achse des Bösen« füllten die aktuellen Meldungen. Dann wurden die Passagiere zum Einsteigen aufgefordert. Rasch saß ich auf meinem Platz, eingezwängt zwischen einer Mutter, die versuchte, ihren Sohn zu beruhigen, und einem nach Schweiß stinkenden Teenager, der seinen Walkman voll aufgedreht hatte.

Einen Großteil des Fluges über beschäftigte ich mich mit den Ereignissen des Vortags. Besser gesagt, des letzten Jahres …

An jenem verhängnisvollen 11. September 2001 war ich in der Küche des *Empañada Papas* zu mir gekommen und hatte zu meiner Überraschung Lisa an der Theke sitzen sehen, als erwarte sie mich. Nachdem sie mich entdeckt hatte, warf sie sich mir weinend in die Arme. Die Attentate hatten in ihr einen unersättlichen Lebenshunger geweckt. Trotz dieses chaotischen Tages hatten wir uns wiedergefunden und uns geliebt. In aller Eile, ohne Zurückhaltung, ohne Versprechen für ein Morgen.

Als ich wieder »aufgebrochen« war, schlief sie in ihrem Bett, und ich war verschwunden, ohne dass wir die Frage unserer Zukunft angeschnitten hätten. Auf was musste ich mich dieses Mal gefasst machen? Würde sie mich mit einem Lächeln oder mit einer Ohrfeige empfangen?

Der Flug erschien mir endlos. Als der Airbus auf dem JFK-Airport gelandet war, sprang ich in ein Taxi und gab die Adresse Morningside Heights an.

Es war fast Mittag, als ich Lisas Haus erreichte. Ich bat den Taxifahrer, zu warten, und schlich mich die Treppen hinauf. Ich drückte auf die Klingel, aber niemand öffnete. Trotz meiner Vorsichtsmaßnahmen musste mich Lena Markovic, die bösartige Nachbarin, gehört haben, denn sie trat auf den Treppenabsatz hinaus, bewaffnet mit einer Dose Tränengasspray. Sie versuchte, mich damit zu attackieren, aber ich machte mich davon, ohne mich auf eine Diskussion einzulassen. Es war wirklich nicht der richtige Moment, um von den Bullen geschnappt zu werden. Ich nahm wieder mein Taxi und fuhr Richtung Washington Square. Ich klopfte an Sullivans Tür, hatte jedoch nicht mehr Erfolg als bei Lisa. Als ich schon wieder gehen wollte, entdeckte ich einen Umschlag mit meinem Vornamen darauf, der zwischen die Klauen des Türklopfers in Löwenform geklemmt war.

Sei gegrüßt, mein Junge,
ich habe nie an Gott geglaubt.
Aber vielleicht habe ich mich getäuscht.
Vielleicht gibt es tatsächlich eine Art Großen Architekten, der unser Schicksal lenkt. Vielleicht kommt es sogar vor, dass er hin und wieder barmherzig ist.
Ich wünsche mir so sehr, dass Du heute zurückkommst …
Ich wünsche mir so sehr, dass Du dabei sein kannst, so wie ich selbst vor beinahe vierzig Jahren dabei gewesen bin.
Ich glaube nicht an Gott, und dennoch bete ich seit mehreren Wochen, allein in meiner Ecke. Ohne Glaubensbruder, ohne zu wissen, welche Worte ich wählen soll, ohne überhaupt zu wissen, was ich im Austausch versprechen könnte.
Also, wenn es tatsächlich einen Gott auf diesem verdammten Planeten gibt und Du heute zurückkommst, verlier keine Minute! Komm zu uns in die Entbindungsstation des Bellevue Hospitals.
Beeil Dich!
Du wirst Vater!

2.

Ich renne.

In Begleitung einer Krankenschwester renne ich über die Klinikgänge.

Das letzte Mal war ich vor acht Jahren hier. Damals hatte Lisa einen Schlafmittelcocktail getrunken, bevor sie sich die Venen aufschnitt. Sie hatte versucht, sich das Leben zu nehmen.

Heute schenkt sie Leben.

Das Rad dreht sich. Man muss sich den Tatsachen stellen. Muss Ausdauer beweisen. In Deckung gehen. Den Platzregen vorbeiziehen lassen. Die Sintflut überleben. Dann schlägt das Pendel schließlich wieder in die andere Richtung aus. Nicht immer, aber oft.

In der Regel in einem Moment, in dem man es am wenigsten erwartet.

Ich öffne die Tür zu Zimmer 810.

Lisa liegt in den Wehen. Eine Hebamme und Sullivan stehen ihr bei. Sie ist wunderschön, das blühende Leben. Völlig verwandelt. Als sie mich sieht, stößt sie einen Schrei aus und beginnt zu weinen.

»Ich habe dich so sehr herbeigesehnt!«, flüstert sie, während wir uns umarmen.

Dann drücke ich Sullivan an mich.

»Meine Güte, ich wusste es!«, stößt er hervor und umarmt mich fest.

Auch er hat Tränen in den Augen. Ich habe ihn noch nie so glücklich gesehen.

»Wo kommst du her?«

»Aus Paris. Aber das erzähle ich dir später.«

Ich betrachte Lisas gewölbten Bauch. Ich kann kaum glauben, dass dies alles wahr ist. Dass die Reihe nun an uns ist und wir Eltern werden.

»Ich bin Arzt«, sage ich zu der Hebamme. »Wie sieht es aus?«

»Die Wehen haben um zehn Uhr eingesetzt. Vor einer Stunde hat Ihre Frau das Fruchtwasser verloren, und der Muttermund ist sechs Zentimeter geöffnet.«

»Hat der Anästhesist eine Periduralanästhesie gesetzt?«

»Ja, aber die Dosis war zu hoch und hat die Wehen verlangsamt«, antwortet Lisa. »Ich kann meine Beine überhaupt nicht mehr bewegen.«

»Keine Sorge, Liebling. Wir warten, bis die Wirkung abgeklungen ist, anschließend bekommst du eine weitere, leichtere Injektion.«

Dann lässt uns Betty, die Hebamme, für einige Augenblicke allein. Lisa nutzt die Zeit, um mir Fotos der verschiedenen Ultraschalluntersuchungen zu zeigen.

»Es ist ein Junge!«, verkündet sie stolz. »Und es ist gut, dass du heute gekommen bist. Denn stell dir vor, ich habe auf dich gewartet, um den Vornamen auszusuchen!«

Wir verbringen gut eine Stunde damit, uns gegenseitig unsere Lieblingsnamen zu nennen. Sullivan mischt sich auch noch ein, und schließlich einigen wir uns auf Benjamin.

»Übrigens, wenn du es das nächste Mal wagst, zu mir zu kommen, geh nicht zur falschen Adresse«, warnt mich Lisa.

»Das verstehe ich nicht ...«

»Du denkst doch nicht etwa, dass ich deinen Sohn in der winzigen Wohnung großziehen werde? Ich bin umgezogen!«

Dieses Mal ist Sullivan an der Reihe und zieht Polaroidfotos aus der Tasche. Er reicht mir Aufnahmen eines schönen Backsteinhauses in Greenwich Village. Ich erkenne die Ecke Cornelia und Bleecker Street, in der Nähe der *Oyster Bar*, in der Sullivan 1995 mit mir Austern gegessen hatte. Auf den Fotos ist ein bereits eingerichtetes Kinderzimmer zu sehen: ein Bettchen, ein Wickeltisch, eine Kommode, ein Kinderwagen, eine Trage, ein Autokindersitz …

Beim Durchsehen der Fotos verstehe ich, wozu das an der Börse verdiente Geld gedient hat.

Das Thermometer der Freiheit.

»Der Arzt kommt sofort«, sagt Betty zu mir.

»Aber ich bin doch der Arzt.«

»Das mag schon sein, Sir, aber Sie werden Ihre Frau nicht entbinden.«

»Das kannst du vergessen!«, bekräftigt Lisa.

Während wir auf den Gynäkologen warten, legt die Hebamme Lisas Beine auf die Fußstützen und rät ihr, sich auf die Atmung zu konzentrieren. Plötzlich wird Lisa, die glaubte, sich langsam auf die Geburt einstellen zu können, klar, dass es schon ernst ist.

»Und los geht's, jede Kontraktion wird zum Pressen genutzt«, sagt der Gynäkologe, der den Raum betreten hat.

In den folgenden zehn Minuten halte ich Lisas Hand,

ermutige sie mit einem Augenzwinkern, einem Nicken, einem Scherz.

Dank meiner ärztlichen Erfahrung kann ich erkennen, dass alles gut läuft. Schon bald ist der Kopf des Babys zu sehen.

Ich habe in der Klinik einige Entbindungen durchgeführt und weiß, dass das Pressen, das nun kommen wird, am schmerzhaftesten ist. Lisa lässt meine Hand los und schreit. Außer Atem schluchzt sie, bekommt kaum Luft, scheint aufgeben zu wollen, sammelt dann aber noch einmal alle Energie und stürzt sich mit letzter Kraft in den Kampf.

Geschafft, nun ist der ganze Körper draußen … und schon strampelt und schreit unser Baby, auf Lisas Brust liegend. Violett und verschrumpelt, doch bereits voller Leben.

Ich durchtrenne die Nabelschnur und beuge mich über unseren Sohn. Lisa schaut mich an. Die Gefühle überwältigen mich. Tränen, Schweiß, Blut. Das Schlachtfeld eines Kampfes, den wir durchgestanden haben.

Ab jetzt sind wir zu dritt.

3.

Unter den wachsamen Blicken der Hebamme und meines Großvaters bade ich meinen Sohn zum ersten Mal. Ich nehme mir Zeit, ihn anzuschauen. Er ist groß und feingliedrig, sein Oberkörper stark gewölbt, seine Finger sind winzig und dennoch lang und zart. Er hat bereits ein Büschel dunkler Haare, schmale, schöne Augen.

»Danke für das Haus«, sage ich und trockne den Säugling ab.

»Keine Ursache«, antwortet Sullivan. »Mach dir keine Sorgen. Während deiner Abwesenheit werde ich mich um deine Familie kümmern.«

»Und bei dir ist alles gut? Die Gesundheit und so weiter?«

Er lacht.

»Mach dir mal keine Sorgen um mich, mein Junge. Dieses Baby wird mir eine zweite Jugend schenken!«

Während Betty und mein Großvater verschwinden, schließe ich den kleinen Ben in meine Arme und setze mich mit ihm in einen Sessel ans Fenster, aus dem man auf die von der Sonne beschienenen Dächer der Stadt blickt.

Ich spüre seine Haut an meiner Haut.

Und ich weine leise.

Einen langen Augenblick bleibe ich allein mit meinem Sohn, diesem kleinen Jungen, der mitten im Chaos eines Tages voller Asche und Angst gezeugt wurde.

Was für einen Charakter wird er haben? Wie wird er in dieser Welt zurechtkommen, in der so viele Gefahren lauern? Wie werde ich ihn lieben und schützen können, da ich nie da bin?

Mit dem Arm wische ich meine Tränen ab. Ich spüre die Last der Verantwortung, die sich in das Glücksgefühl mischt.

Ich weiß, dass ich in wenigen Stunden wieder fort sein werde.

Und zum ersten Mal fühle ich mich stärker und strukturierter.

Ich betrachte den kleinen Kerl, der eingeschlafen ist. Er gibt mir Kraft, und ich lächele.

Was für ein Abenteuer!

Ich denke an alles, was ich durchgemacht habe, um an diesen Punkt zu gelangen.

Ich muss durchhalten und neue Schläge einstecken. Für ihn.

Irgendwann wird der Teufelskreis enden.

Der heutige Tag markiert eine Etappe. Der Krieg dauert noch lange, aber ich ahne, dass ich soeben einen wichtigen Sieg errungen habe.

Nichts wird mehr so sein, wie es vorher war.

Ich genieße den Augenblick noch ein wenig.

Ein neues Leben beginnt.

2003–2010
Der Lauf der Zeit

> *Er war noch zu jung gewesen, um zu wissen,*
> *dass das Gedächtnis des Herzens*
> *die schlechten Erinnerungen ausmerzt*
> *und die guten erhöht und dass es uns*
> *dank dieser Kunsttricks gelingt,*
> *mit der Vergangenheit zu leben.*
>
> Gabriel García Márquez,
> *Die Liebe in Zeiten der Cholera*

1.

Die Zeit nahm ihren Lauf.

Ich wachte weiterhin ein Mal im Jahr in Manhattan oder irgendwo im Staat New York auf. Manchmal an angenehmen Orten (auf dem Blumenmarkt an der 28th Street; auf einem weichen Sofa in der Cocktaillounge Campbell Apartment; an einem Sommermorgen am Rockaway Beach …), manchmal an ungastlicheren (in Hart Island, dem Armenfriedhof von New York; inmitten der St. Patrick's Day Parade; am Schauplatz eines

Verbrechens in einem erbärmlichen Hotel in Bedford Stuyvesant neben einer noch warmen, blutenden Leiche …).

Langsam bekam ich Routine. Ich war stets darauf bedacht, bei meinem Verschwinden warme Kleider, gutes Schuhwerk und genügend Geld in der Tasche zu haben. Wenn ich wieder zu mir kam, nahm ich, sofern es möglich war, sofort ein Taxi und fuhr zu meiner Familie.

Benjamin wuchs schnell. Zu schnell.

In all diesen Jahren machte Lisa Fotoalben und Videofilme, die mir bei jeder Rückkehr die Illusion gaben, ein wenig von der verlorenen Zeit nachholen zu können. Wenn ich sie mir ansah, entdeckte ich die strahlenden Augen und das erste Lächeln meines Sohnes. Das erste »Papa«, »Bravo«, »Kuckuck« und »Tschüss«. Die ersten beiden Zähnchen, mit denen er aussah wie Bugs Bunny, die ersten Schritte, die ersten Bilderbücher und Puzzles, seine ersten Launen und Wutausbrüche, der erste Hüftschwung, wenn er Musik hörte.

Später dann die ersten Sätze und Fußballversuche, Zeichnungen mit Strichmännchen und Häusern, die Cowboy-Verkleidung, das Dreirad.

Ich erlebte aber weder die Schulanfänge noch die Darbietungen zum Jahresende. Ich habe ihm weder das Zählen noch das Alphabet beigebracht und auch nicht die Stützräder vom Fahrrad oder die Schwimmflügel abgenommen.

Wenn ich zurückkam, tat ich mein Bestes, um in meine »Vaterrolle« zu schlüpfen. Das Phantom eines

Vaters, das stets unangekündigt und manchmal zum falschen Zeitpunkt zurückkam und sogleich wieder verschwunden war.

2.

Dennoch haben wir perfekte Augenblicke und Tage erlebt. Tage, an denen wir für wenige Stunden das waren, was wir uns sehnlicher als alles auf der Welt wünschten: eine Familie wie alle anderen auch.

Im Jahr 2006, am Unabhängigkeitstag auf Coney Island. Ben ist vier Jahre alt und sitzt auf meinen Schultern. Die Sonne steht hoch am Himmel. Lisa und ich bummeln Hand in Hand über die Holzpromenade, die am Strand entlangführt, und erinnern uns voller Nostalgie daran, dass wir neun Jahre zuvor mitten im Winter hier waren. Die ganze Familie geht baden, isst im *Nathan's Famous* einen Hotdog, fährt Riesenrad und Achterbahn. Abends gehen wir zu Sullivan und sehen uns mit ihm das Feuerwerk an den Ufern des East River an.

An einem Sonntag im Oktober 2007 komme ich wenige Meter von unserem Haus entfernt in der Christopher Street unter einer Straßenlaterne zu mir. Es ist kurz nach Mittag, als ich an der Tür klingele. Mein Großvater öffnet mir. Wie jedes Mal umarmen wir uns lange.

»Du kommst gerade recht.«

Ich runzele die Stirn, doch er zieht mich ins Esszimmer, wo Lisas Eltern am Tisch sitzen, die ich zum ersten Mal kennenlerne.

»Ich habe euch doch gesagt, dass es ihn gibt!«, ruft sie und wirft sich in meine Arme. »Dad, Mom, darf ich vorstellen: Das ist ›der Mann, der verschwindet‹.«

Ich verbringe den Tag mit meinen Schwiegereltern, so als würde ich sie von jeher kennen.

Ende Mai 2008, acht Uhr abends. Es ist *Manhattanhenge* – der Tag, an dem das Licht der untergehenden Sonne waagrecht durch die Schluchten der nach dem Commissioners Plan von 1811 gebauten Ost-West-Straßen von Manhattan fällt. Draußen drängen sich die Leute, um diesem Spektakel beizuwohnen.

Lisa und Ben stehen vor dem Haus. Mein Sohn sitzt auf seinem Fahrrad, seine Mutter hat mir den Rücken zugewandt und sieht mich nicht kommen.

»Da ist Dad!«, schreit er, als er mich sieht. »Dad!«

Während er wie ein Pfeil mit seinem Rad auf mich zuschießt, dreht Lisa sich um. Sie ist schwanger – sicher schon im achten Monat.

»Es ist ein Mädchen«, erklärt sie und lässt den Kopf an meine Schulter sinken.

Ich bin ebenso gerührt wie beim ersten Mal.

»Aber diesmal bin ich zu früh dran für die Entbindung …«

Sie hebt die Hände, um mir zu bedeuten, das sei unwichtig.

»Ich habe auf dich gewartet, um den Namen auszusuchen, aber ich habe schon eine Idee. Was hältst du von Sophia?«

Ein Samstagvormittag im Sommer 2009 in der wohligen Atmosphäre unseres Hauses. Während Lisa genussvoll ihr Brot mit salziger Butter und Nutella verspeist, greife ich zu meiner Gitarre und stimme einen Song von Leonard Cohen an.

So long Marianne.

Auf ihrem Kinderstuhl schlägt die kleine Sophia, meine Prinzessin, dazu im Takt mit ihrem Löffel auf ihren Plastikteller. Benjamin, als Indianer verkleidet, tanzt um den Küchenblock.

Auf der Arbeitsplatte liegt das *Times Magazine,* auf dessen Cover ein Königstiger abgebildet ist und darüber der beunruhigende Titel steht:

Klimaerwärmung: Bedrohung der Artenvielfalt

Ich betrachte meine Kinder und finde sie wundervoll. Ihnen verdanke ich es, dass ich durchhalte. Sie helfen mir, nicht aufzugeben und an die Zukunft zu glauben. Doch jedes Mal, wenn mein Blick auf sie fällt, erinnere ich mich an die Kupferplatte mit der Inschrift: »Nach dem Hauch der 24 Winde bleibt nichts übrig.« Und jedes Mal erinnert mich eine kleine Stimme an Sullivans Warnung: *Du kannst davon ausgehen, dass alles, was du in den nächsten zwanzig Jahren aufbaust, nichts als eine Sandburg ist, die zwangsläufig von den Wellen zerstört wird. Und das ist der eigentliche Fluch des Leuchtturms. Es ist, als hättest du all die Jahre nur im Kopf erlebt. Keiner von denen, die du getroffen hast, wird sich an dich erinnern.*

Ich habe es nicht vergessen, aber beschlossen, so zu leben, als würde sich die Geschichte nicht zwangsläufig wiederholen. Wie ein Gefangener die Tage bis zu seiner Freilassung zählt, zähle ich die Jahre bis zu meiner vierundzwanzigsten Reise. Meinem Jüngsten Gericht.

Ein Frühjahrsabend im Jahr 2010, ich trage Ben ins Bett. Er ist bei dem Film *Avatar – Aufbruch nach Pandora* eingeschlafen, den sich die ganze Familie im Wohnzimmer angesehen hat.

Ich decke ihn zu und umarme ihn. Vor allem möchte ich mir bis zum nächsten Jahr seinen Geruch einprägen. Als ich aufstehen will, hält er mich am Ärmel zurück.

»Gehst du, Papa?«

»Ja, mein Junge«, sage ich und setze mich wieder.

»Wohin gehst du noch mal?«

»Nirgendwohin, Ben, das weißt du doch. Das haben wir doch schon besprochen.«

Mein Sohn richtet sich im Bett auf und schiebt sich das Kissen in den Rücken.

»Fährst du nicht zu deiner anderen Familie?«, fragt er ängstlich.

»Nein, Ben, ich habe keine andere Familie! Ich habe nur euch: Mom, Grandpa, Sophia und dich. Sonst gibt es niemanden.«

Ich streiche ihm übers Haar. Fast wütend beharrt er: »Aber während du nicht bei uns bist, musst du doch irgendwo sein! Anders ist es ja gar nicht möglich!«

Ich lege ihm die Hand auf die Schulter.

»Ich weiß, dass es schwer zu verstehen ist, aber für mich vergeht die Zeit anders. Das hat Mom dir doch schon öfter erklärt.«

Er seufzt und fragt: »Und wird das auch irgendwann wieder normal?«

»Ich hoffe es.«

»Wann?«

»In fünf Jahren«, sage ich. »Im Jahr 2015.«

Er rechnet nach.

»Dann bin ich dreizehn.«

»Stimmt, das dauert noch ein Weilchen … Komm, leg dich jetzt wieder hin.«

»Kann ich zuschauen, wie du verschwindest?«

»Nein. Das ist weder ein Spiel noch ein Zaubertrick. Außerdem gehe ich ja nicht gleich. Ich bleibe noch ein bisschen bei Mom.«

Wieder decke ich ihn zu und gebe ihm einen Kuss.

»Ich verlasse mich darauf, dass du während meiner Abwesenheit lieb zu Mom und zu deiner Schwester bist.«

Er nickt und versichert: »Wenn du nicht da bist, bin ich der Chef im Haus!«

»Nein, Ben, der Chef ist Mom. Du bist der Mann im Haus. Okay?«

»Ja, okay.«

3.

Die Zeit verging wie im Flug.

Das erste Jahrzehnt des neuen Jahrtausends neigte sich bereits dem Ende zu.

Amerika hatte die Ära Bush hinter sich gelassen, und die Präsidentschaft von Obama begann.

Bei jeder Rückkehr betrachtete ich die Veränderung in der Welt. Das Internet beherrschte und überrollte alles: Musik, Bücher, Filme. Die Menschen schienen mit ihrem Handy verwachsen, das sie alle drei Minuten konsultierten. iPhone, Facebook, Google, Amazon ... alles wurde virtuell, digital, immateriell: Kommunikation, Freundschaften, die Freizeit.

In Gesprächen wusste ich mit vielen kulturellen Anspielungen nichts anzufangen. Ich kannte weder die neuen Schauspieler noch die angesagten Rockgruppen und auch nicht die Stars, bei denen ich nicht begriff, *warum* sie berühmt waren.

Ich erinnerte mich an die Bemerkungen meines Vater Anfang der 1980er-Jahre, als ich Stunden mit meinem Walkman verbrachte: »Dieser Apparat wird Generationen von Verrückten hervorbringen«; »Madonna ist eine Hure, David Bowie ein Transvestit und Eric Clapton ein Junkie.« Und jetzt verhielt ich mich selbst wie einer dieser alten reaktionären Idioten, die ich als Jugendlicher so sehr verabscheut hatte.

Ich war ein Reisender, der die Epoche nur durchquerte, ohne sie wirklich zu durchleben.

Ich kannte nicht mehr die richtigen Wörter, die richtigen Codes.

Ich war verloren und desorientiert in dieser Welt, die immer weniger die meine war und mir Angst machte.

Jetzt war meine Familie mein einziger Anker.

Mein einziger Lichtblick.

2011
Zerrissene Herzen

> *Nicht die Liebe stört das Leben, sondern die mit ihr einhergehende Ungewissheit.*
>
> François Truffaut,
> *Zwei Mädchen aus Wales und die Liebe zum Kontinent*

0.

Die wohlige Wärme eines gut geheizten Raums.

Ein samtiges Gefühl an meiner Wange.

Ein bequemer Sessel. Eine weiche Lehne im Rücken.

Dann Musik und eine helle Stimme, die die Trennung eines Paares, die Wehmut einer verlorenen Liebe besingt. Für eine Weile lasse ich mich von der Melodie tragen. Ich kenne diesen Song von Abba. The Winner Takes It All.

Schließlich öffne ich die Augen. Ich sitze mitten im Theater. Um mich herum verfolgen Hunderte von Menschen fasziniert das Musical Mamma Mia!

Ich wende den Kopf und hebe den Blick: die ungewöhnlich breite Bühne, die Deckenhöhe, die Form der Logen … Hier war ich vor langer Zeit schon einmal.

Ich befinde mich im Winter Garden Theater am Broadway. Meine Mutter hatte mich kurz vor ihrem Tod zur Aufführung von Cats *mit hierhergenommen.*

Unter den vorwurfsvollen Blicken des Publikums erhebe ich mich und dränge mich an meinen Nachbarn vorbei, um aus der Sitzreihe herauszukommen. Dann laufe ich über den Mittelgang und die Treppe hinab und verlasse das Theater.

1.

Der Broadway am Abend.

Nach ein paar Schritten befand ich mich inmitten des hektischen Treibens am Times Square, umgeben von einer Menschenmenge, von Bussen und Hotdog-Verkäufern … Auf dem Bürgersteig versuchten fliegende Händler, Luftballons in Herzform und verwelkte Blumen an den Mann zu bringen. Es war kurz nach neunzehn Uhr. Und der 14. Februar 2011, der Valentinstag.

Als ich ein Taxi heranwinkte, erinnerte ich mich plötzlich an jenen Junimorgen 1992, an dem Jeffrey Wexler mich aus dem Gefängnis geholt hatte. Ich hatte ganz in der Nähe ein Auto gemietet, doch seither war ich nicht mehr hier gewesen. Innerhalb von zwanzig Jahren hatte sich der Ort in eine Art Freilicht-Entertainmentpark verwandelt. An die Stelle der Peepshows und Pornokinos waren Disney Stores und Souvenirläden getreten. Statt Obdachloser, Junkies und Prostituierten traf man nun Touristen an.

Ein Taxi hielt vor mir, ich stieg ein. Zehn Minuten später stand ich in einem Blumengeschäft in der Bleecker Street, wo ich für Lisa eine wundervolle Komposition aus weißen und rosafarbenen Orchideen kaufte.

Meinen Strauß in der Hand, klopfte ich an die Tür. Ich war aufgeregt und glücklich, meine Frau und die Kinder wiederzusehen.

Doch nicht Lisa öffnete mir.

»Guten Abend, Sie wünschen?«, fragte eine knapp zwanzigjährige Blondine in einem schlabbrigen Sweatshirt mit dem Emblem der Stockholm School of Economics.

»Wo ist meine Frau?«

»Wer sind Sie, Sir?«

»Und wer sind Sie?«, fragte ich mit erhobener Stimme zurück.

Sie bekam es mit der Angst zu tun und schob die Tür ein wenig zu.

»Ich bin der Babysitter. Ich passe auf Benjamin und Sophia auf, wenn die Mutter …«

»Dad! Dad!«, schrie Ben und warf sich in meine Arme.

Ich hob ihn hoch und schwenkte ihn durch die Luft.

»Hallo, mein Großer! Meine Güte, bist du gewachsen!«

Ohne die Schwedin weiter zu beachten, drängte ich mich in die Wohnung.

Sophia war nicht im Wohnzimmer. Ich legte meinen Blumenstrauß auf den Tisch und ging nach oben. Meine Kleine lag im Bett und schlief tief und fest.

»Wieso ist sie schon im Bett?«, erkundigte ich mich leise.

»Sophia war heute ein wenig krank«, erklärte die Babysitterin unbehaglich.

»Das heißt?«

»Bronchitis, Stirnhöhlenvereiterung, Mittelohrentzündung. Das ganze Programm.«

Ohne sie aufzuwecken, küsste ich meine Tochter und legte ihr die Hand auf die Stirn.

»Sie hat Fieber.«

»Ich weiß, aber ich wollte sie schlafen lassen. Ich gebe ihr später Paracetamol.«

Ich kehrte in die Küche zurück.

»Weißt du, wo Mom ist, Ben?«

»Weggegangen.«

»Das sehe ich auch, aber hast du eine Ahnung, wohin?«

Mein Sohn schüttelte den Kopf.

»Wo ist meine Frau?«, fragte ich das junge Mädchen.

»Woher soll ich das wissen? Ich wusste ja nicht einmal, dass Lisa verheiratet ist, aber sie sagt mir ohnehin nicht, was sie macht, wenn sie ausgeht ...«

Doch ich hörte ihr nicht mehr zu. Lisa hatte bestimmt eine Adresse für den Notfall hinterlassen. Ich sah neben dem Telefon nach, dann in einem kleinen Ablageschälchen und schließlich am Kühlschrank. An der Tür war mit einem Magneten ein Zettel befestigt, auf dem geschrieben stand: Restaurant *Bouley*, 163 Duane Street, und dann eine Telefonnummer.

Ein Restaurant. Am Valentinsabend …

»Ist sie dort zum Abendessen?«

»Ich sage doch, ich weiß es nicht!«

»Verdammt …«, knurrte ich und warf ihr einen vernichtenden Blick zu.

Mein Sohn zog mich am Ärmel.

»Man darf keine Schimpfwörter sagen, Dad!«

Ich hockte mich vor ihn.

»Das stimmt … Hör zu, ich hole Mom und komme dann zurück, ja?«

»Soll ich mitkommen?«

»Das ist nicht nötig, in einer halben Stunde sind wir da. Wenn du brav bist, mache ich dir Lasagne.«

»Aber ich habe schon gegessen.«

»Dann eben ein Dessert. Ein Sundae mit Karamellsoße und gerösteten Mandeln.«

»Mom will nicht, dass ich Eis esse. Sie sagt, es ist fett und voller Zucker.«

Ich seufzte und fuhr ihm mit der Hand durchs Haar.

»Bis gleich, mein Großer.«

2.

Ich verzichtete darauf, ein Taxi zu nehmen. Der Verkehr war zu dicht und TriBeCa nicht weit entfernt. Außerdem brauchte ich Bewegung.

Ich lief Richtung Süden über die MacDougal Street, dann die 6th Avenue und den Broadway entlang bis zur Duane Street.

»Haben Sie reserviert, Sir?«

Schwitzend und außer Atem erreichte ich das Gourmetrestaurant, in dem ich völlig fehl am Platz war. Mein roter Parka und meine Jeans passten nicht zu den dunklen Anzügen und Abendkleidern.

»Ich möchte nur nachsehen, ob meine Frau hier ist.«

»Ich kann sie holen, Sir«, antwortete er und blickte auf den Bildschirm seines Computers. »Auf welchen Namen hat sie reserviert?«

»Vielen Dank, aber ich sehe lieber selbst nach.«

»Aber, Sir, Sie …«

Ich ging durch die Eingangshalle zum Restaurant.

An diesem Valentinsabend waren hier nur Paare anwesend.

Das *Bouley* war das romantische Restaurant schlechthin: ein schickes Ambiente, eine entspannte Atmosphäre, Kerzen, Gewölbedecken und an den Wänden Landschaftsbilder der französischen Provence.

Ich entdeckte Lisa an einem Tisch in der Nähe des Steinkamins, der in der Mitte des Raums thronte. Geschminkt, elegant und offensichtlich entspannt saß sie einem Mann gegenüber, der mir den Rücken zuwandte.

Als sie mich sah, wurde sie blass. Sie faltete ihre Serviette zusammen, erhob sich und eilte zu mir, ehe ich ihren Tisch erreicht hatte.

»Arthur, was machst du denn hier?«

»Die Frage könnte ich wohl eher dir stellen, oder?«

»Ich arbeite. Ich versuche, Geld zu verdienen, um unsere Familie zu ernähren.«

»Bei einem Candle-Light-Dinner am Valentinsabend? Soll das ein Scherz sein?«

Um uns herum verstummten die Gespräche, und man bedachte uns mit vorwurfsvollen Blicken. Der Maître d'Hôtel griff ein und bat uns, unsere Diskussion in der Eingangshalle fortzusetzen.

»Hör zu, Arthur, das ist mein Leben. Ich habe noch nie einen Valentinsabend gefeiert. Dies hier ist ein geschäftliches Essen. Mach keine Szene, ich bitte dich!«

»Verkauf mich doch nicht für blöd! Wer ist der Kerl?«

»Nicolas Hull, ein bekannter Schriftsteller und Drehbuchautor. Er will mir eine Rolle in einer Fernsehserie anbieten, die er für den Fernsehsender AMC vorbereitet.«

»Es reicht also, dass jemand behauptet, er habe eine Rolle für dich, und schon lässt du dich, aufgetakelt wie eine Nutte, zum Essen einladen?«

»Ich verbiete dir, mich zu beleidigen!«

Wütend überschüttete ich sie mit Vorwürfen und hielt ihr vor, sie würde ausgehen, während ihre dreijährige Tochter zu Hause krank im Bett lag. Doch Lisa weigerte sich, die Rolle der schlechten Mutter anzunehmen.

»Es ist Februar, Sophia hat einen Schnupfen – wie neunzig Prozent aller Kinder in dieser Stadt. Das ist im Winter normal, aber das ist dir natürlich nicht bekannt, weil du nie zu Hause bist!«

»Du weißt ganz genau, dass ich dafür nicht verantwortlich bin! Du weißt auch, wie sehr ich darunter leide und welch einen Albtraum ich durchlebe!«

»Und glaubst du etwa, für mich wäre das kein Albtraum?«

Während wir uns stritten, atmete ich ihr Parfum, das nach Vanille und Veilchen roch, ein. Lisa war wunderschön. Ihr weiches, seidiges Haar fiel über Schultern, Rücken und ihr schwarzes Spitzenoberteil. An ihren Handgelenken klimperten zwei Armreifen. Sie musste Stunden damit zugebracht haben, sich für jemand anderen als mich schön zu machen. Man kann sich nicht aussuchen, in wen man sich verliebt. Lisa hatte schon immer ihre Wirkung auf Männer testen müssen. Das war für sie wie Sauerstoff. Eine Art Barometer ihrer Weiblichkeit. Ich hatte das von Anfang an gespürt, und es hatte mit den Jahren nicht nachgelassen. Das machte mich traurig. Und verrückt.

Doch ich bemühte mich, meinen Zorn zu unterdrücken. Mir blieben nur vierundzwanzig Stunden. *Noch kann sich alles zum Guten wenden,* sagte ich mir naiv. Aber ich irrte mich.

»Lass uns nach Haus zu unseren Kindern gehen, Lisa.«

»Nicht, bevor dieses Gespräch beendet ist. Ich will die Rolle wirklich haben. Und ich weiß, dass ich es schaffen kann!«

Ich verlor die Geduld.

»Wir sehen uns nur einen einzigen Tag im Jahr, und du sagst mir, ohne mit der Wimper zu zucken, dass du lieber dein Essen mit einem anderen Mann beenden willst, als den Abend mit mir zu verbringen?«

»Lass mir zwei Stunden Zeit, dann komme ich nach Hause. Nur so lange, bis ich dieses Treffen zu einem vernünftigen Ende gebracht habe.«

»Nein! Du gehst nicht zu diesem Typen zurück!«

Ich packte sie bei der Hand, doch sie machte sich frei und rief: »Hör auf mit dieser Szene! Ich bitte dich nicht um Erlaubnis! Ich bin schließlich nicht dein Eigentum! Ich gehöre dir nicht!«

»Komm mit mir nach Hause, Lisa, sonst …«

»Was sonst? Willst du mich schlagen? Mich an den Haaren zurückschleifen? Mich verlassen? Aber das ist ja das Einzige, was du kannst, Arthur: mich verlassen!«

Sie wandte sich ab, um an ihren Tisch zurückzukehren.

»Verfluchter Mann, der verschwindet!«, zischte sie noch.

3.

Wutentbrannt und traurig verließ ich das Restaurant.

Vor der Tür empfing ein Parking Valet einen neuen Gast – ein Mädchen mit langem, glattem Haar und hohen geschnürten Lederstiefeln. Er öffnete der Kleinen die Tür und half ihr aus ihrem Roadster Cabriolet.

Und plötzlich ging alles ganz schnell. Aus einem Impuls heraus stürzte ich auf sie zu und entriss ihr den Schlüssel, den sie dem Angestellten reichen wollte.

»Hey!«

Ich nutzte die Verwirrung, sprang auf den Fahrersitz und fuhr mit quietschenden Reifen los.

Am Hudson River entlang verließ ich Manhattan und nahm den State Highway Richtung Boston.

Das Gaspedal durchgetreten, fuhr ich vier Stunden und beschleunigte, allen Regeln zum Trotz, sobald ich konnte. Ich war auf der Flucht – fiebrig, verloren und fassungslos angesichts der Reaktion der Frau, die ich liebte. Ich spürte, dass in mir ein Damm brach. Ich war müde, enttäuscht und außerstande, mein Leben wieder in den Griff zu bekommen. Welchen Einfluss hatte ich auf die Ereignisse? Keinen. Ich ließ nur alles über mich ergehen. Schon vor zwanzig Jahren war meine Existenz außer Kontrolle geraten. Ich war ein unregelmäßiger Besucher meines eigenen Lebens. Ich hatte gekämpft und versucht, das Beste daraus zu machen. Das wollte ich auch gern weiterhin tun, doch wie soll man kämpfen, wenn man gar nicht weiß, wer eigentlich der Gegner ist?

Ich erreichte Boston, und meine alten Dämonen gewannen erneut die Oberhand. Ich parkte den Roadster in der Charlestown Street und ging ins *MacQuillan*, ein irisches Pub, in dem ich früher Stammgast gewesen war.

Endlich ein Ort, der sich nicht verändert hatte! Die Bar existierte seit dem 19. Jahrhundert und war noch immer genauso wie zu der Zeit, als ich zwanzig Jahre alt gewesen war: dieselbe hufeisenförmige Theke, die gleiche Stimmung, dasselbe dunkle Holz auf dem Fußboden und an der Decke.

An den Wänden erinnerten alte Schwarz-Weiß-Fotografien an die Vergangenheit des Hauses. Whisky und Bier flossen in Strömen.

Ich setzte mich auf einen Barhocker und bestellte ein Pint, mein erstes.

Frank hatte mich zum ersten Mal in diese Bar mitgenommen, in der vorwiegend Männer verkehrten. Die Gäste des *MacQuillan* kamen nicht hierher, um Mädchen aufzureißen, sich Freunde zu machen oder ausgefallene Appetizer zu genießen – sie kamen einfach nur her, um zu trinken – um ihren Tag zu vergessen, ihre Arbeit, ihre Frau, ihre Geliebte, ihre Kinder, ihre Eltern. Kurz, um sich zu besaufen und sich zu betäuben. Und genau das tat auch ich, indem ich ein Bier und einen Whisky nach dem anderen trank. Bis zum Umfallen. Bis ich nicht mehr sprechen oder mich auf den Beinen halten konnte. Als der Pub schloss, schleppte ich mich auf die Straße und legte mich in »mein« neues Auto.

4.

Bis zum Sonnenaufgang schlief ich meinen Rausch aus. Schließlich weckte mich eher die Kälte als das Tageslicht. Ich ließ den Motor an und schaltete die Heizung auf die höchste Stufe. Ich fuhr Richtung Süden, dann über die Harvard Bridge bis zur Jamaica Plain. Um sieben Uhr früh parkte ich den Roadster vor dem Friedhof von Forest Hills.

Um diese Zeit war das Gittertor noch geschlossen, doch trotz meines Katers kletterte ich an einer Stelle, wo sie niedriger war, über die Mauer.

Der einhundert Hektar große Park war von Raureif überzogen, sodass die Wege unter der feinen, weißen Schicht nicht zu erkennen waren. Die Vegetation war vor Kälte erstarrt, das Wasser in den Brunnen gefroren. Die Statuen schienen Wesen aus Fleisch und Blut zu sein, die ein eisiger Wind mitten in der Bewegung hatte gefrieren lassen.

Trotz meines umnebelten Kopfs erklomm ich den Hügel und atmete tief die eisige Luft ein, die in meiner Lunge brannte. Oben angekommen, entdeckte ich auf der anderen Seite die glänzende Wasserfläche des Sees, in der sich die baumbestandenen Hänge und der blaue Himmel spiegelten.

Ich ging den Waldpfad hinab bis zu den Kieswegen zwischen den Gräbern und Familiengruften. Über dem Grabstein meines Vaters hing ein leichter Nebelschleier.

FRANK COSTELLO
*2. JANUAR 1942
†6. SEPTEMBER 1993

Ich war, was Ihr seid,
und Ihr werdet zu dem, was ich bin.

»Hallo, Frank. Ganz schön kalt, was?«

Ein seltsames Gefühl überkam mich. Mehr als jemals zuvor warf ich ihm vor, mein Leben ruiniert zu haben. Doch ein Teil von mir wollte den Dialog mit ihm wieder aufnehmen.

»Wirklich schön hier, aber ziemlich tot«, stellte ich fest, wobei ich mich auf einem kleinen Mäuerchen niederließ. »Die Tage müssen dir lange vorkommen. Und du langweilst dich wahrscheinlich unglaublich, was?«

In meiner Tasche fand ich eine Schachtel Zigaretten und ein Päckchen Streichhölzer. Beides hatte mir eine Bedienung im *MacQuillan* überlassen. Ich zündete mir eine an und sog genüsslich den Rauch ein.

»Selbst das darfst du jetzt nicht mehr. Na ja, schließlich hat es dich umgebracht, also ...«

Ich stieß Rauchringe aus, die durch die kalte Luft schwebten, bevor sie sich auflösten.

»Schlussendlich hattest du recht: Man kann niemandem trauen. Danke, dass du mir das so früh beigebracht hast, auch wenn ich nicht wirklich Konsequenzen aus dieser Lektion gezogen habe.«

Ein Vogel flatterte von einem Zweig herab und wirbelte dabei den frisch gefallenen Schnee auf.

»Ach ja, das habe ich dir noch gar nicht gesagt: Du bist nun Großvater. Doch, ganz bestimmt. Ich habe einen neunjährigen Sohn und eine kleine Tochter von drei Jahren. Ich bin kein besonders guter Vater, aber dafür habe ich eine Entschuldigung. Im Gegensatz zu dir.«

Ich erhob mich von dem Mäuerchen und trat näher an die Marmorplatte. Das Grab war ungeschmückt – keine Blumen, keine Pflanzen.

»Sag mal, ich habe ganz den Eindruck, dass deine Kinder dich nicht oft besuchen! Letztlich fehlst du niemandem. Ich habe immer geglaubt, du hättest nur für mich keine Zuneigung empfunden, aber das stimmt nicht, auch sie hast du nicht geliebt.«

Ich nahm wieder einen Zug, der mir stärker schien als der vorherige, und trat dann die Kippe aus.

»Warum hast du uns nicht geliebt, Frank?«

Ich näherte mich noch mehr, bis mein Fuß an die Grabeinfassung stieß.

»Weißt du, ich habe in letzter Zeit viel darüber nachgedacht, und ich glaube, ich habe den Ansatz einer Antwort gefunden. Du hast uns nicht geliebt, weil Liebe verletzlich macht. Das ist eine Tatsache: Sobald man ein Kind hat, hat man Angst, es zu verlieren. Sobald man ein Kind hat, brechen die Schutzmauern ein. Wenn dir jemand Böses will, braucht er dich nicht mehr direkt anzugreifen. Dadurch wirst du ein leichtes Opfer.«

Der Nebel hob sich, und die ersten Sonnenstrahlen leuchteten hinter den Gräbern auf.

»Aber du«, fuhr ich fort, »wolltest nicht schwach sein. Du wolltest unantastbar sein und frei, selbst wenn dich das einsam gemacht hat. Da ist doch etwas Wahres dran, stimmt's? Du hast uns nicht geliebt, um dich selbst nicht in eine Position der Schwäche zu bringen. Du hast uns nicht geliebt, um dich selbst zu schützen.«

Wind kam auf. Und obwohl ich eine gute Weile auf Antwort wartete, war keine zu hören.

Plötzlich trug die morgendliche Brise einen warmen, sommerlichen Geruch heran, mit dem ich nicht gerechnet hatte.

Der Duft nach Orangenblüten.

Nein, das ist nicht möglich!

Während meine Glieder zitterten und meine Knie weich wurden, versuchte ich zu verstehen, was mir geschah. Es war kurz nach sieben Uhr morgens. Ich war erst vor zwölf Stunden wieder aufgewacht.

Ich kann nicht jetzt schon wieder weg!

Doch ein elektrischer Stoß durchzuckte mein Gehirn.

Der gefrorene Boden gab unter meinen Füßen nach.

Und ich verschwand.

2012
Ohne einander

Einsam war ich immer schon gewesen,
doch Selbsthass ist schlimmer als Einsamkeit.

John Irving, *In einer Person*

0.

Der frische, belebende Duft von Lavendel.

Holzige Noten von Kiefernharz. Als Hintergrundgeräusch eine mitreißende Melodie, die aus dem Geknister einer Vinylschallplatte aufsteigt: der Song Volare, *gesungen von der warmen und betörenden Stimme Dean Martins.*

Ich habe Herzklopfen und Schweißausbrüche. Große Mühe, die verklebten Augenlider zu öffnen. Eine trockene Kehle, das Gefühl, Sand im Mund zu haben, und starke Migräne, als wäre ich noch immer betrunken.

Mein Magen knurrt heftig. Ich setze zu einer Bewegung an, die ich wegen der Muskelkrämpfe nicht ausführen kann.

Schließlich zwingt mich das Bedürfnis, meinen Durst zu stillen, dazu, die Augen aufzuschlagen. Es ist hell. Allmäh-

lich komme ich wieder zu mir. Ein Blick auf meine Armbanduhr: kurz nach 16 Uhr.

Halb versunken in einem alten Chesterfield-Sofa, befinde ich mich in einem gemütlichen Laden, der noch aus den 1950er-Jahren zu stammen scheint. Ich betrachte die Regale um mich herum: Cremetiegel, Lotionen, Seifenstücke, Rasierpinsel, ein altmodischer Schallplattenspieler. Ich stehe auf, taumle, kann kaum die Aufschrift auf dem Schaufenster entziffern.

Ich bin bei einem Barbier in East Harlem.

1.

»Nimm Platz, Junge«, ertönte eine Stimme hinter mir.

Ich zuckte zusammen, als ich den Inhaber des Ladens sah: ein betagter Farbiger mit grauem Bart, einem Borsalino auf dem Kopf und bekleidet mit Hemd, Weste und gestreifter Hose, die von Hosenträgern gehalten wurde.

Mit einer Handbewegung wies er mich an, auf einem roten Ledersessel Platz zu nehmen.

»Ich habe dich gar nicht hereinkommen hören, allerdings muss man auch sagen, dass ich stocktaub bin!«, meinte er und brach in lautes Lachen aus.

»Entschuldigen Sie, Sir, aber …«

»Nenn mich Djibril.«

»Ich habe großen Durst, Djibril. Dürfte ich Sie um ein Glas Wasser und ein Aspirin bitten?«

»Das wird sich machen lassen«, erwiderte er und verschwand im Hinterzimmer.

In einer Ecke des Salons stapelten sich Zeitschriften gefährlich hoch auf einem alten runden Mahagonitischchen, über dem der Staub in den Sonnenstrahlen tanzte. Das neueste Heft war eine Ausgabe von *Entertainment Weekly* aus der Woche vom 24. Februar 2012. Auf dem Titelblatt das Foto einer blonden Frau mit kurzen Haaren und hartem Blick und darüber die Schlagzeile:

Lisa Ames
Begegnung mit der Heldin aus *Past Forward*,
der neuen Erfolgsserie

Eine schlankere, provokantere und kältere Lisa als die, die ich kannte. Ich überflog den Artikel. Sie hatte es also geschafft, die Rolle zu bekommen, von der sie immer geträumt hatte. Sollte ich mich nun darüber freuen oder es bedauern?

»So, junger Mann!«, sagte Djibril, der mit einer Flasche Sodawasser und einer Packung Paracetamol zurückkam.

Nachdem ich zwei Tabletten eingenommen und drei Gläser Wasser hinuntergestürzt hatte, fühlte ich mich etwas besser, auch wenn ich noch immer einen gewaltigen Kater hatte.

Bestürzt betrachtete ich mich im Spiegel. Ich war sechsundvierzig Jahre alt, und mein Alter war mir buchstäblich ins Gesicht geschrieben. Meine tief in den Höhlen liegenden Augen waren noch dunkler geworden, darunter ausgeprägte Schatten und in meinen Augenwinkeln die ersten Krähenfüße. Mein ehemals schwarzes Haar war inzwischen grau meliert, und auf meiner Stirn hatten sich Furchen gebildet. Auch am Hals sah man Falten, und mein Teint war blass. Die Konturen meines Gesichts waren weicher geworden. Sie hatten ihre Klarheit und ihren Charakter eingebüßt. Zwei tiefe senkrechte Linien zogen sich nun von meinen Nasenflügeln bis zu den Mundwinkeln, was mir einen Ausdruck der Niedergeschlagenheit verlieh.

Erschöpft ließ ich mich in dem Sessel zurücksinken. Djibril legte mir ein warmes, nach Pfefferminze duftendes Tuch aufs Gesicht. Während ich mich entspannte, hörte ich, wie er sein Rasiermesser auf einem Lederriemen schärfte. Mit einem Pinsel trug er anschließend Seifenschaum auf und glitt mit der Klinge über meine Wangen und meinen Hals. Entspannt überließ ich mich seinen sicheren Händen, während ich mir den Verdruss meines »Vortags« in Erinnerung rief.

Die Auseinandersetzung mit Lisa hatte mich aus der Bahn geworfen und zu einem blödsinnigen Trip mit dem Auto verleitet. Ich hatte einen wertvollen Tag mit meinen Kindern verloren.

Der Barbier reinigte mein Gesicht mit lauwarmem Wasser und betupfte mit einem Alaunstift eine kleine Schnittwunde. Zum Abschluss legte er erneut ein warmes, mit Minze getränktes Tuch auf Gesicht und Lider. Mit geschlossenen Augen hörte ich die Klingel, die das Eintreten eines Kunden anzeigte. Einen Moment lang blieb ich noch reglos sitzen und versuchte, möglichst viel Kraft zu sammeln, als mich eine vertraute Stimme ansprach: »Aha, mein Junge, willst wohl eine zarte Haut bekommen?«

Ich fuhr zusammen, zog das Tuch von meinem Gesicht und erblickte Sullivan, der sich soeben in den Sessel neben meinem gesetzt hatte.

Mein Großvater war mager geworden. Die Falten in seinem Gesicht hatten sich vertieft. Er sah müde aus, aber sein Blick war noch immer lebendig und verschmitzt.

»Wie schön, dich zu sehen«, sagte ich und umarmte ihn lange. »Es tut mir leid, letztes Mal haben wir uns verpasst.«

»Ja, ja, ich weiß. Lisa hat es mir erzählt. Da hast du Riesenmist gebaut.«

»Wir waren beide schuld«, verteidigte ich mich.

Sullivan gab ein Brummen von sich, dann wandte er sich Djibril zu, um uns vorzustellen.

»Das ist mein Enkel Arthur. Ich habe dir schon von ihm erzählt.«

Der Angesprochene brach erneut in Lachen aus.

»Das ist der Mann, der verschwindet?«

»Ganz genau!«

Der Barbier legte mir eine Hand auf die Schulter.

»Weißt du, dass ich deinem Großvater bereits 1950

den Bart gestutzt habe? Sullivan und ich, wir kennen uns seit sechzig Jahren!«

»Das stimmt, alter Gauner! Wie wäre es denn, wenn du zur Feier des Tages eine Flasche Whisky aus deinen Vorräten holen würdest?«

»Ich habe einen zwanzig Jahre alten Bushmills. Du darfst gespannt sein«, versprach der Barbier und verschwand.

Sullivan zog sein Handy aus der Jackentasche und wählte eine Nummer.

»Ich rufe Lisa an. Sie ist bei Dreharbeiten für ihre Serie in Kalifornien.«

Diese Information machte mich betroffen. Da ich fest entschlossen gewesen war, keinen weiteren Tag zu vergeuden und meine Beziehung zu retten, machte mich die Aussicht, meine Frau dieses Jahr überhaupt nicht zu sehen, ratlos.

»Sophia ist mitgefahren, aber dein Sohn ist in New York«, stellte Sullivan klar, um mich zu trösten.

Nachdem er einige Worte mit Lisa gewechselt hatte, reichte mir mein Großvater das Handy.

»Guten Tag, Arthur.«

Lisas klare und feste Stimme klang angenehm wie immer.

»Guten Tag, Lisa. Es tut mir leid, wie unsere letzte Begegnung verlaufen ist.«

»Das sollte es auch. Ich habe die ganze Nacht auf dich gewartet. Vor allem hat dein Sohn auch auf dich gewartet.«

Das Handy ans Ohr gepresst, ging ich hinaus vor den Laden, um ohne Zuhörer sprechen zu können. Ein Gedanke schoss mir durch den Kopf.

»Ich könnte vielleicht nach Kalifornien kommen, um dich zu sehen? Wenn ich gleich zum Flughafen aufbreche ...«

»Das würde uns nur wehtun«, unterbrach sie mich schroff. »Wenn du hingegen Zeit mit Ben verbringen würdest, wäre das, glaube ich, sehr nützlich.«

»Es geht ihm doch gut?«, fragte ich beunruhigt.

»Nein, eben nicht. Es geht ihm gar nicht gut«, erwiderte sie vorwurfsvoll. »Er ist momentan nicht zu bändigen. In der Schule lernt er nicht, prügelt sich mit allen, klaut und schwänzt den Unterricht. Und zu Hause ist es auch nicht besser: Es ist unmöglich, ihn in den Griff zu bekommen. Es wäre untertrieben, zu sagen, er sei nicht sehr kooperativ. Gelegentlich ist er sogar gewalttätig geworden. Ich komme nicht mehr an ihn heran. Sein Urgroßvater ist der Einzige, der ihn noch zur Vernunft bringen kann. Manchmal.«

Die Verzweiflung, die ich in ihrer Stimme wahrnahm, erschreckte mich.

»Vielleicht müsste man mit einem Psychologen darüber sprechen.«

»Für diese Idee mussten wir nicht auf dich warten, stell dir vor. Ben ist seit mehreren Monaten in Behandlung. Seine Schule hat das verlangt.«

»Und was meint der Psychologe?«

»Dass sein Verhalten ein Hilferuf ist. Aber ich habe

keinen Therapeuten gebraucht, um zu wissen, dass Ben mit unserer Situation sehr schlecht klarkommt. Besser gesagt, mit deiner Situation …«

»Natürlich, es ist wieder meine Schuld! Glaubst du vielleicht, es tut ihm gut, dass du viertausend Kilometer von ihm entfernt bist?«

»Ich sehe meinen Sohn jede Woche. Und ich bin nicht Penelope: Ich kann nicht zu Hause bleiben, brav auf dich warten und mich mit Schlaftabletten und Antidepressiva vollpumpen.«

Ich betrachtete die Leute auf dem gegenüberliegenden Bürgersteig. Innerhalb von zwanzig Jahren hatten sich auch die Straßen von Harlem stark verändert. Es war eine buntere Mischung, mehr Familien, mehr Kinderlachen.

»In drei Jahren wird alles vorbei sein«, sagte ich zu Lisa und versuchte, so überzeugend wie möglich zu klingen.

»Nein, niemand weiß, was in drei Jahren sein wird.«

»Lisa, wir wollen nicht wieder die wenige Zeit, die wir haben, mit Streitereien verbringen. Wir lieben uns und …«

»Nein, du liebst mich nicht!«, fiel sie mir ins Wort. »Jedenfalls hast du mich nie als den Menschen geliebt, der ich wirklich bin. Du liebst eine Vorstellung, die du dir von mir machst, die jedoch nicht der Realität entspricht.«

Ich wollte ihr widersprechen, aber dazu ließ sie mir keine Zeit.

»Ich muss jetzt gehen«, sagte sie kurz angebunden.
Und legte auf.

2.

»Trink das, mein Junge«, sagte Sullivan und reichte mir ein Glas Whisky.

Ich lehnte sein Angebot ab, aber er ließ nicht locker.

»Komm schon, mach deinem irischen Blut alle Ehre! Du kennst doch das Sprichwort: In Irland trinkt man Whisky nur bei zwei Gelegenheiten. Wenn man Durst hat und wenn man keinen Durst hat.«

Ich wandte mich an Djibril.

»Sie haben nicht vielleicht einen Kaffee?«

»Hey, junger Mann! Auf meinem Schaufenster steht nicht ›Bar‹, sondern ›Barbier‹!«, antwortete er und klopfte sich vergnügt auf die Schenkel.

Sullivan kramte in seiner Tasche und holte zwei Tickets heraus, die er vor mich hinlegte.

»Die Knicks spielen heute Abend im Madison Square Garden gegen Cleveland. Ich hatte die beiden Plätze für Djibril und mich gekauft, aber es wäre besser, du gehst mit deinem Sohn hin.«

»Wenn ihr geplant hattet, heute zusammen das Match zu sehen, will ich nicht …«

»Mach dir mal um uns keine Gedanken«, mischte sich Djibril ein. »Schau dir das Spiel mit deinem Jungen an. Sullivan und ich werden uns stattdessen ein

Curryhuhn oder ein Lammkarree bei *Red Rooster* genehmigen. Und vielleicht sogar noch ein Gläschen im Stripclub auf der 124th Street trinken. Und weißt du, was? Ich werde dir jetzt einen Kaffee machen!«

Ich nutzte die Zeit, die ich mit Sullivan allein war, um ihm zu sagen, was mich quälte.

»Letztes Jahr hatte ich bei meiner Rückkehr ein Problem. Ein großes Problem.«

Er stieß einen Seufzer aus, suchte nach seinem Päckchen Lucky Strike und zog eine Zigarette heraus, die er sich hinters Ohr klemmte.

»Die Reise war kürzer als vorgesehen«, sagte ich. »Sehr viel kürzer: zwölf Stunden statt vierundzwanzig!«

Sullivan ließ aus seinem Sturmfeuerzeug eine hohe Flamme aufsteigen.

»Das habe ich befürchtet«, erwiderte er, während er sich seine Kippe anzündete. »Mir ist dasselbe passiert. Meine vier letzten Reisen waren bedeutend kürzer.«

»Um wie viel?«

»Ihre Länge halbiert sich jedes Mal: erst zwölf Stunden, dann sechs, dann drei.«

»Und die letzte?«

»Sie hat kaum länger als eine Stunde gedauert.«

Schweigen senkte sich über den Raum. Ich konnte nicht glauben, was er mir soeben eröffnet hatte. Dann wich der Schock der Wut.

»Aber warum hast du mir nichts gesagt?«, rief ich und schlug mit der Faust auf den Tisch.

Müde rieb Sullivan sich die Augen.

»Weil es nichts genützt hätte, Arthur. Es hätte nur deine Moral untergraben.«

Ich nahm die beiden Tickets vom Tisch und verließ den Barbiersalon.

Der Albtraum ging weiter.

3.

Die Grundschule meines Sohnes befand sich an der Kreuzung Greene Street und Washington Place in einem ockerfarbenen Backsteingebäude, das an die New York University angrenzte.

An die gegenüberliegende Mauer gelehnt, beobachtete ich, wie die Schüler herauskamen und sich lärmend und lachend auf den Bürgersteig drängten. Kinder, die noch keine zehn Jahre alt waren, sich aber bereits wie Teenager benahmen: Mädchen in sexy Klamotten und Jungen, die sich wie Erwachsene verhielten.

Als ich Benjamin entdeckte, hätte ich ihn fast nicht erkannt. Auch er war unglaublich groß geworden. Seine blonden Haare waren lang. Er trug dunkle Jeans, eine Bomberjacke mit Pelzkragen und die gleichen Stan-Smith-Turnschuhe wie ich in seinem Alter.

»Warum holst du mich ab?«, fragte er, während er seinen Cityroller aufklappte.

»Das ist ja ein begeisterter Empfang!«, entgegnete ich und wollte ihn in die Arme nehmen.

Er wich zurück und machte sich auf seinem Cityroller Richtung Park auf den Weg.

»Heute Abend gehen wir aus, nur wir beide«, sagte ich und rannte hinter ihm her. »Ich habe zwei Plätze für das Spiel der Knicks.«

»Keine Lust. Ich mag Basketball nicht«, brummte Ben vor sich hin und beschleunigte kräftig.

»Wir gehen trotzdem hin!«, rief ich ihm nach.

Das dürfte nicht einfach werden ...

Ich war noch weit von der Realität entfernt. Den ganzen Abend im Madison Square Garden beobachtete ich besorgt meinen Sohn. Er behandelte mich wie einen Fremden, wich jedem Blickkontakt aus, begnügte sich damit, meine Fragen einsilbig zu beantworten.

Ich war als Vater nie präsent gewesen, und heute Abend ließ er mich dafür bezahlen. In meinem tiefsten Inneren verstand ich ihn sehr gut. Denn selbst wenn ich da war, war ich so ängstlich und besorgt gewesen, dass ich nie ganz bei ihm war. Ein Teil von mir war stets woanders: bereits dem nächsten Tag zugewandt, in panischer Angst vor dem baldigen Verschwinden. Ich hatte mir nie die Zeit genommen – ich hatte sie auch nie gehabt –, ihm irgendetwas zu vermitteln. Keine Grundlagen, kein Wertesystem, keinen Rat, um mit den Härten des Lebens umgehen zu können. Aber was hätte ich ihm schon geben können, ich, der ich von meinem eigenen Vater nur eine negative Weltsicht geerbt hatte und dessen Existenz sich auf eine von vornherein verlorene Schlacht gegen die Zeit beschränkte?

New York besiegte Cleveland mit 120:103. Trotz der Kälte bestand Benjamin darauf, zu Fuß nach Hause zu gehen. Als wir angekommen waren, schaute ich auf meine Armbanduhr und fragte: »Würde es dir Freude machen, einen *lobster roll* mit mir essen zu gehen?«

Er hob sein schönes Gesicht und sah mich mit einem Blick an, den ich an ihm nicht kannte. In seinen Pupillen leuchtete eine lebhafte und beunruhigende Flamme.

»Weißt du, was mir wirklich Freude machen würde?«

Ich rechnete mit dem Schlimmsten, und das Schlimmste trat ein. Benjamin öffnete den Mund, und ich hörte ihn sagen: »Dass du nie wiederkommst! Dass du für immer aus unserem Leben verschwindest!«

Er legte eine Pause ein und fuhr dann noch aggressiver fort: »Lass uns in Ruhe. Vergiss uns! Hör auf, Mom wehzutun! Du bist zu nichts anderem gut, als anderen Menschen wehzutun.«

Diese Worte drangen in mein Herz wie Dolchstöße.

»Du bist mir gegenüber ungerecht, Ben. Du weißt sehr gut, dass das alles nicht meine Schuld ist ...«

»Hör auf, ständig zu sagen, dass es nicht deine Schuld ist! Es ist scheißegal, wessen Schuld es ist! Du bist nicht da, das ist alles! Und ich werde dir noch etwas sagen: Um Sophia keinen Schock zu versetzen, hat Mom ihr nie gesagt, dass du ihr Vater bist! Aber du hast ja nicht einmal bemerkt, dass sie nie Dad zu dir sagt!«

Er hatte recht, und diese Wahrheit war für mich unerträglich.

»Hör zu, Ben, ich weiß, dass diese Situation für dich

sehr schwer auszuhalten und zu verstehen ist, aber sage dir immer wieder, dass sie nicht das ganze Leben anhalten wird. Noch drei Jahre, dann wird alles normal.«

»Nein.«

»Was soll das heißen, nein?«

Nun liefen dicke Tränen über seine Wangen. Ich nahm ihn in die Arme.

»In drei Jahren werden Sophia und ich tot sein ...«, schluchzte er an meinem Ohr.

»Aber nein, mein Großer! Wer hat dir denn so etwas erzählt?«

»Sullivan ...«

Mehr schlecht als recht beherrschte ich die Wut, die in mir aufstieg, und schleifte meinen Sohn in die *Oyster Bar*. Das Restaurant war fast leer. Wir setzten uns an einen ruhigen Tisch ganz hinten im Speisesaal, und ich bestellte zwei Sandwichs und zwei Softdrinks.

»Sag mir genau, was Sullivan dir erzählt hat.«

Er rieb sich die Augen, nahm einen Schluck von seiner Cola und erklärte zwischen zwei Schluchzern: »Seit ein paar Monaten geht es Grandpa nicht sehr gut. Er hustet und trinkt viel. An einem Abend, als Mom Crêpes gemacht hatte, bat sie mich, ihm welche zu bringen. Ich bin zu ihm gegangen, habe geklopft, aber er hat mir nicht aufgemacht. Ich wollte schon wieder gehen, als ich gesehen habe, dass die Tür nur angelehnt war. Ich bin in die Wohnung hineingegangen und fand ihn völlig betrunken auf dem Boden im Wohnzimmer.«

»Wann war das?«

Er sah kurz an die Decke und dachte nach.

»Vor drei Monaten. Ich habe ihm geholfen, aufzustehen. Er stank nach Alkohol. Ich bin ein bisschen bei ihm geblieben und habe ihn gefragt, warum er so viel trinkt. Er hat mir gesagt, das sei, um die Angst zu vergessen. Ich fragte, wovor er Angst hätte. Und da hat er mir seine Geschichte erzählt und gesagt, dir würde es genauso wie ihm ergehen. Am Morgen nach der vierundzwanzigsten Reise wäre alles verschwunden. Bei deinem Erwachen würde Mom dich nicht mehr erkennen, und Sophia und mich hätte es nie gegeben.«

Ich trocknete mit einer Papierserviette die Tränen, die über seine Wangen liefen, und versuchte, ihn zu beruhigen.

»So ist es Sullivan passiert, das stimmt. Aber es bedeutet nicht, dass es bei uns genauso wird.«

»Warum sollten wir dem entkommen?«

»Weil wir uns lieben. Und eine Familie sind, alle vier. Wir sind der Costello-Clan. Weißt du, was Shakespeare gesagt hat? ›Die Liebe kriecht, wo sie nicht gehen kann.‹ Weißt du, was das bedeutet?«

»Dass die Liebe immer stärker ist als alles andere?«

»Genau. Deshalb musst du nichts fürchten.«

Einige Sekunden wirkte die Autorität Shakespeares, dann gewann sehr rasch die Realität wieder die Oberhand.

»Glaubst du, dass Mom dich noch liebt?«, fragte Ben und biss in sein Sandwich. »Weil ich nämlich glaube, dass sie diesen Typen liebt, diesen Nicolas.«

Ich verbarg meinen Kummer und erkundigte mich: »Nicolas Hull, den Schriftsteller?«

Mit betretener Miene nickte mein Sohn.

»Ja, der Schriftsteller. Er bringt sie zum Lachen, wenn er zu uns kommt, und ich habe gehört, wie sie am Telefon zu jemandem gesagt hat, dass er sich gut um sie kümmert.«

Ich blickte meinem Sohn in die Augen und antwortete, um einen möglichst überzeugenden Gesichtsausdruck bemüht: »Hör mir gut zu, Ben, du darfst nicht an mir zweifeln. Der Mann, den Mom wirklich liebt, bin ich. Weil ich euer Vater bin, Sophias und dein Vater. Und wenn ich endgültig zurück bin, werde auch ich sie zum Lachen bringen und mich gut um sie kümmern.«

Ich sah, dass ich ihn ein wenig beruhigt hatte. Und nachdem wir unsere *lobster rolls* verspeist hatten, gingen wir nach Hause, wo uns das Au-pair-Mädchen erwartete.

So wie früher, als er noch klein war, putzten wir uns beide im Bad die Zähne, dann deckte ich ihn zu und wünschte ihm eine gute Nacht.

»Wir müssen noch drei schwierige Jahre überstehen, ist das klar, Ben? Wir können es schaffen, wenn wir ein Team bilden und uns vertrauen. Dazu musst du mir helfen, indem du vernünftig bist und mit deinen Dummheiten aufhörst, okay?«

»Okay. Ich bin der Mann im Haus.«

»Absolut.«

»Und du bist der Mann, der verschwindet! So nennt Mom dich immer.«

»Das stimmt«, gab ich zu. »Ich bin der Mann, der verschwindet.«

Und ich begann tatsächlich, bereits zu zittern.

»Gute Nacht, mein Großer«, sagte ich und löschte das Licht, damit er meine Zuckungen nicht sah.

»Gute Nacht, Dad.«

Mit Tränen in den Augen schleppte ich mich zur Tür, verließ das Zimmer und verschwand, noch bevor ich einen Fuß auf die erste Treppenstufe hatte setzen können.

Welches Verbrechen habe ich begangen, das eine solche Strafe verdient?

Für welchen unverzeihlichen Fehler muss ich so lange büßen?

2013
Die Regenzeit

Das Leben besteht aus vielen zusammen-geschmiedeten Abschieden.

Charles Dickens, *Große Erwartungen*

0.

Flüstern.

Ein Geruch nach Leder und alten Büchern.

Eine arbeitsame Stille, die nur durch das Rascheln umgeblätterter Seiten gestört wird. Unterdrücktes Hüsteln. Das Klappern der Tastaturen. Das leichte Knarren des Parkettbodens.

Ich liege mit dem Kopf auf einer Holzfläche, die nach Wachs riecht. Ich öffne die Augen und richte mich erschrocken auf. Meine Arme hängen über die Lehnen. Um mich herum Tausende von Büchern, eingeordnet in kilometerlange Regale, fein geschnitzte Vertäfelungen, gewaltige Lüster, Arbeitstische, die Patina angesetzt haben, Messingtischlampen mit grünlichen Opalglasschirmen.

Ich bin im Lesesaal der New York Public Library.

1.

Benommen stand ich von meinem Sessel auf und begann, die Örtlichkeiten zu erkunden.

Über dem Haupteingang zeigte eine imposante Wanduhr 12:10 Uhr an. Mittagessenszeit. Und so waren viele Plätze frei. Ich ging an einem Zeitschriftenstand vorbei, warf einen Blick auf eine der Tageszeitungen: *Humanitäre Nothilfe in Syrien; Nach dem Amoklauf in Newtown entscheidende Abstimmung im Senat über schärfere Waffengesetze* ... und suchte das Datum dieses Tages: Es war Montag, der 15. April 2013.

Die Zeit ging ihrem Ende zu. Nur noch zwei Reisen. Zwei Reisen – und dann das Unbekannte.

Hinten im Lesesaal gab es eine Computerecke. Ein Gedanke nahm in meinem Kopf Gestalt an. Ich setzte mich vor einen Bildschirm und versuchte, mich ins Internet einzuloggen. Dazu wurde leider ein Code verlangt, der den eingeschriebenen Benutzern der Bibliothek vorbehalten war.

Ich wartete einige Minuten, beobachtete prüfend die Arbeitsplätze um mich herum. Plötzlich begann das Handy einer meiner Platznachbarinnen zu vibrieren. Sie stand auf, um das Gespräch anzunehmen, und entfernte sich dabei von ihrem Computer, ohne sich auszuloggen. Ich rutschte auf ihren Platz und öffnete ein neues Fenster für eine Suchmaschine. Mit wenigen Klicks war ich auf der Wikipedia-Seite des Liebhabers meiner Frau.

Kein Foto. Nur eine knappe biografische Notiz:

Nick Hull

Nicolas Stuart Hull, geboren in Boston am 4. August 1966, ist ein amerikanischer Schriftsteller und Drehbuchautor.

Er ist Absolvent der Duke University und hält in Berkeley und Chicago Literaturvorlesungen.

Seine zwischen 1991 und 2009 veröffentlichte Trilogie *The Dive* war außerordentlich erfolgreich und machte ihn weltweit berühmt.

2011 schrieb er das Drehbuch für die amerikanische Serie *Past Forward,* die auf AMC ausgestrahlt wird. Bei dieser Serie übernahm er auch die Aufgaben des Produzenten und des Showrunners.

Ich wollte gerade noch weitere Links anklicken, als jemand sagte: »Hey, was tun Sie da an meinem Platz?«

Die Studentin war in den Lesesaal zurückgekehrt.

Auf frischer Tat ertappt, entschuldigte ich mich, machte mich aus dem Staub und verließ die Bibliothek über eine Treppe zum Bryant Park.

Ich bewegte mich auf vertrautem Terrain: Midtown zwischen der 5th und 6th Avenue. Mit der Subway waren es nur vier Stationen bis Greenwich Village, und fünfzehn Minuten später überquerte ich schon den Washington Square. Bevor ich nach Hause ging, beschloss ich, erst einmal die Lage zu sondieren, indem ich bei Sullivan anklopfte.

Als ich vor der Tür meines Großvaters ankam, fand ich zu meiner Überraschung wieder einen Umschlag, der zwischen die Klauen des Türklopfers geklemmt war.

Beim letzten Mal war das der Fall gewesen, um mir die unmittelbar bevorstehende Geburt meines Sohnes anzukündigen. Dieses Mal waren es weniger gute Nachrichten.

Mein Junge,
wir haben uns lange nicht gesehen, und Du beginnst, mir verdammt zu fehlen.
Solltest Du auf die Idee kommen, Deinem Großvater in den nächsten Tagen einen Besuch abstatten zu wollen, komm ins Bellevue Hospital.
Warte nicht allzu lange.
Mein altes Gerippe ist inzwischen ziemlich erschöpft.

2.

Die Palliativabteilung.

Begleitung bis zum Lebensende.

In allen Kliniken, die ich kennengelernt habe, war das eine gesonderte Abteilung. Dort sorgt das medizinische Team für eine die Schmerzen lindernde Pflege, geht aber auch auf Zweifel, Ängste und den letzten Willen des Patienten ein.

In Begleitung einer Krankenschwester öffnete ich die Zimmertür. Ich betrat ein großes ruhiges Zimmer. Das

Licht war gedämpft, und die Geräte waren auf ein absolutes Minimum beschränkt, um dem Bewohner ein menschenwürdiges Lebensende zu gewähren.

Mein Großvater lag in seinem Bett. Nicht wiederzuerkennen. Sein Gesicht war eingefallen, sein Teint leicht grau, seine Haut glänzte. Sein abgemagerter, leichenblasser und ausgezehrter Körper schien geschrumpft zu sein.

Lungenkrebs im Endstadium: dieselbe Schweinerei, die vor ihm bereits seinen Vater und seinen Sohn dahingerafft hatte.

So erhielt Familientradition eine seltsame Bedeutung.

Sullivan öffnete ein Auge, er spürte meine Anwesenheit.

»Erinnerst du dich«, begann er, nach Luft ringend, »in einem Krankenhauszimmer haben wir beide uns kennengelernt. Und in einem Krankenhauszimmer werden wir uns voneinander verabschieden ...«

Ich hatte einen Kloß im Hals, und Tränen verschleierten meine Augen. Ich versuchte nicht einmal, ihm zu widersprechen. Wir wussten beide, dass dies das Ende war.

Er wollte noch etwas hinzufügen, bekam jedoch einen heftigen Hustenanfall. Nachdem die Krankenschwester ihm ein Kissen hinter den Rücken geschoben hatte, ließ sie uns allein.

»Es wurde Zeit, dass du kommst, mein Kleiner«, fuhr er atemlos fort. »Ich habe versucht, mich zu schonen, um nicht zu gehen, ohne mich von dir verabschiedet zu haben.«

Mir war dieses Phänomen bekannt, und es hatte mich immer fasziniert. In den letzten Lebenstagen stellte man bei vielen Patienten neue Energie fest: Entweder, weil sie auf einen Nahestehenden warteten, oder, weil sie einen letzten Wunsch erfüllen wollten.

Sullivan räusperte sich und sprach mit heiserer Stimme weiter: »Ich wollte dir Lebewohl sagen, vor allem aber wollte ich mich bei dir bedanken, dass du mich aus der Hölle herausgeholt hast. Durch meine Befreiung aus Blackwell hast du mir zwei Jahrzehnte Leben geschenkt, mit denen ich nicht mehr gerechnet hatte. Ein verdammt guter Bonus, oder?«

Tränen liefen über meine Wangen. Sullivan nahm meine Hand und versuchte, mich zu beruhigen.

»Weine nicht. Ich habe gut gelebt, und das ist teilweise dir zu verdanken. Vor zwanzig Jahren, als wir uns das erste Mal begegnet sind, war ich so gut wie tot. Du hast mir ein neues, glückliches Dasein verschafft. Du hast mich mit Lisa bekannt gemacht und es mir ermöglicht, meine Urenkel kennenzulernen ...«

Nun weinte auch er. Tränen, die sich in den Furchen seiner faltigen Haut festsetzten. Er klammerte sich an meinen Arm, um sich aufrichten zu können.

»Heute mache ich mir um dich Sorgen, Arthur. Bereite dich darauf vor, mit schrecklichen Dingen konfrontiert zu werden.«

Ich sah in seine fiebrigen, blutunterlaufenen Augen.

Er blinzelte hektisch. Man hätte meinen können, er sei ein Erleuchteter, der das Ende der Welt prophezeit.

»Nach dem Hauch der vierundzwanzig Winde bleibt nichts übrig«, fuhr er fort, als rezitiere er ein Mantra. »Ich weiß, dass du mir nie geglaubt hast, aber genau das wird passieren! Am Morgen des vierundzwanzigsten Tages, wenn du das Bewusstsein wiedererlangst, wird keiner der Menschen, denen du begegnet bist, sich an dich erinnern.«

Ich schüttelte den Kopf und versuchte, mich selbst zu beruhigen.

»Nein, ich glaube nicht, dass es so ablaufen wird. Frank hat sich an eure Begegnung am JFK-Airport erinnert. Und auch daran, dass du von ihm verlangt hattest, die Tür im Keller zuzumauern. Wie du siehst, verschwindet nicht alles.«

Aber dieses Argument reichte nicht, um Sullivan in seinem Glauben zu erschüttern.

»Alles, was du dir aufgebaut hast, wird in sich zusammenstürzen. Du wirst für deine Frau ein Fremder sein, deine Kinder werden verschwinden und …«

Er wurde erneut von einem Hustenanfall unterbrochen, und ich hatte den Eindruck, er würde gleich ersticken. Sobald der Anfall vorüber war, setzte er zu einer letzten Warnung an:

»Es gibt keinen grauenhafteren Schmerz. Und wenn der Schmerz zu stark ist, wenn du ihn zu ungerecht findest, bist du zu allem bereit, nur damit er aufhört.«

Er schnappte nach Luft.

»Ich habe das bereits hinter mir, mein Kleiner, und ich kann dir versichern, dass dir dieses Leid so unüberwindlich erscheinen wird, dass es dich umbringt oder in den Wahnsinn treibt. Versprich mir, dass du es nicht so machen wirst wie ich, Arthur! Lass dich von dem Kummer nicht mitreißen, widerstehe der Versuchung der Finsternis!«

Nach Atem ringend, griff er nach meiner Hand.

»Bleib nicht allein, Arthur. Wenn man im Leben allein ist …«

Er unterbrach sich, um seine letzten Kräfte zu sammeln und zu sagen: »… wenn man allein ist, ist man tot.«

Das waren seine letzten Worte.

Ich blieb, so lange es ging, an seinem Bett sitzen; bis ich merkte, dass meine Glieder zu zittern begannen. Bevor ich verschwand, fiel mir ein Foto auf, das auf seinem Nachttisch stand. Ich hatte es mit Selbstauslöser an einem schönen Sommertag 2009 aufgenommen.

Wir sind alle fünf darauf zu sehen, eng aneinandergeschmiegt: Lisa strahlt, Ben gibt in seinem Tiger-Schlafanzug den Clown, Sophia präsentiert stolz ihre ersten Zähnchen, und Sullivan, als richtiger Patriarch, hat den Arm um meine Schultern gelegt. Ein perfekter Augenblick, für die Ewigkeit festgehalten. Wir sind eine Familie. Wir sind der Costello-Clan.

Während ich schon von Zuckungen geschüttelt wurde, schob ich das Foto in meine Jackentasche.

Bevor ich mich in der Zeit auflöste, sandte ich meinem Großvater einen letzten Abschiedsgruß.

Dem einzigen Menschen, der mich immer unterstützt hatte.

Dem einzigen Menschen, der mich nie enttäuscht hatte.

Dem einzigen Menschen, der mich nie verraten hatte.

2014
Der Wahre ist der Andere

> *In jeder Person gibt es zwei Menschen,*
> *der wahre ist der andere.*
>
> Jorge Luis Borges, *Citation apocrypte*

0.

Eine Explosion.

Diffuser Lärm in einer Menschenmenge.

Trommeln, Fanfaren, Gongklänge, Knallkörper. Ein widerwärtiger Geruch nach eingelegtem Fisch. Exotische Düfte nach Gewürzen, Frittiertem, geräuchertem Fleisch.

Nur mühsam komme ich wieder zu mir. Mein ganzer Körper tut mir weh. Eine Metallstange drückt sich in meine Wange, eine andere in meinen Oberkörper. Ich habe den Eindruck, in einem äußerst instabilen Gleichgewicht in der Luft zu schweben. Plötzlich spüre ich, dass ich falle.

Guter Gott!

Brutales Erwachen. Mein Körper rutscht eine eiserne Rampe hinunter. Auf gut Glück strecke ich den Arm aus und klammere mich irgendwo fest.

Sobald mein Sturz gebremst ist, öffne ich die Augen und sehe … den riesigen, bedrohlichen Kopf eines roten Drachens.

1.

Ein Drachen. Dann ein weiterer.

Eine ganze Armee von Drachen, Löwen, Pferden, die, von verborgenen Männern bewegt, vor meinen Augen tanzten.

Ich hing kopfüber mehrere Meter über dem Boden. Mühsam richtete ich mich auf, bis ich wieder auf den Füßen stand. Ich befand mich auf dem Absatz einer metallenen Feuerleiter an der Fassade eines Ziegelhauses.

Auf der Straße war die Hölle los; ein Zug aus bunten Wagen, Fahnen in lebhaften Farben, Akrobaten, Tänzern und Riesentieren aus Pappmaschee setzte sich in Bewegung.

Ich kannte diese schmale Straße mit den finsteren, ein wenig schmutzigen Häusern und den kleinen Läden mit ihren Leuchttafeln. Ich war in der Mott Street in Chinatown – der Ausgangspunkt des alljährlichen Umzuges am Tag des chinesischen Neujahrsfests. Die Stimmung war in der Tat festlich. Bänder flatterten im Wind, Konfetti wirbelte durch die Luft, Knallkörper explodierten, um die bösen Geister zu vertreiben.

Ich kletterte die Sprossen hinunter und gelangte auf

den Bürgersteig. An einem Laternenpfahl hing ein Plakat, das den Tag anzeigte – Sonntag, der 2. Februar 2014 – und den Plan des Umzugs: Worth Street, East Broadway und dann zum Roosevelt Park.

Ich bahnte mir einen Weg durch die dichte Menge, um der Prozession zu entkommen.

Auf der Mulberry Street bemerkte ich mehrere Taxis, deren Werbeflächen mich provozieren zu wollen schienen: Sie kündigten Nicolas Hulls neuen Roman *L-O-V-E-R* an.

Am Columbus Park, der grünen Lunge von Chinatown, machte ich eine Pause. Es war ein schöner Winternachmittag mit milden Temperaturen und einer belebenden Brise, die Sonne stand hoch am Himmel und glitzerte auf den vereisten Ästen der Bäume.

An einem Steintisch saßen alte Chinesen und spielten Mahjong oder Domino, daneben übten in trauter Eintracht andere Tai-Chi oder spielten Musik, und junge Paare machten mit ihren Kindern Picknick.

»Dad!«

Ich zuckte zusammen und wandte mich zu einem unbekannten Mädchen um, das, einen Zeichenblock auf den Knien, auf einer Bank hockte. Die Kleine lächelte mir zu, und mein Herz schlug schneller. Das war meine Sophia!

Die Chancen standen eins zu tausend, dass ich sie zufällig treffen würde. Sullivan hatte recht: Keine der Reisen war zufallsbedingt. Sie unterlagen alle einer bestimmten Logik.

»Wie geht es dir, meine Schöne?«, fragte ich und setzte mich neben sie.

Ich hatte sie nicht aufwachsen sehen.

Beim letzten Mal war sie noch ein Baby gewesen, und nun hatte ich ein kleines Mädchen in einem hübschen Kleid mit Bubikragen vor mir, dessen goldblondes Haar mit Perlmuttspangen gehalten war.

»Ganz gut, Dad!«

Ich sah mich um. Zehn Meter entfernt saß die schwedische Babysitterin, ganz auf das Display ihres Handys konzentriert.

»Du hast mich also erkannt, Sophia?«

»Natürlich. Mom zeigt mir oft Fotos von dir.«

Ich hatte Mühe, meine Tränen zurückzuhalten.

»Wenn du wüsstest, wie sehr ich mich freue, dich zu sehen«, erklärte ich und schloss sie in die Arme.

Dann nahm ich sie bei der Hand und zog sie von der Babysitterin weg.

»Komm, mein Schatz, ich kaufe dir was Gutes.«

Ich führte sie zu den Snackständen und bestellte einen Cappuccino, eine Orangenlimonade und verschiedene chinesische Spezialitäten: kandierten Ingwer, getrocknete Früchte, Hongkong-Waffeln, Lotuswurzel-Chips …

»Ist zu Hause alles in Ordnung?«, erkundigte ich mich und legte die Snacks auf einen Metalltisch.

»Ja«, versicherte sie und biss in einen Keks.

Dann packte sie ihren Zeichenblock und ihre Filzstifte aus und malte weiter.

»Und dein Bruder? Verstehst du dich gut mit ihm?«

»Ja, Ben ist lieb.«

»Und Mom?«

»Sie ist oft wegen ihrer Arbeit unterwegs.«

Ich trank einen Schluck Kaffee.

»Ist sie noch immer mit Nicolas zusammen?«

»Ja, natürlich«, erwiderte Sophia und hob den Blick zu mir. »Wir wohnen jetzt bei ihm.«

Bei dieser Nachricht zuckte ich zusammen. Ich bat sie, es noch einmal zu sagen, um sicherzugehen, dass ich richtig gehört hatte.

»Ich habe ein eigenes Zimmer, weißt du«, fügte sie hinzu.

»Aber … seit wann lebt ihr dort?«

»Seit ein paar Monaten, wir sind kurz vor Thanksgiving umgezogen.«

Ich seufzte und ließ den Kopf sinken.

»Du darfst nicht traurig sein, Dad.«

Ich trank meinen Kaffee aus.

»Ist Mom noch immer böse auf mich?«

Sophia sah mich betreten an.

»Ich glaube schon«, sagte sie dann und schüttelte ihre Orangenlimonade. Dann reichte sie mir die Flasche, die sie nicht öffnen konnte, und fügte hinzu: »Aber Mom weiß, dass alles, was passiert ist, nicht deine Schuld ist. Sie weiß, dass du nichts dafür kannst.«

Ich streichelte ihr übers Haar.

»Hör zu, mein Schatz, bald ist das Ganze vorbei. Ab nächstem Jahr können wir uns immer sehen. Jeden Tag!«

Meine kleine Tochter schüttelte den Kopf.

»Das glaube ich nicht.«

»Warum sagst du das?«

»Ben hat mir erklärt, dass wir sterben müssen. Er hat es von Sullivan erfahren.«

Ich protestierte.

»Aber nein, mein Liebling, das ist doch alles Schwachsinn!«

»So etwas sagt man nicht!«

»Aber ich bleibe dabei! Niemand wird sterben, okay?«

»Okay«, sagte sie, mehr, um mir eine Freude zu machen, als aus Überzeugung.

Ich schenkte ihr ein wenig Orangenlimonade in einen Pappbecher.

»Glaubst du, dass Mom mich noch liebt?«

»Das weiß ich nicht«, antwortete sie verlegen.

»Glaubst du, dass sie Nicolas Hull liebt?«

»Dad, ich bin doch erst sechs!«

Ich hörte eine Stimme, die nach Sophia rief, und lehnte mich zurück. Am anderen Ende des Wegs hatte die Babysitterin das Verschwinden der Kleinen, auf die sie aufpassen sollte, bemerkt. Mir blieb nicht mehr viel Zeit.

»Wo wohnt Nicolas?«

»Ich habe die Adresse vergessen.«

»Gib dir etwas Mühe, mein Schatz.«

Sie dachte angestrengt nach und sagte dann: »Wenn man im Aufzug ist, muss man auf den Knopf mit der dreiunddreißig drücken.«

»Okay, aber in welchem Viertel?«

»Die Viertel kenne ich nicht.«

»Dann sag mir, wohin du von dort aus zu Fuß gehen kannst.«

»Hm ... manchmal essen wir einen Hamburger in einem Restaurant, das *Odeon* heißt.«

»Sehr gut, das kenne ich, das ist in TriBeCa. Wie sieht das Haus aus, in dem du wohnst?«

»Es ist ganz neu! Die Leute nennen es manchmal den Jenga-Turm.« Jenga, das Geschicklichkeitsspiel, bei dem ein Spieler einen Stein unten aus einem Turm, der mit gleichen hölzernen Bauteilen aufgebaut wurde, herausnehmen und obendrauf setzen muss, ohne dass der Turm einstürzt.

»Das finde ich!«, rief ich und fuhr ihr mit den Fingern durchs Haar. »Gut gemacht, mein Mädchen!«

»Sophia!«

Jetzt hatte die Babysitterin uns entdeckt. Ich erhob mich und umarmte meine Tochter.

»Auf Wiedersehen, mein Schatz. Wir sehen uns nächstes Jahr! Dann habe ich wirklich Zeit. Wir unternehmen ganz viel zusammen, ja?«

»Ja, in Ordnung«, antwortete sie und bedachte mich mit ihrem betörenden Lächeln. »Hier, ich habe dir ein Bild gemalt.«

Ich nahm das Blatt, das sie mir reichte, faltete es zusammen und schob es in meine Tasche. Dann verließ ich den Park in nördlicher Richtung.

2.

Eine schlanke Kristallskulptur, die eine Höhe von zweihundertfünfzig Metern erreichte.

Wie viele andere Gebäude, die seit Beginn des 21. Jahrhunderts in Manhattan wie Pilze aus dem Boden schossen, war die an der Kreuzung Worth Street und Broadway gelegene Wohnanlage TriBeCa modern und luxuriös.

Die Architektur des Turms bestand aus einzelnen Glasquadern verschiedener Größen und Formen, die aufeinandergeschichtet waren. Jedes Stockwerk war anders, und von Weitem wirkte der Wolkenkratzer wie ein hoher Bücherstapel, der jederzeit umstürzen konnte. Das Bauwerk hatte sicher viele Gegner, aber es war originell und hob sich von den anderen, älteren Häusern im Viertel ab.

Aber wie komme ich da rein?, fragte ich mich, als das Taxi vor dem Gebäudekomplex hielt.

Einer der beiden Männer in Livree stürzte herbei, um mir die Tür zu öffnen. Selbstsicher stieg ich aus und betrat den Wolkenkratzer, ohne dass man mir eine Frage gestellt hätte. Die zehn Meter hohe Eingangshalle war ein Mittelding zwischen dem Abflugbereich eines Flughafens und dem Ausstellungsraum eines Museums für moderne Kunst: gläserne Wände, abstrakte und minimalistische Bilder, ein Bonsaiwald vor einer Pflanzenwand.

Ein gläserner Steg führte zu den Aufzügen. Sobald

ich in der Kabine war, stellte ich fest, dass es eines Codes oder Fingerabdrucks bedurfte, um ihn in Bewegung setzen zu können. Als ich schon aufgeben wollte, kam ein mit Paketen von Designergeschäften beladener Page herein, grüßte und tippte dann den Zahlencode ein. Er drückte auf den Knopf, der zu einer der Penthauswohnungen oben auf dem Gebäude fuhr, und fragte mich: »In welches Stockwerk, Sir?«

»Ins dreiunddreißigste.«

Kurz darauf stand ich vor der Eingangstür von Nicolas Hull. Sie war nur angelehnt.

Es gibt keine Zufälle, schien mir Sullivans Stimme zuzuraunen.

Leise trat ich in den Flur und dann in den modernen, aber gemütlich eingerichteten Wohnraum. Die spätnachmittäglichen Sonnenstrahlen durchfluteten ihn und verliehen ihm eine surrealistische Note.

Ich trat an die große Fensterfront und dann hinaus auf den mit einer Plexiglasbrüstung gesicherten Balkon. Von hier aus konnte man auf den East River, die Brooklyn Bridge, die goldene Spitze des Municipal Building und den neuen, funkelnden Turm des One World Trade Center sehen …

Ein faszinierender Ausblick, atemberaubend, doch etwas störte mich. Dieses Glasschiff war zu wirklichkeitsfremd. Es vermittelte mir den Eindruck, von dem abgeschnitten zu sein, was mir wirklich wichtig war: von den Menschen, dem Straßenlärm, den zwischenmenschlichen Beziehungen – kurz, vom Leben.

Ich kehrte zurück in die Wohnung. An den Wänden hingen Fotos von Lisa und den Kindern, auf denen Momente des Lachens, der Vertrautheit und des Glücks eingefangen waren. Der Beweis dafür, dass ihr Leben auch ohne mich weiterging.

Der Beweis dafür, dass ich nicht unentbehrlich war.

Ich blieb vor einem wundervollen Porträt meiner Tochter stehen. Das Wiedersehen mit ihr hatte mich aufgewühlt, und sie fehlte mir schon jetzt sehr. Während ich weiter durch den Raum wanderte, suchte ich in meiner Tasche nach dem Blatt, auf dem Sophia ein Bild für mich gemalt hatte.

In einer Ecke stand ein prachtvoller Nussbaumschreibtisch, auf dem aufgestapelte Bücher auf eine Widmung warteten. Es handelte sich um das letzte Werk des Hausherrn. Ein dicker Roman, auf dessen Cover René Magrittes berühmtes Bild *Die Liebenden* abgebildet war – ein Mann und eine Frau mit verhülltem Kopf, die sich küssen. Dazu in silbernen Lettern auf dunklem Grund der Titel und der Name des Autors:

L-O-V-E-R
Nicolas Stuart Hull

Ich entfaltete das Blatt, das ich sorgfältig in meiner Tasche aufbewahrt hatte, doch statt der versprochenen Zeichnung meiner Tochter stand dort in großen Schönschriftbuchstaben:

Soll ich Dir ein Geheimnis verraten, Dad?
Ich spürte, wie ein Zittern meinen Körper durchlief. Ich drehte das Blatt um und las:

Der Schriftsteller bist Du.
Ich verstand nicht gleich, was Sophia mir sagen wollte.
Mein Blick fiel wieder auf den Buchtitel:

L-O-V-E-R
Nicolas Stuart Hull

Und plötzlich überkam mich ein Schwindelgefühl. Die Buchstaben tanzten vor meinen Augen und bildeten ein verstörendes Anagramm.

ARTHUR SULLIVAN COSTELLO

Aufgebracht griff ich nach dem Buch und drehte es um. Auf der Rückseite waren eine kurze Biografie von Nicolas Hull und sein Konterfei abgedruckt.
Es war mein Bild.

3.

»Jetzt sag bloß nicht, dass du überrascht bist!«
Jemand hatte das Zimmer betreten. Ich drehte mich um und stand meinem Ebenbild gegenüber. Einem Klon. Meinem zweiten Ich, nur etwas arroganter und

ohne die Schwerfälligkeit und Ernsthaftigkeit, ohne die Sorgen und Ängste, die sich in all diesen Jahren in meinen Körper eingefressen hatten.

Ich war wie gelähmt. Vor Überraschung. Vor Angst.

»Wer bist du?«, brachte ich schließlich mühsam hervor.

»Ich bin natürlich du«, behauptete der andere Mann und kam auf mich zu. »Jetzt mal ernsthaft, hast du in den letzten vierundzwanzig Jahren nicht ein Mal an diese Lösung gedacht?«

»Welche Lösung?«

Er lachte und griff nach einer Schachtel Lucky Strike, die auf dem Schreibtisch lag.

»Dein Vater hat sich geirrt, das wahre Problem im Leben ist nicht, dass man niemandem vertrauen kann …« Er riss ein Streichholz an und zündete sich eine Zigarette an. »Nein, eigentlich ist das wahre Problem, dass man immer nur einen echten Feind hat: sich selbst.«

Er trat zu einem Beistelltisch und schenkte sich ein Glas japanischen Whisky ein.

»Willst du die Wahrheit über den Leuchtturm erfahren?«

Angesichts meines Schweigens fuhr er fort: »Die Wahrheit ist, dass manche Dinge unabänderlich sind. Du kannst sie nicht auslöschen. Du kannst sie nicht ungeschehen machen. Und sie werden dir nicht vergeben. Um keinen weiteren Schaden anzurichten, muss man einen Weg finden, damit zu leben. Das ist alles.«

Schweißperlen traten auf meine Stirn. Ich spürte Zorn in mir aufsteigen wie eine gefährliche Welle.

»Und was hat das mit dem Leuchtturm zu tun?«

Genüsslich stieß er den Rauch aus.

»Ah, okay, du willst mich für blöd verkaufen«, spöttelte er, »und die Wahrheit gar nicht wissen.«

Ich hatte genug gehört.

Mein Blick wurde magisch von dem Brieföffner auf dem Schreibtisch angezogen. Ein schönes Stück in Form eines Miniatur-Katanas mit Elfenbeineinlegearbeiten. Außer mir vor Wut, dass dieses andere Ich ungestraft mit meinem Dasein spielte, griff ich nach der Waffe, richtete sie auf meinen Doppelgänger und näherte mich ihm.

»Warum willst du mir mein Leben stehlen? Das lasse ich mir nicht gefallen. Ich will meine Frau und meine Kinder zurückbekommen! Ich will sie nicht verlieren!«

Sein Mund verzerrte sich zu einem gehässigen Grinsen.

»Du willst sie nicht verlieren? Du Idiot, du *hast* sie doch schon verloren!«

Um ihn endlich zum Schweigen zu bringen, stach ich auf ihn ein, bis er blutend auf dem hellen Parkettboden zusammenbrach. Eine Weile blieb ich wie erstarrt stehen und versuchte, diese Situation zu verstehen, die jeder Vernunft entbehrte.

Dann verschwamm mein Blick zum letzten Mal, die Bilder flimmerten vor meinen Augen wie bei den alten Schwarz-Weiß-Fernsehern meiner Kindheit. Mein Körper begann zu kribbeln und verkrampfte sich, bevor er von unkontrollierbaren Zuckungen geschüttelt wurde. Er begann, sich aufzulösen, entfernte sich aus der Realität und verglühte in einem Geruch nach verbranntem Zucker.

Anschließend ertönte ein dumpfer Knall, wie ein von einem Schalldämpfer abgeschwächter Schuss. Und in dem Augenblick, als ich entschwand, trat mir das Bild meiner Frau und meiner Kinder vor Augen.

Und plötzlich wurde mir das Offensichtliche klar.

Im Gegensatz zu dem, was ich bisher angenommen hatte, verschwand nicht ich.

Nein, sie verschwanden.

2015
Der vierundzwanzigste Tag

Nacht. Nichts. Das war seine Aussicht.
Er war allein.
Allein hat ein Synonym: tot

Victor Hugo, *Der lachende Mann*

0.

Ich öffne die Augen.
Ich

Fünfter Teil

Der unvollendete Roman

Pressespiegel (2012–2015)

Fiktion ist die Wahrheit
in der Lüge.

Stephen King, *Es*

Arthur Costello versucht sich an der Jugendliteratur

(*Publishers Weekly*, 8. Oktober 2012)

Der für seine Thriller und Fantasy-Romane bekannte Bestsellerautor wird nächste Woche seine Neuerscheinung *The little girl from Mulberry Street* im Buchhandel vorstellen. Es ist das erste Werk, mit dem er sich an eine junge Leserschaft wendet.

Das nur zweihundert Seiten starke Buch unterscheidet sich erheblich von den anderen Büchern seiner Bibliografie. *The little girl from Mulberry Street* erscheint am Montag, den 15. Oktober. »*Ich wollte meinem Sohn Benjamin zu seinem zehnten Geburtstag ein besonderes Geschenk machen. Also habe ich beschlossen, dieses Buch für ihn zu schreiben*«, erklärte der Autor im Rahmen einer Pressekonferenz. Der Roman erzählt von Ophelia, einem jungen Mädchen, das auf dem Dachboden seines Elternhauses eine Klappe entdeckt, die ihm eine Reise

durch die Zeit ermöglicht. Durch diese Klappe gelangt es auf die »andere Seite des Spiegels«, wo es eine magische und auch beängstigende Parallelwelt entdeckt. Die Geschichte, zwischen Lewis Carroll und *Back to the future* angesiedelt, ist für Leser ab zehn Jahren gedacht, aber auch Jugendliche und sogar Erwachsene werden sich für diese Fabel begeistern.
Arthur Costello, Jahrgang 1966, begann sehr früh zu schreiben, um sich so sein Medizinstudium zu finanzieren. Zwischen 1986 und 1989 veröffentlichte er unter einem Pseudonym zwei Krimis und eine Science-Fiction-Erzählung. 1991 verfasste er, parallel zu seiner Tätigkeit als Assistenzarzt in der Notaufnahme, zum ersten Mal ein Buch unter seinem Namen, die Trilogie *The Dive*, die ein weltweiter Erfolg wurde. In der Folge gab Costello seinen Beruf als Arzt auf, um sich ganz dem Schreiben zu widmen. Seit nunmehr zwanzig Jahren erprobt er sich in verschiedenen Genres: Fantasy, Horror, Krimi, Techno-Thriller. Zu seinen bekanntesten Werken gehören *Lost & Found* (Edgar Award 2001 für den besten Roman), *Horror* (Locus Price 2003), *The Town that never sleeps* und *The Twins*, das er zusammen mit seinem Freund Tom Boyd geschrieben hat.
Sein Werk wurde in über vierzig Sprachen übersetzt und in einer Auflage von mehr als siebzig Millionen Exemplaren weltweit verkauft. Oft diente es als Vorlage für Kino- oder Fernsehverfilmungen, bei denen Costello das Drehbuch schrieb.

—

Arthur Costello für seinen Roman *The little girl from Mulberry Street* mit dem Hugo-Preis ausgezeichnet

(*Kirkus Review*, 9. August 2013)

Nachdem er bereits mit dem Bam-Stroker-Preis für das beste Jugendbuch geehrt wurde, wird Arthur Costello nun erneut für diesen Roman ausgezeichnet, der seit Wochen ganz oben auf den Bestsellerlisten steht.

Auf die Frage, ob es sich bei diesem Abstecher in die Jugendliteratur um ein einmaliges Phänomen handelt, antwortete Costello: »*Ich habe den Roman zum zehnten Geburtstag meines Sohnes geschrieben, weil mir bewusst wurde, dass meine anderen Bücher nichts für ihn sind, da sie zu viele Gewalt- und Horrorszenen enthalten. Meine fünfjährige Tochter Sophia lernt gerade Lesen und ist sehr neidisch auf ihren Bruder. Und so hat sie mich gebeten, auch für sie einen Roman zu schreiben. Es ist also zu befürchten, dass Sie mich in diesem Genre nicht so leicht loswerden.*«

—

Der Schriftsteller Arthur Costello bereitet eine Fernsehserie für AMC vor

(*Variety.com*, 9. November 2013)

Der Schriftsteller hat soeben einen Vertrag mit *American Movie Classics* unterschrieben. Er wird eine neue Serie für den Sender entwickeln, bei der er zugleich auch als *Show Runner* und Produzent fungiert.

AMC hat am Freitag erklärt, sich mit dem Schriftsteller bezüglich der Produktion eine Krimi-Fantasy-Serie geeinigt zu haben, die den Namen *Past Forward* tragen wird und an der Costello bereits seit mehreren Jahren arbeitet. Es geht um die Geschichte einer Cop-Familie, die seit mehreren Generationen gegen einen Serienkiller kämpft, der die Fähigkeit hat, in der Zeit zu reisen. Über Besetzung und Produktion ist noch nichts bekannt, aber AMC möchte die Serie so bald wie möglich ausstrahlen. Der Sender verspricht sich sehr viel von diesem Projekt und hat die acht Folgen des ersten Teils bereits gekauft.

—

Lisa Ames spielt in Past Forward

(*Deadline.com,* 2. März 2014)
Nach Willem Dafoe und Bryce Dallas Howard gehört nun auch Lisa Ames zur Besetzung der Fernsehserie. In welcher Rolle, das ist noch nicht bekannt.
Ames, Absolventin der Juilliard School und Exmodel für Calvin Klein, ist vor allem durch ihre zahlreichen Auftritte in Broadway-Musicals bekannt. Sie ist die Ehefrau von Arthur Costello, dem *Show Runner* der Serie.

—

Dramatischer Unfall auf der Sagamore Bridge

(Sit Web der *Bourne Daily News,* 11. Juni 2014)
Gegen drei Uhr an diesem Mittwochnachmittag ereignete sich ein tragischer Unfall auf der Sagamore Bridge. Ein Wagen, der Richtung Cap Cod fuhr, kam von der Fahrbahn ab und prallte gegen das Brückengeländer. Das Metallgitter hielt dem Aufprall nicht stand, und der Wagen stürzte in den Kanal.

Polizeibeamte, Rettungskräfte und Taucher trafen unmittelbar nach dem Geschehen am Unfallort ein. Nach ersten Erkenntnissen gibt es zwei Tote: ein etwa zehnjähriger Junge und ein kleines Mädchen. Die Fahrerin, um die vierzig, konnte aus dem Wrack befreit werden. Sie war bewusstlos und wurde sofort ins Bourne Hospital überführt.

Aktualisierung 16 Uhr: Nach Auskunft der Polizei ist die Fahrerin vermutlich die Schauspielerin Lisa Ames, die Ehefrau des Bestsellerautors Arthur Costello.
Das Paar lebt in New York und verbringt seine Ferien oft in der Gegend von Cap Cod.
Bei den beiden Leichen, welche die Taucher geborgen haben, handelt es sich vermutlich um ihre Kinder: Benjamin, zwölf Jahre alt, und Sophia, sechs Jahre alt.
Nach unseren Informationen befand sich der Schriftsteller nicht mit in dem Wagen.

Aktualisierung 23:20 Uhr: Aus medizinischen Kreisen verlautete, dass sich Lisa Ames nicht mehr in Lebensgefahr befindet.

—

Lisa Ames nach einem Selbstmordversuch nur knapp dem Tod entronnen.

(*ABC News*, 3. Juli 2014)
Drei Wochen nach dem tragischen Tod ihrer beiden Kinder bei einem Autounfall hat Schauspielerin und Exmodel Lisa Ames heute Nacht versucht, ihrem Leben ein Ende zu setzen, indem sie sich nach einer Überdosis an Medikamenten die Pulsadern aufschnitt.

Ihr Mann, der Schriftsteller Arthur Costello, fand seine Frau in der Badewanne ihres Hauses in Greenwich Village. Als ehemaliger Arzt übernahm der Autor die Erstversorgung, ehe Lisa Ames ins Bellevue Hospital in Manhattan eingeliefert wurde.
Aus medizinischen Kreisen verlautete, ihr Zustand sei ernst, aber nicht lebensbedrohlich.

—

Arthur Costello nach einer Schlägerei von der Polizei festgenommen.

(*New York Post,* 17. November 2014)
Der Zwischenfall ereignete sich gestern Abend auf dem Bahnsteig der Subway Station West Fourth Street/ Washington Square. Offensichtlich angetrunken, hat Costello einen Angestellten der städtischen Verkehrsbetriebe verprügelt.
Den Aufnahmen der Überwachungskameras zufolge, wollte sich der Erfolgsautor anscheinend bei Einfahrt des Zuges auf die Gleise werfen. Doch der junge Kontrolleur Mark Irving hielt ihn in letzter Sekunde zurück und rettete ihn vor dem fatalen Sprung. Wütend hat Mr Costello daraufhin auf seinen Retter eingeschlagen, bis er schließlich von der Polizei festgenommen wurde.
Trotz des Drängens seiner Gewerkschaftsvertreter wollte der Kontrolleur keine Anzeige gegen den Schriftsteller erstatten.

—

Der Schriftsteller Arthur Costello in die Psychiatrie eingewiesen

(*New York Post,* 21. November 2014)
Nach seinem Selbstmordversuch in der letzten Woche wurde der Bestsellerautor, wie heute seine Agentin Kate Wood bekannt gab, auf eigenen Wusch in die psychiatrische Abteilung des Blackwell Hospital auf Staten Island eingewiesen.
»*Nach dem Tod seiner Kinder und der Trennung von seiner Frau macht Arthur eine schwierige Zeit durch*«, räumte Ms Wood ein. »*Aber ich zweifle nicht daran, dass er die Kraft finden wird, sich dieser Tragödie zu stellen und sie zu überwinden.*«

—

Arthur Costello aus dem Krankenhaus entlassen.

(*Metro New York,* 5. Januar 2015)
Heute Morgen wurde der Erfolgsautor aus dem Blackwell Hospital entlassen, wo er seit einem Monat wegen einer durch den Unfalltod seiner beiden Kinder ausgelösten Depression und eines Selbstmordversuchs behandelt wurde.
Seine Agentin Kate Wood hat erklärt, der Schriftsteller habe die Absicht, bald einen neuen Roman zu beginnen. Doch diese Aussage wurde von Costello nicht bestätigt.

—

KateWoodAgency@Kwood_agency. 12. Februar
Im Frühjahr erscheint der neue Roman von Arthur Costello! Er trägt den Titel *Der Mann, der verschwindet*. #Gute Neuigkeit!#Schnell.

—

Der neue Roman von Arthur Costello bald im Buchhandel?

(*The New York Times Book Review,* 12. Februar 2015)
Schon lange kursierten Gerüchte, doch jetzt wurden sie im sozialen Netzwerk offiziell von dem Verleger Doubleday und Kate Wood, der Agentin des Schriftstellers, bestätigt. Der Bestsellerautor Arthur Costello veröffentlicht im Frühjahr einen neuen Roman – den ersten seit dem dramatischen Tod seiner Kinder. »Der Roman wird den Titel *Der Mann, der verschwindet* tragen«, hat seine Agentin erklärt, ohne weitere Einzelheiten enthüllen zu wollen. Sie begnügte sich mit dem Hinweis: »*Die Geschichte beginnt auf Cap Cod, einer felsigen Landzunge, auf der sich ein geheimnisvoller Leuchtturm erhebt.*« Doch im Laufe des Abends hat Costellos bester Freund, der Schriftsteller Tom Boyd, diese Information bestritten: »*Ich habe heute Nachmittag mit Arthur telefoniert, und er hat mich gebeten, diese Aussage zu dementieren. Es stimmt zwar, dass er wieder angefangen hat zu schreiben, aber es ist viel zu früh, von einer Veröffentlichung zu sprechen. Arthur ist nicht vertraglich gebunden. Und wenn Sie meine Meinung hören wollen, handeln sein Verleger und seine Agentin gegen ihre eigenen Interessen, wenn sie die Dinge überstürzen*«, fügte der Autor von *The Angels Trilogy* kryptisch hinzu.

Das Heilmittel und das Übel

Vielleicht ist die beste Zeit unseres Lebens immer schon vorüber.

James Sallis, *Die langbeinige Fliege*

Blackwell Hospital, Staten Island
29. Dezember 2014

Die Aufzugtüren öffneten sich auf das siebte Stockwerk.

Doktor Esther Haziel verließ die Kabine. Sie war eine kleine, energische Frau mit kurz geschnittenem, aschblondem Haar und einer runden Hornbrille, die ihre klugen und neugierigen grünen Augen hervorhob. Einen dicken Aktenordner unter dem Arm, ging sie zum Ende des Korridors, wo das Zimmer 712 lag.

Sie traf den für die Etage verantwortlichen Krankenpfleger, den manche wegen seines teilweise verbrannten Gesichts Two-Face nannten.

»Können Sie mir bitte aufsperren?«

»Klar, Doc«, antwortete der Mann. »Im Prinzip ist er lammfromm, aber Sie wissen ja besser als ich, dass es bei solchen Paradiesvögeln keine Regeln gibt. Ich muss

Ihnen noch sagen, dass die Klingel in diesem Zimmer nicht funktioniert. Wenn es also irgendein Problem gibt, rufen Sie einfach. Nachdem wir ja dank Ihrer Organisation personalmäßig ständig unterbesetzt sind, ist es allerdings nicht sicher, dass jemand Sie hört.«

Als Esther ihn mit einem vernichtenden Blick bedachte, trat Two-Face den Rückzug an.

»Wenn man nicht mal mehr einen Scherz machen kann«, murrte er achselzuckend.

Der Krankenpfleger öffnete die Zimmertür und schloss dann hinter ihr wieder ab. Esther trat ein paar Schritte vor. Es war ein winziger Raum, eine Art spartanische Zelle mit einem Eisenbett, einem wackligen Plastikstuhl und einem am Boden festgeschraubten Tisch.

Arthur Costello lag auf der Matratze, gegen Kissen gelehnt. Er war gut vierzig Jahre alt und noch ein attraktiver Mann: groß, dunkelhaarig mit melancholischem Gesichtsausdruck und scharfen Zügen, der eine zu große Hose und ein Baumwoll-T-Shirt trug.

Reglos, den glasigen, starren Blick in die Ferne gerichtet, schien er völlig abwesend und in einem entfernten Traum gefangen.

»Guten Tag, Mister Costello. Ich heiße Esther Haziel und bin Leiterin der psychiatrischen Abteilung dieses Krankenhauses.«

Costello zeigte keine Regung und schien die Psychiaterin nicht einmal wahrzunehmen.

»Es ist meine Aufgabe, Ihre Entlassungsbescheinigung zu unterschreiben. Doch bevor Sie gehen, möchte ich sicher sein, dass Sie jetzt keine Gefahr mehr für sich selbst oder für andere darstellen.«

Plötzlich erwachte Arthur aus seiner Lethargie.

»Hören Sie, ich will überhaupt nicht hier raus.«

Esther Haziel zog einen Stuhl heran und setzte sich an sein Bett.

»Ich kenne Sie nicht, Mister Costello. Weder Sie noch Ihre Bücher. Allerdings habe ich Ihre Krankenakte gelesen«, erklärte sie und legte einen Ordner auf den Nachttisch.

Sie wartete eine Weile und fügte dann hinzu: »Ich möchte gern, dass Sie mir selbst erzählen, was geschehen ist.«

Arthur sah die Ärztin zum ersten Mal an.

»Haben Sie eine Zigarette?«

»Sie wissen genau, dass Sie hier nicht rauchen dürfen«, erwiderte sie und deutete auf den Rauchmelder.

»Dann scheren Sie sich zum Teufel!«

Esther gab seufzend nach. Sie kramte in ihrer Kitteltasche und reichte ihm dann ihr Feuerzeug und eine Schachtel Mentholzigaretten, ehe sie ihre Frage wiederholte:

»Erzählen Sie mir Ihre Geschichte, Mister Costello. Was ist am Tag des Unfalls Ihrer Kinder genau passiert.«

Arthur schob sich die Zigarette hinters Ohr.

»Die habe ich Ihren Kollegen schon mehrmals aufgetischt.«

»Ich weiß, Mister Costello, aber ich möchte, dass Sie sie auch mir erzählen.«

Er massierte sich die Schläfen, atmete tief durch und begann dann: »Benjamin und Sophia sind am elften Juni 2014 gestorben. Es war damals ohnehin eine schwierige Zeit für mich. Schon seit Monaten hatte ich keine Zeile mehr geschrieben. Der Tod meines Großvaters Anfang des Jahres hatte mich sehr mitgenommen. Er hatte in mir die Liebe zum Lesen und Schreiben geweckt, er hat mir die erste Schreibmaschine geschenkt und meine Anfänge begleitet. Mit meinem Vater habe ich mich nie verstanden. Sullivan war der Einzige, der mich immer unterstützt und mich nie verraten hat.«

»Wie war die Beziehung zu Ihrer Frau?«

»Wie bei allen Paaren gab es Höhen und Tiefen. Wie die Frauen vieler Schriftsteller warf Lisa mir vor, dass ich mich zu sehr von der Welt zurückzog und nicht genug Zeit mit ihr und den Kindern verbrachte. Sie fand, dass ich zu viel arbeitete und dass mein imaginäres Universum mein reales Leben auffraß. Darum hatte sie mich auch den ›Mann, der verschwindet‹ genannt.«

»Warum den ›Mann, der verschwindet‹?«

»Weil ich oft in meinem Arbeitszimmer verschwand, um mich zu meinen Papier-Protagonisten zu gesellen. Sie sagte, in diesen Momenten verhielte ich mich wie ein Deserteur, der seine Familie im Stich lässt. Es stimmt, ich habe viele Elternabende, Fußballspiele und Jahresabschlussfeiern versäumt. Damals schien mir das nebensächlich. Man glaubt immer, noch viel Zeit zu haben. Man glaubt, die verpassten Augenblicke aufholen zu können, aber das stimmt nicht.«

Nach einem kurzen Schweigen fragte Esther Haziel: »Zum Zeitpunkt des Unfalls hatten Sie sich also voneinander entfernt?«

»Mehr als das. Ich war mir sicher, dass Lisa mich betrog.«

»Worauf beruhte Ihre Vermutung?«

Arthur machte eine vage Handbewegung.

»Telefongespräche, die plötzlich abgebrochen wurden, wenn ich das Zimmer betrat, regelmäßige, ungerechtfertigte Abwesenheit, der geänderte Zugangscode zu ihrem Handy …«

»Ist das alles?«

»Das schien mir ausreichend, um einen Privatdetektiv zu engagieren.«

»Und das haben Sie auch getan?«

»Ja, ich habe Kontakt zu Zachary Duncan alias La Chique aufgenommen. Das ist ein ehemaliger Polizeibeamter, der zum privaten Sicherheitsdienst wechselte und mich bei meinen Krimis beriet. Mit seinem Rot-Kreuz-Parka und seinem Stetson sah er eher wie ein Penner aus, aber er ist einer der effizientesten Ermittler von ganz New York. Er hat Lisa beschattet, und eine Woche nach unserem ersten Treffen hat er mir Beweise vorgelegt, die mir erdrückend schienen.«

»Zum Beispiel?«

»Vor allem Fotos, auf denen man meine Frau in Begleitung eines Mannes namens Nicolas Horowitz am Eingang des *Center Hotel* von Boston sah. Drei Verabredungen in einer Woche. Treffen, die nie länger als zwei Stunden dauerten. Zachary hat mir gesagt, ich solle das Ende seiner Ermittlungen abwarten, um mit meiner Frau zu sprechen, aber für mich gab es keinen Zweifel, dass dieser Kerl ihr Liebhaber war.«

Arthur erhob sich von seinem Bett, trat ans Fenster und betrachtete die Wolken, die Richtung Astoria zogen.

»Am nächsten Tag habe ich mit Lisa gesprochen«, fuhr er fort. »Es war ein Samstag. Wir hatten geplant, an einen Ort zu fahren, den ich sehr mochte: das *Twenty-four Winds Lighthouse,* ein Leuchtturm in der Gegend von Cap Cod, den wir fast jedes Jahr gemietet haben. Ich fand, dieses alte Gebäude hatte wahnsinnig viel Charme und strahlte etwas Positives aus. Wenn ich dort war, hat es mich oft inspiriert, und ich konnte gut schreiben. Aber an diesem Morgen habe ich nicht gewartet, bis wir am Leuchtturm waren, um meinem Zorn Luft zu machen. Gleich beim Frühstück habe ich ihr die Fotos gezeigt und eine Erklärung verlangt.«

»Und wie hat sie reagiert?«

»Sie war empört, dass ich einen Detektiv zu ihrer Überwachung engagiert hatte, und weigerte sich, mir irgendetwas zu erklären. Ich hatte sie noch nie so wütend gesehen. Schließlich hat sie den Kindern gesagt, sie sollten ins Auto steigen, und ist ohne mich nach Cap Cod aufgebrochen. Auf dem Weg ist dann der Unfall passiert.«

Costellos Stimme brach. Er bekam einen Hustenanfall, dann schwieg er.

»Was haben Sie getan, nachdem sie weg war?«

»Nichts. Ich saß wie gelähmt da, unfähig, zu reagieren, eingehüllt in ihr Parfum, das nach Orangenblüten duftete.«

»Ihre Frau hat Sie aber gar nicht betrogen, oder?«

»Nein, im Gegenteil. Sie machte sich Sorgen um mich und bereitete eine Überraschung für mich vor. Sie hatte gerade eine sehr gute Gage von einem Fernsehsender bekommen, der sie für eine Serie verpflichtet hatte. Ich habe es erst später erfahren, aber mit diesem Geld hat sie das *Twentyfour Winds Lighthouse* gekauft.«

»Und sie wollte Ihnen den Leuchtturm schenken?«

Arthur nickte.

»Sie wusste, wie sehr ich diesen Ort liebe. Sie dachte, nach dem Tod meines Großvaters würde mir das wieder Lebenswillen und die Lust zum Schreiben geben.«

»Und dieser Mann, Nicolas Horowitz?«

»Er war nicht ihr Liebhaber, sondern ein Geschäftsmann aus Boston, der eine Hotelkette und mehrere Guesthouses in Neuengland besitzt. Und vor allem ist er der Erbe jener Leute, denen der Leuchtturm gehörte. Eine alteingesessene Bostoner Familie, die sich eigentlich nicht von diesem historischen Bauwerk trennen wollte. Und Lisa hatte sich in den letzten Wochen wiederholt mit Horowitz getroffen und mit ihm telefoniert, um ihn vom Gegenteil zu überzeugen.«

Arthur verstummte und zündete seine Zigarette an. Für eine Weile schwieg auch Esther Haziel, dann rieb sie sich fröstelnd die Schultern. Es war mitten im Winter, und in dem Zimmer war es eiskalt. Man hörte zwar das Gluckern des Wassers in dem alten Heizkörper, doch er strahlte keine Wärme ab.

»Was haben Sie für die Zukunft vor?«, fragte sie und suchte Arthurs Blick.

»Zukunft? Welche Zukunft?«, fragte Arthur gereizt. »Glauben Sie, man hat eine Zukunft, wenn man seine Kinder getötet hat? Glauben Sie, dass ...«

Die Psychiaterin unterbrach ihn.

»Eine solche Schlussfolgerung können Sie nicht ziehen. Sie wissen ganz genau, dass Sie Ihre Kinder nicht getötet haben.«

Arthur ignorierte sie. Den Blick in die Ferne gerichtet, zog er nervös an seiner Zigarette.

»Monsieur Costello, Sie sind hier in einem Krankenhaus und nicht im Hotel!«

Verärgert wandte er sich um und sah sie fragend an.

Esther Haziel fuhr fort: »Viele Patienten, die im Blackwell Hospital behandelt werden, leiden unter schweren psychischen Störungen und haben keine Möglichkeit, dagegen anzukämpfen. Das trifft auf Sie nicht zu. Sie haben Fähigkeiten. Lassen Sie sich nicht vom Schmerz zerstören. Unternehmen Sie etwas!«

Verblüfft begehrte Arthur auf: »Und was, zum Teufel, soll ich tun?«

»Das, was Sie am besten können – schreiben!«

»Und worüber?«

»Über das, was Sie quält. Durchleben Sie diese Prüfung noch einmal, fassen Sie Ihren Schmerz in Worte, tragen Sie Ihre Last nach außen. In Ihrem Fall ist das Schreiben das Übel und zugleich das Heilmittel.«

Arthur schüttelte den Kopf.

»Das ist nicht meine Vorstellung von einem Roman. Ich möchte meine Leser nicht mit meinen Seelenzuständen belasten. Das Schreiben ist keine Therapie. Schreiben ist etwas anderes.«

»Ach ja, und was?«

Lebhaft antwortete Arthur: »Zunächst ist Vorstellungskraft gefragt. Man muss sich in andere Leben hineinversetzen, eine neue Welt schaffen, neue Personen und ihr imaginäres Universum. Dazu muss man an den Worten arbeiten, an den Sätzen feilen, einen Rhythmus, einen Atem, eine Musik finden. Das Schreiben kann nicht heilen. Es tut weh, es zerfrisst und beherrscht einen. Tut mir leid, aber wir beide haben nicht dieselbe Arbeit.«

Schlagfertig antwortete Esther: »Ganz im Gegenteil, wir arbeiten mit derselben Materie, Mister Costello, mit dem Verdrängten – Angst, Schmerz, Phantasma.«

»Sie glauben also, dass man ein neues Kapitel im Leben anfangen kann, einfach so, indem man schreibt?«

»Wer spricht denn von einem neuen Kapitel? Ich habe Ihnen einfach nur geraten, sich von Ihrem Schmerz zu distanzieren, indem Sie ihn in eine Fiktion fassen. Im Roman das akzeptabel machen, was Sie im Leben nicht akzeptieren können.«

»Tut mir leid, aber dazu bin ich nicht in der Lage.«

Mit einer heftigen Bewegung griff Esther Haziel nach dem Ordner und zog einige Fotokopien heraus.

»Ich habe ein Interview gefunden, das Sie 2011 anlässlich des Erscheinens Ihres Romans in England dem *Daily Telegraph* gegeben haben. Ich zitiere Sie: ›*Hinter der utopischen Seite der Fiktion verbirgt sich stets auch ein Teil Wahrheit. Ein Roman hat fast immer autobiografische Züge, da der Autor seine Gefühle und Sensibilität in die Geschichte einbringt.*‹ Und etwas weiter heißt es: ›*Um interessante Persönlichkeiten zu schaffen, muss ich mich in sie einfühlen können. Ich schlüpfe der Reihe nach in die Rolle meiner Protagonisten. Wie weißes Licht durch das Prisma des Glases dringt, ist ein Teil von mir in all meinen Personen.*‹ Soll ich weiterlesen?«

Arthur Costello vermochte dem Blick der Psychiaterin nicht standzuhalten und zuckte nur die Achseln.

»Ich bin nicht der Erste, der in einem Interview Blödsinn erzählt.«

»Bestimmt nicht, aber in diesem Fall sagen Sie, was Sie wirklich denken, Sie ...«

Als Esther ihre Argumentation weiter ausführen wollte, schaltete sich der Alarm des Rauchmelders ein.

Kurz darauf kam Two-Face ins Zimmer gestürzt.

Als er die Kippe und die Schachtel Zigaretten auf dem Tisch sah, wurde er wütend.

»Das reicht jetzt, Doktor, Sie müssen gehen.«

Die Liebe ist ein Leuchtturm

> *Sie [die Liebe] ist die Boje,*
> *die kein Sturm versenkt,*
> *Die unerschüttert steht im Zeitenstrom,*
> *Ist Leitstern, der verirrte Schiffe lenkt.*
>
> William Shakespeare, *Sonett CXVI*

Heute.
Samstag, 4. April 2015

Die aufgehende Sonne entzündete den Himmel bis hin zum Horizont.

Ein alter Pick-up Marke Chevrolet mit abgerundeter Motorhaube und verchromtem Kühler bog in den Feldweg ein, der zur nördlichen Spitze der Winchester Bay führte. Die Landschaft war von wilder Schönheit, von Meer und Klippen umgeben, fast ständig dem Wind ausgesetzt.

Lisa Ames parkte den Wagen auf dem Kiesstreifen, der das Gebäude umgab. Ein großer Labrador-Retriever mit sandfarbenem Fell sprang heraus und schüttelte sich.

»Sachte, Remington!«, rief Lisa und schlug die Tür zu.

Sie blickte zu dem robusten achteckigen Turm hinauf, der sich neben einem Steinhaus mit dem spitzen Schieferdach erhob. Zögernden Schrittes erklomm sie die Stufen, die zu dem Cottage führten. Sie zog einen Schlüsselbund aus der Tasche ihrer Lammfelljacke, öffnete die Tür und betrat den Hauptraum – ein großes Wohnzimmer mit Balkendecke und einer Glasfront mit Blick aufs Meer.

Der Raum war mit einer Bibliothek ausgestattet, einem Schrank und einem Regal aus gekalktem Holz. An den Wänden und in den Regalen befanden sich Fischernetze, Seile, Sturmlampen in allen Größen, Hummerfallen aus lackiertem Holz und ein Flaschenschiff.

In der Nähe des Kamins, auf dem Sofa ausgestreckt, sah sie ihren Mann. Er schlief tief und fest. Auf dem Couchtisch stand eine fast leere Whiskyflasche.

Tränen stiegen ihr in die Augen. Sie hatte ihn seit dem Tod von Benjamin und Sophia nicht mehr gesehen. Um ein knappes Dutzend Kilo abgemagert, war er kaum wiederzuerkennen mit seinem langen struppigen Haar und dem ungepflegten Bart, den Augen, umschattet von dunklen Rändern.

Auf dem Schreibtisch entdeckte sie die alte Schreibmaschine, die Sullivan seinem Enkelsohn zu dessen fünfzehntem Geburtstag geschenkt hatte. Eine Olivetti Lettera mit blassblauem Aluminiumgehäuse.

Das machte sie neugierig, da Arthur seine Romane schon lange nicht mehr auf der Schreibmaschine tippte. Sie drehte die Walze, um das Blatt herauszuziehen.

2015
Der vierundzwanzigste Tag

> *Die Nacht. Nichts. Das war sein Horizont.*
> *Er war allein.*
> *Allein gegenüber einem Synonym: dem Tod.*
>
> Victor Hugo, *Der lachende Mann*

0.

Ich öffne die Augen.
Ich

Hier hörte der Text auf. Sie konnte den Sinn nicht verstehen. Dann entdeckte sie einen dicken Stapel Blätter neben der Schreibmaschine. Mit zitternder Hand griff sie nach dem Manuskript und überflog die ersten Zeilen.

Die Geschichte unserer Ängste

1971
»Hab keine Angst, Arthur. Spring! Ich fang dich auf.«
»Bist du … bist du sicher, Papa?«
Ich bin fünf Jahre alt. Mit baumelnden Beinen sitze ich auf der oberen Matratze des Stockbetts, das ich mir mit meinem Bruder teile. Die Arme weit geöffnet, sieht mein Vater mich wohlwollend an.
»Los, mein Großer!«
»Aber ich hab Angst …«

Kaum hatte Lisa zehn Zeilen gelesen, fing sie an zu weinen. Sie ließ sich in dem Korbsessel hinter dem Schreibtisch nieder und setzte ihre Lektüre fort.

—

Als sie zwei Stunden später auf der letzten Seite angelangt war, hatte Lisa verweinte Augen und einen dicken Kloß im Hals. Dieser Roman stand für ihre Liebesgeschichte. Auf den dreihundert Seiten hatte sie den Film ihres Lebens ablaufen sehen. Zunächst ihre erste Begegnung mit Arthur in New York in den frühen 1990er-Jahren, als sie, die junge Studentin an der Juilliard School, nachts in einer Bar jobbte, um ihr Studium finanzieren zu können. Dann – in der Fiktion mal verklärt, mal dramatisiert – die Freuden und Schwierigkeiten ihrer Beziehung, ihre Hochzeitsreise nach Paris, die Geburt von Benjamin und von Sophia, ihre sehr reale und manchmal komplizierte Liebe, die sie alle miteinander verbunden hatte, der Lauf der Zeit und der Tage, der wehmütig stimmte.

Lisa trocknete die Tränen. Während der Lektüre hatte sie deutlich Arthurs Schuldgefühle wahrgenommen, die ebenso stark und unerträglich waren wie die ihren. Mit jeder Seite waren die alten Bande zwischen ihnen zu neuem Leben erwacht, und sie bedauerte jetzt, dass sie ihn für den Unfall verantwortlich gemacht und mit Vorwürfen überhäuft hatte.

Als sie den Kopf hob, drangen Sonnenstrahlen durch die Glasfront und tauchten den Raum in ein bernsteinfarbenes Licht. Noch immer auf dem Sofa ausgestreckt, stieß Arthur einen Seufzer aus und öffnete die Augen.

Er stand auf, entdeckte seine Frau an seinem Schreibtisch, verharrte einen Moment reglos, benommen, wie betäubt, als hätte er ein Phantom oder eine Erscheinung vor sich.

»Hi«, sagte Lisa.

»Bist du schon lange da?«

»Etwas mehr als zwei Stunden.«

»Warum hast du mich nicht geweckt?«

»Weil ich deinen Roman gelesen habe.«

Während er noch nachdenklich nickte, kam Remington herbeigesprungen und leckte an seiner Hand.

»Es fehlt noch der Schluss«, bemerkte sie.

Arthur hob die Hände zu einer Geste der Resignation.

»Den kennst du ja. Man kann das Schicksal nicht überlisten. Man kann das Irreparable nicht wiedergutmachen. Man kann das Rad der Zeit nicht zurückdrehen.«

Sie machte einen Schritt auf ihn zu.

»Schreib diesen Roman nicht zu Ende, Arthur!«, flehte sie nachdrücklich. »Lass die Kinder nicht ein zweites Mal sterben. Bitte!«

»Das ist nichts weiter als Fiktion«, verteidigte er sich halbherzig.

»Du kennst die Macht der Fiktion besser als sonst jemand! Auf all diesen Seiten erweckst du Ben und Sophia wieder zum Leben. Du erweckst uns *alle* zum Leben und lässt uns kämpfen. Zerstör uns nicht wieder. Mach nicht alles mit wenigen Zeilen zunichte. Wenn du diesen Roman zu Ende schreibst, verlierst du uns definitiv. Gib deinen Schuldgefühlen keine neue Nahrung, indem du dich wieder verantwortlich machst für das Drama unseres Lebens.«

Sie trat zu ihm an die Fensterfront.

»Dieses Buch, das sind unsere Schmerzen, unsere Geheimnisse. Breite sie nicht vor der Welt aus. Die Leser lauern nur darauf. Alle. Niemand wird dein Buch als Roman verstehen. Sie lesen ihn wie Voyeure und versuchen, jedem Detail einen Sinn zu geben. Sie werden unsere Geschichte lesen und daraus ihre Schlüsse ziehen. Und unsere Geschichte hat wahrlich etwas Besseres verdient.«

Arthur öffnete die Glastür und trat auf die Terrasse,

die hoch über dem Meer lag, hinaus. Lisa folgte ihm, den Roman unter den Arm geklemmt. Der Labrador sprang die in den Fels geschlagenen Stufen hinunter zum Strand.

Lisa legte das Manuskript auf den verwitterten Holztisch.

»Komm«, sagte sie und streckte ihrem Mann die Hand entgegen.

Er ergriff sie und drückte sie mit einer Intensität, derer er sich nicht mehr für fähig gehalten hatte. Die Wärme ihrer Haut und die Weichheit ihrer Finger gaben ihm eine Kraft, die er für immer verloren geglaubt hatte.

Sie gingen die Stufen hinunter zum Strand.

»Wir werden nie mehr vier sein, Arthur, aber wir haben noch die Wahl, zu zweit zu sein. Wir haben schon viele Prüfungen überstanden. Und diese ist die schrecklichste, aber wir sind noch da, einer für den anderen. Wir können sogar hoffen, noch mal ein Baby zu bekommen. Das wollten wir doch immer, nicht wahr?«

Zunächst schwieg Arthur. Er lief an der Seite seiner Frau über den einsamen Strand, der sich meilenweit erstreckte.

Wind war aufgekommen, die Brise erfrischte ihre Gesichter, und der silbrige Schaum der Wellen leckte an ihren Füßen. Lisa und er liebten das Ungestüme dieser Landschaft. Den wilden, zeitlosen Anblick, der ihnen heute mehr denn je den Eindruck vermittelte, am Leben zu sein.

Eine jähe Böe wirbelte Sand auf. Arthur drehte sich

um und beschattete die Augen, um zur Terrasse hoch oben über den Felsen zu schauen.

Vom Wind getragen, tanzten die Seiten seines Manuskripts am Himmel. Hunderte von Blättern flatterten für eine kurze Weile zwischen den Möwen, bevor sie aufs Meer hinauswirbelten oder über dem feuchten Sand schwebten.

Arthur und Lisa sahen sich an.

Die Legende vom Leuchtturm traf zu: »Nach dem Hauch der vierundzwanzig Winde bleibt nichts übrig.« Und das war vielleicht auch besser so.

Denn allein die Fortsetzung der Geschichte ist es, die zählt.

Und sie waren sich beide einig, sie gemeinsam zu schreiben.

Mein Dank gilt:

Ingrid,
Édith Leblond, Bernard Fixot und Alain Kouck;
Sylvie Angel und Alexandre Labrosse;
Bruno Barbette, Jean-Paul Campos, Isabelle de Charon,
Catherine de Larouzière, Stéphanie Le Foll,
Caroline Ripoll, Virginie Plantard, Valérie Taillefer;
Jacques Bartoletti, Pierre Collange, Nadia Volf,
Julien Musso und Caroline Lépée.

Quellenverzeichnis

SEITE 6: King, Stephen, *Frühling, Sommer, Herbst und Tod*, aus dem Amerikanischen von Harro Christensen © Wilhelm Heyne Verlag in der Verlagsgruppe Random House GmbH, München 2013.

SEITE 7: Santis, Pablo de, *Crímenes y jardines* © Planeta de Libros, Barcelona 2014.

SEITE 11: Sagan, Françoise, *Les faux fuyants* © Juillard/Édtions Robert Laffont, Paris 1991.

SEITE 24: Jean Grosjean (franz. Dichter und Schriftsteller) zugeschrieben.

SEITE 37: Hugo, Victor, *Das Ende Satans/La Fin de Satan*, Éditions Hetzel, 1886.

SEITE 47: Vine, Barbara (= Ruth Rendell), *Aus der Welt*, aus dem Englischen von Renate Orth-Guttmann © Diogenes Verlag AG, Zürich 2007, 2008.

SEITE 71: Wilde, Oscar, *Das Bildnis des Dorian Gray*, aus dem Englischen von Hedwig Lachmann und Gustav Landauer © Tredition Classics, Hamburg 2011.

SEITE 121: Gary, Romain, *Ach, Liebster, das macht doch nichts*, aus dem Französischen von Gerhard Heller © Ullstein Verlag in der Ullstein Buchverlage GmbH, Berlin 1976.

SEITE 153: Tardieu, Laurence, *Un temps fou* © Éditions Stock, Paris 2009.

SEITE 181: Huxley, Aldous, *Texts and Pretexts,* Harper & Brothers 1932. Übersetzung nach: http://www.philolex.de/erfahrun.htm.

SEITE 206: *Die Bekenntnisse des heiligen Augustinus,* aus dem Lateinischen von Georg Rapp, Verlag Liesching, Stuttgart 1847.

SEITE 216: Baudelaire, Charles, *Die Blumen des Bösen,* aus dem Französischen von Monika Fahrenbach-Wachendorff © Philipp Reclam jun. GmbH & Co. KG, Stuttgart 1980.

SEITE 219: Hermann Hesse, *Das Glasperlenspiel.* Versuch einer Lebensbeschreibung des Magister Ludi Josef Knecht samt Knechts hinterlassenen Schriften, in: ders., Sämtliche Werke in 20 Bänden. Herausgegeben von Volker Michels, Band 5: Die Romane, S. 70. © Suhrkamp Verlag, Frankfurt am Main 2001. Alle Rechte bei und vorbehalten durch Suhrkamp Verlag Berlin.

SEITE 224: McCann, Colum, *Die große Welt,* aus dem Amerikanischen von Dirk van Gunsteren © Rowohlt Verlag GmbH, Reinbek 2009.

SEITE 236: Hemingway, Ernest, *Der alte Mann und das Meer,* aus dem Amerikanischen von Werner Schmitz © Rowohlt Verlag GmbH, Reinbek 2014.

SEITE 249: Keegan, Claire, *Durch die blauen Felder,* aus dem irischen Englisch von Hans-Christian Oeser © Steidl Verlag, Göttingen 2008.

SEITE 261: Saint Exupéry, Antoine de, *Wind, Sand und Sterne*, aus dem Französischen von Henrik Becker © Karl Rauch Verlag, Düsseldorf 1939, 2010.

SEITE 273: Marquez, Gabriel Garcia, *Die Liebe in den Zeiten der Cholera*, aus dem Spanischen von Dagmar Ploetz © Verlag Kiepenheuer & Witsch GmbH & Co. KG, Köln, 1987.

SEITE 282: Truffaut, François, *Les deux Anglaises et le Continent/Zwei Mädchen aus Wales und die Liebe zum Kontinent*, Film, Frankreich 1971.

SEITE 297: Irving, John, *In einer Person*, aus dem Amerikanischen von Astrid Arz und Hans M. Herzog © Diogenes Verlag AG, Zürich 2012, 2013.

SEITE 314: Dickens, Charles, *Große Erwartungen*, herausgegeben und aus dem Englischen übersetzt von Melanie Walz © Carl Hanser Verlag, München 2011.

SEITE 323: Borges, Jorge Luis, *Citation apocrypte*, Zitatensammlung.

SEITE 337: Hugo, Victor, *Der lachende Mann*, aus dem Französischen übersetzt von L. Tronier Funder, Gefion Verlag, Berlin 1869.

SEITE 341: King, Stephen, *Es*, aus dem Amerikanischen von Alexandra von Reinhardt, Joachim Körber und Anja Heppelmann © Wilhelm Heyne Verlag in der Verlagsgruppe Random House GmbH, München 2011.

SEITE 349: Sallis, James, *Die langbeinige Fliege* (Neuauflage unter dem Titel *Stiller Zorn*), aus dem Amerikanischen von Georg Schmidt © DuMont Buchverlag GmbH & Co. KG, Köln 1999.

SEITE 359: Shakespeare, William, *Die Sonette*, aus dem Englischen von Christa Schuenke, Zweisprachige Ausgabe © DTV Verlagsgesellschaft mbH & Co. KG, München 1999.

SEITE 361: Hugo, Victor, *Der lachende Mann*, aus dem Französischen übersetzt von L. Tronier Funder, Gefion Verlag, Berlin 1869.

Die Grabinschrift auf Seite 99 wurde inspiriert von der Inschrift über dem Eingang des Friedhofs von Les Salles du Gardon, Frankreich.

Inhaltsverzeichnis

Eine Nacht ohne Erinnerung – die trotzdem unvergesslich bleibt ...

* Cover- und Preisänderungen vorbehalten

Guillaume Musso

Nacht im Central Park

Roman

Aus dem Französischen von
Eliane Hagedorn und Bettina Runge
Piper Taschenbuch, 384 Seiten
€ 9,99 [D], € 10,30 [A]*
ISBN 978-3-492-30925-7

New York, acht Uhr morgens. Alice, eine Polizistin aus Paris, und Gabriel, ein amerikanischer Jazzpianist, wachen auf einer Bank im Central Park auf – mit Handschellen aneinandergefesselt. Und sie sind sich nie zuvor begegnet. Wie in aller Welt sind die beiden hierher gekommen? Und vor allem: Warum?

»Wieder gelingt es Musso, uns zu überraschen – bis zur letzten Seite hält man den Atem an.« *France Info*

Vom Autor des Bestsellers »Vielleicht morgen«

Leseproben, E-Books und mehr unter www.piper.de

Liebe in Zeiten der Apfelblüte

*Cover- und Preisänderungen vorbehalten

Carsten Sebastian Henn
Das Apfelblütenfest
Roman

Pendo, 352 Seiten
€ 16,99 [D], € 17,50 [A]*
ISBN 978-3-86612-386-1

Jules war neun Jahre alt, als er eine Stellenanzeige in einen Baum im Apfelhain der Familie ritzte. Er suchte damals eine Haushälterin für seinen Vater, dem nach dem Tod seiner Frau alles über den Kopf wuchs. Seitdem sind zwanzig Jahre vergangen, Jules' Vater ist längst tot und er selbst hat das Hofgut übernommen, auf dem Calvados und Cidre produziert werden. Und plötzlich bewirbt sich Lilou um die Stelle, eine fröhliche, eigensinnige junge Frau. Jules' Herz beginnt sich zu öffnen …

Leseproben, E-Books und mehr unter www.pendo.de